KB028073

1등기업
주식을사라

1등기업
주식을사라

초판 인쇄 2021년 4월 6일
초판 발행 2021년 4월 13일

지은이 이일영
펴낸이 유해룡
펴낸곳 (주)스마트북스
출판등록 2010년 3월 5일 | 제2011-000044호
주소 서울시 마포구 월드컵북로 12길 20, 3층
편집전화 02)337-7800 | **영업전화** 02)337-7810 | **팩스** 02)337-7811
기획 김선 | **편집진행** 박혜영 | **표지·본문 디자인** 김민주 | **전산편집** 김경주
원고투고 www.smartbooks21.com/about/publication
홈페이지 www.smartbooks21.com

ISBN 979-11-90238-45-8 13320

copyright © 이일영, 2021
이 책은 저작권법에 따라 보호받는 저작물이므로 무단 전재와 무단 복제를 금합니다.
Published by SmartBooks, Inc. Printed in Korea

1등기업 주식을사라

| 이일영 지음 |

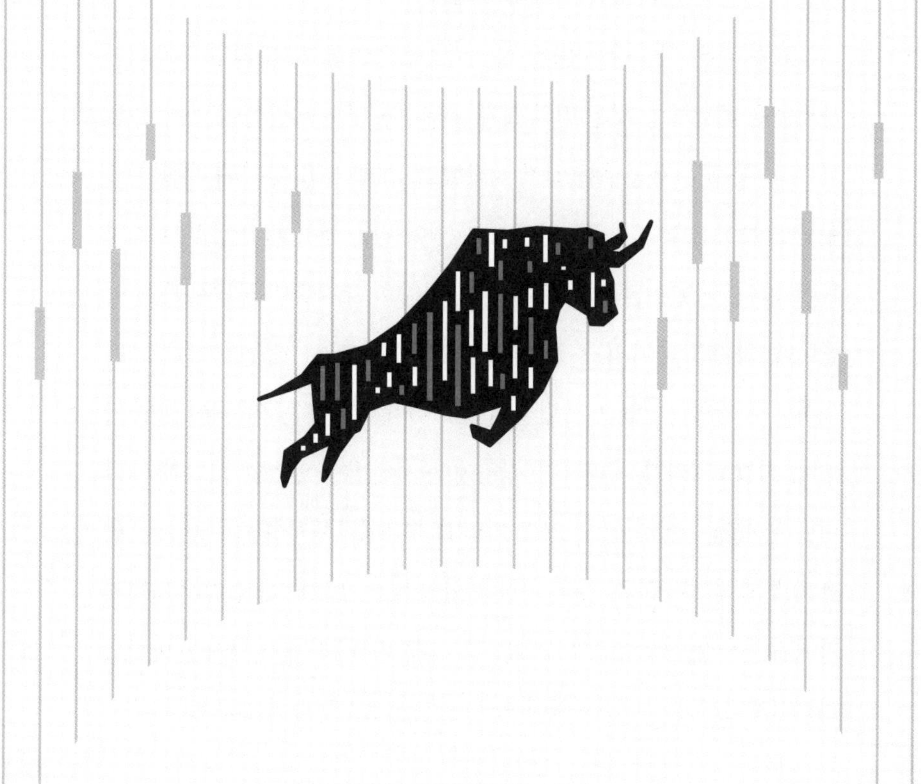

스마트북스

정보의 홍수 속에서 중심을 잡아주는 책

우리 모두가 꿈꾸는 '경제적 자유'를 얻으려면 돈을 잘 벌고, 의미 있게 쓰고, 효과적으로 불리고, 잘 지켜야 합니다. 이 네 가지가 모두 중요하지만 무엇보다 '불리기'를 잘해야 합니다.

요즘 같은 저금리 시대에 '불리기', 즉 투자를 하지 않고 경제적인 문제들을 해결하는 것은 거의 불가능합니다. 많은 사람들이 책과 유튜브 등을 통해 투자공부를 하기 시작했고, 경제, 금융, 투자에 대한 지식 수준도 높아졌습니다. 구독자가 10만 명이 넘는 투자 관련 유튜브 채널들이 많이 생겼고 많은 정보와 지식, 다양한 투자방법을 공유하고 있습니다. 하지만 쏟아지는 정보들을 보면서 '과연 그 내용을 제대로 이해하고 투자할 수 있는 사람들이 얼마나 될까?'라는 의문을 갖게 됩니다. 전업투자자가 아니라면, 생업에 종사하면서 엄청난 시간과 에너지를 투자해야 이해할 수 있고 따라갈 수 있는 투자법들과 정보를 활용해 투자에 성공하는 것은 여전히 쉽지 않은 일입니다. 쉽지만 가볍지 않고 보통사람들이 따라할 수 있는 투자에 대한 책, 제가 강의를 마치고 자신있게 소개할 수 있는 책이 있으면 좋겠다고 생각했습니다.

그래서 주린이들, 그리고 많은 시간을 주식시장에 집중해서 투자할 수 없는 사람들과 보통 사람들을 위한 이일영 소장의 이 책을 보고 정말 반가웠습니다. 이 책에서 이야기하는 투자원칙은 아주 단순합니다. 글로벌 1등기업 주식에 적립식으로 장기투자를 하라는 것인데, 이는 기업간에 빈익빈부익부 현상이 심화하는 시대에 딱 맞는 아주 명쾌한 투자원칙입니다.

이 책은 투자를 해서 높은 수익을 내는 것이 어렵고 복잡한 일이 아님을 알려줍니다. 이일영 소장은 오랫동안 한결같은 노력으로 자기만의 투자원칙을 세우고 그를 바탕으로 한 투자법을 사람들에게 추천해왔고, 이 투자법으로 많은 사람들이 실제로 몇 년 만에 50%, 100% 이상의 수익을 거두고 있습니다. 제가 이일영 소장의 책을 확실하게 추천할 수 있는 이유는 오랫동안 이런 모습을 봐왔기 때문입니다.

『1등기업 주식을 사라』는 이렇듯 그가 강의와 상담에서 일관성 있게 이야기해온 투자원칙을 집대성한 것으로, 주식이나 펀드 투자에 대한 교과서라 할 만합니다. 모든 책이 그렇지만 읽기만 하고 실천에 옮기지 않는다면 어떤 변화도 만들 수 없습니다. 이 책을 통해 모두 꿈꾸던 경제적 자유를 이루시기 바랍니다.

한국재무심리센터 대표 신성진

주린이를 위한 가장 확실한 투자원칙

'주린이'라는 신조어가 있습니다. 전대미문의 코로나19 사태로 인해 2020년 3월, 전 세계적으로 주식장이 급락했다 다시 급등하면서 처음 주식투자를 시작하는 주린이주식 어린이들이 많이 생겨났습니다. 주가가 급락했을 때 주식시장에 적극적으로 뛰어든 개미투자자들을 우리나라에서는 '동학개미'라고 하고, 미국에서는 '로빈후드'라고 합니다. 우리나라에서 미국 주식시장에 뛰어든 사람들은 '서학개미'라고도 하죠.

예전에는 개인들이 주식시장에 뛰어들 때가 바로 상투라고 했지만, 지금의 동학개미들이나 로빈후드들은 주가가 급등했을 때 뛰어든 것이 아니라, 2020년 3월에 코로나19 사태로 주가가 급락했을 때 과감하게 주식시장에 뛰어들었다는 점에서 이전의 개미투자자들과 차이가 있습니다. 이들은 그해 4월 이후 주가가 많이 올라 상당한 시세차익을 올리고 있고 이미 이익을 실현하고 나가거나 장기투자를 위해 계속 보유하고 있는 사람들도 있습니다.

물론 동학개미들의 성공담을 듣고 주가가 많이 상승한 뒤에 뒤늦게 시장에 들어간 사람들도 있습니다. 현재 전 세계적으로 주식시장의 열기가 뜨겁습니다. 1997년 말 외환위기 직후나 2008년 미국발 금융위기 직후에 주가가 급등했을 때와 매우 비슷한 양상입니다.

워런 버핏처럼 평생 꾸준히 수익을 낼 수 있는 투자원칙

세계의 많은 나라들이 코로나19 사태로 인한 경기불황을 막기 위해 기준금리를 인하하고 돈을 풀면서 주식, 부동산, 금 등의 가격이 같이 상승해 재테크에 대한 관심이 과거 그 어느 때보다도 높아지고 있습니다. 또한 주식 관련 유튜버들도 많이 늘어나 자신들만의 성공 스토리나 투자법들을 소개하면서 조회수를 올리고 있습니다.

이런 현상들을 보면서 한 가지 우려되는 점은 주가가 언젠가 하락하면, 뒤늦게 고점에 들어온 투자자들이 큰 손실을 보고 주식시장을 떠나게 될 것이라는 점입니다. 역사를 돌아보면 이런 일이 항상 되풀이됐다는 것을 알 수 있습니다. 어느 시대에나 주식시장은 상승과 하락을 반복해왔습니다. 1929년 대공황, 1972년 오일쇼크, 1997년 외환위기, 2000년대 초반 닷컴버블 붕괴, 2008년 미국발 금융위기, 2020년 코로나19 사태 등 여러 차례 롤러코스터 같은 사건들이 있었습니다. 그럴 때마다 투자를 잘못해 큰 손실을 보는 사람들이 생겼고, 심지어는 자살하는 사람도 있었습니다.

저는 앞으로는 그런 사람들이 안 생기기를 바라는 마음에서 이 책을 썼습니다. 주식뿐 아니라 어떤 투자대상이든 투자할 때는 원칙을 세워야 합니다. 원칙 없이 아무렇게나 투자하면 몇 번은 성공할 수 있어도, 장기적으로 크게 실패할 수 있습니다. 저는 스스로를 원칙주의자라고 생각합니다. 어떤 투자에서든 가장 효과적인 원칙을 찾기 위해 노력해왔고, 원칙을 찾으면 지키고자 최선을 다했습니다.

이 책은 주식 전문가나 전업투자자가 아니라 이제 막 투자를 시작하는 동학개미나 주린이와 같은 일반인들을 위한 것입니다. 누구나 이해할 수 있도록 전문용어는 빼고 최대한 쉽게 쓰려고 노력했고, 일반인도 쉽게 따라할 수 있는 투자원칙을 소개합니다. 이 책에서 소개하는 투자원칙만 잘 실천하면 손실 없이 큰돈을 만들 수 있을 것입니다.

왜 글로벌 1등기업 주식에 투자해야 하는가?

저는 IT 분야의 대기업에서 일하다 외환위기로 주가가 폭락한 1998년부터 주식투자를 시작했습니다. 그 당시에는 일반인이 해외 주식에 직접투자 할 수가 없었고 펀드도 활성화되지 않았습니다. 그래서 직접투자를 하면서 두 달 만에 100% 수익을 내기도 했지만 90% 손실을 보기도 했습니다. 그런 경험을 통해 단기적인 수익이 중요한 것이 아니라 워런 버핏처럼 평생 꾸준히 수익을 낼 수 있는 투자원칙이 중요하다는 것을 깨달았습니다.

2007년에 금융 분야에서 비전을 발견하고 정년이 없는 제2의 직업으로 금융전문가의 길을 선택했습니다. 2007년은 2004년부터 이어진 장기 대세 상승기의 막바지였습니다. 그 당시 미래에셋을 중심으로 펀드 열풍이 불어 어떤 주식이나 펀드를 사든 큰 수익이 났습니다. 특히 중국펀드가 1년에 100% 넘는 수익률을 내기도 했던 때라 많은 사람들이 불나방처럼 투자세계에 발을 들여놓았습니다. 그런데 2008년 미국발 금융위기로 전 세계 주가가 크게 폭락했습니다. 미국이나 한국 주가지수는 반토막이 났고, 특히 중국 상해종합주가지수는 반의 반토막이 되었습니다.

2009년부터 전 세계적으로 다시 주가가 상승하기 시작했는데 회복되는 속도에는 차이가 있었습니다. 국가별로는 미국이 가장 많이 상승했습니다. 세계 경제가 글로벌하게 통합되면서 글로벌 1등기업들은 주가가 훨씬 더 상승했지만, 그렇지 않은 기업들은 많이 상승하지 못했습니다. 시장에서 빈익빈부익부 현상이 점점 더 심화하는 것입니다.

이런 여러 가지 경험 속에서 자본주의 시장경제에서 장기적으로 투자에 성공하려면 글로벌 1등기업에 투자해야 한다는 사실을 깨달았습니다. 그래서 2014년 이후로 글로벌 1등기업들에 투자하는 펀드를 찾아 추천하기 시작했습니다. 이 단순하면서도 확실한 투자원칙에 따라 글로벌 1등기업 주식에 투자한 사람들 중에는 몇 년 만에 누적수익률이 100%가 넘는 경우도 있습니다.

매우 단순하기에 누구나 실천할 수 있는 투자법

2007년부터 일반인을 대상으로 금융과 투자원칙에 대한 강의를 시작하여, 지금까지 15년 동안 수많은 강의와 수천 명과 상담하면서 제 투자원칙을 소개하고 있지만, 강의와 상담만으로는 만날 수 있는 사람들의 숫자에 한계가 있어 이렇게 책을 쓰게 되었습니다.

이 책은 금융이나 투자전문가를 위한 책이 아니라 평범한 사람들을 위한 것입니다. 저는 국내 금융업계 상위 1%만 갖고 있는 CFP 국제공인재무설계사 자격증을 갖고 있지만 강의나 상담할 때는 전문용어를 쓰지 않습니다. 주린이를 포함해 10대 청소년부터 70대 이상 어르신들까지 누구나 쉽게 이해할 수 있게 설명하려고 노력합니다. 이 책도 평소 강의나 상담할 때처럼 쉬운 용어로 쓰기 위해 애썼고 좀 더 읽기 편하도록 강의하듯 구어체로 썼습니다.

사실 투자는 노벨 경제학상을 받았다고 잘하는 것도 아니고, 경제

공부를 하지 않았다고 못하는 것도 아닙니다. 하지만 자본주의 시장경제의 원리를 조금만 이해하면 왜 글로벌 1등기업 주식을 사야 하는지 쉽게 이해할 수 있습니다. 이 책에서 제시하는 투자원칙은 매우 단순하기에 누구나 실천할 수 있습니다. 단순함에도 불구하고 수익도 잘 납니다. 평범한 월급쟁이도 이 책에서 제시하는 투자원칙을 실천하면 큰 부자가 될 수 있고 경제적 자유를 얻을 수 있을 것입니다.

끝으로 평소 같은 업계에서 여러 가지로 힘이 되어주시는 인생 선배이신 한국재무심리센터 신성진 대표님과 파트너이신 지속가능한가정경제연구소 박상훈 소장님에게 감사의 말씀을 전합니다. 원고를 보고 흔쾌히 출판을 결정해주시고, 책으로 나오기까지 고생하신 스마트북스 대표님과 관계자분들께도 감사의 말씀을 전합니다. 부족한 사람을 남편으로 믿고 늘 같은 편이 되어준 아내와 자립심이 강한 사랑하는 두 딸에게도 진심으로 감사의 마음을 전합니다.

2021년 4월

이일영 드림

• 차 례 •

2장

글로벌 1등 기업 사례 분석

3장

분산투자의 6가지 원칙

5장

글로벌 1등기업 주식투자법

6장

수익률을 지켜주는 사후 관리법

7장

수익률의 최대 적 세금 피하는 법

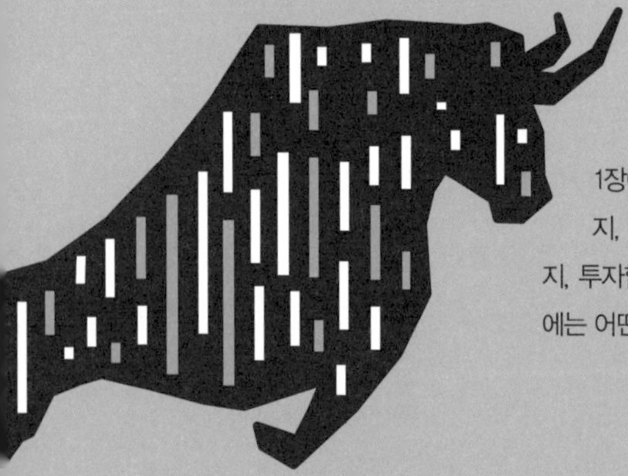

1장에서는 왜 글로벌 1등기업에 투자해야 하는지, 어떻게 투자해야 하는지, 주의할 점은 무엇인지, 투자할 때 수익률을 높이고, 그 수익을 지키는 팁에는 어떤 것들이 있는지를 알아본다.

1장

글로벌 1등기업 주식에 투자해야 하는 이유

빅 3나 1등기업만 살아남는 현상이 과거에는 국가별로 나타났다면, 최근에는 글로벌하게 나타나고 있습니다. 전 세계 경제가 점차 하나의 시장으로 통합되고 있기 때문입니다. 이제는 세계적인 빅 3, 더 나아가서는 글로벌 1등기업에 투자해야 하는 시대가 된 것입니다.

1 세계 상위 부자들은 모두 주식 부자

세계 부자 순위

2021년 2월 기준 세계 부자 순위 상위 10명22쪽 표 참조의 공통점은 모두 기업의 전직 아니면 현직 CEO이면서 대주주라는 것입니다. 쉽게 말하면 모두 주식 부자라는 말입니다. 이들의 재산 중에는 부동산도 있고, 고급 자동차나 비행기 같은 것도 있지만 그런 재산이 차지하는 비중은 미미하고, **대부분의 재산은 주식**입니다. 대다수가 창업자였기 때문에 대주주로서 많은 주식 지분을 가지고 있고, 따라서 기업의 주가가 오르는 만큼 재산도 불어납니다.

매해 세계 부자 순위를 발표하는 세계적 경제잡지 〈포브스〉의 2021년 2월 자료에 따르면, 오랫동안 빌 게이츠가 부동의 1위였지만, 아마존닷컴의 주가가 급등하면서 2018년부터 제프 베이조스가 1위를 차지했습니다. 제프 베이조스가 이혼하면서 위자료로 엄청난 금액의 주식

세계 부자 순위 상위 10명

기준 : 2021년 2월 26일 | 출처 : 포브스

	이름	직업	나이	재산	재산(한화)	국적
1	제프 베이조스	아마존닷컴 CEO	57세	1,815억 달러	약 204조 원	미국
2	일론 머스크	테슬라, 스페이스X CEO	50세	1,615억 달러	약 182조 원	미국
3	베르나르 아르노	LVMH 회장	72세	1,550억 달러	약 175조 원	프랑스
4	빌 게이츠	마이크로소프트 창업주	66세	1,232억 달러	약 139조 원	미국
5	마크 저커버그	페이스북 CEO	37세	943억 달러	약 106조 원	미국
6	워런 버핏	버크셔 해서웨이 회장	91세	918억 달러	약 103조 원	미국
7	래리 페이지	구글 공동창업주	48세	886억 달러	약 100조 원	미국
8	래리 엘리슨	오라클 CEO	77세	881억 달러	약 99조 원	미국
9	세르게이 브린	구글 공동창업주	48세	860억 달러	약 97조 원	미국
10	무케시 암바니	릴라이언스 인더스트리 회장	64세	813억 달러	약 92조 원	인도

지분을 지급한 까닭에 전처인 매킨지 스콧도 재산이 547억 달러한화 약 62조 원로 세계 부자 순위 22위에 랭크되었습니다. 제프 베이조스는 전처에게 62조 원을 떼주고도 204조 원으로 1위를 했습니다. 이것만 보아도 아마존닷컴의 주가가 엄청나게 올랐다는 것을 알 수 있습니다.

세계 부자 순위 상위 10명의 또 다른 특징을 보면, 이들을 이렇게 세계적인 부자로 만들어준 기업들이 대부분 '글로벌 1등기업'이라는 것입니다. 아마존닷컴, 마이크로소프트, 루이비통LVMH, 페이스북, 테슬라, 버크셔 해서웨이, 구글, 오라클 같은 기업들은 자기 분야에서 독점적인 경쟁력을 갖고 있고, 시가총액 순위로도 세계 상위권을 지키고 있습니다.

이들은 주식시장에 상장된 기업입니다. 그렇다면 **이런 기업들의 주**

식을 사서 주주가 되면, 세계적인 부자들의 재산이 늘어나는 속도만큼 내 재산도 늘어날 수 있다는 이야기입니다. 주식회사라는 자본주의 시스템은 평범한 보통 사람도 부자가 될 수 있는 기회를 주는 축복이라고 할 수 있습니다.

주식투자를 활용하면 아마존닷컴의 제프 베이조스, 페이스북의 마크 저커버그, 테슬라의 일론 머스크처럼 세계적인 부자들과 동업자가 될 수 있습니다. 그 기업 주식을 사면 그 기업이 열심히 일해서 내 재산을 늘려줍니다. **내가 기업을 세워 부자가 되기 어렵다면 이런 기업의 주식을 사면 됩니다.** 부자 되는 방법 중에 이렇게 쉽고 간단한 것이 또 있을까요?

이 방법을 실천한 사람 가운데 가장 큰 부자가 된 사람이 바로 워런 버핏입니다. 세계 부자 순위 상위 10명 중 다른 9명은 자신이 창업한 기업의 주가가 올라서 부자가 된 것이지만, 워런 버핏은 주식투자를 해서 부자가 된 것입니다. 다른 사람들은 재산의 대부분이 자기 기업 주식이지만 워런 버핏의 재산은 약 90개 기업 주식으로 나뉘어 있습니다. **우리도 금액의 차이는 있을지언정 리틀 워런 버핏이 될 수 있습니다.**

가장 수익률이 높은 자산은 주식

우리나라 사람들은 주식보다는 부동산투자를 선호합니다. 부동산투자가 주식투자보다 좋다는 말도 일리는 있습니다. 우리 주위에서 볼 수 있는 30억 원 이상의 재산을 가진 부자들은 대부분 부동산투자로 부자가 된 사람들입니다. 반면 주식투자로 10억 원 이상의 재산을 가진 사람은 찾아보기 쉽지 않죠.

쉽게 생각해서 서울 남산의 N서울타워남산타워에 올라가서 시내를 내려다보면 보이는 수많은 아파트가 거의 10억 원이 넘습니다. 작은 꼬마빌딩들도 수십억 원을 호가하고요. 부동산으로 부자가 된 사람들은 주위에서 어렵지 않게 찾아볼 수 있지만, 주식투자로는 30억 원은 고사하고, 10억 원 이상을 만든 사람도 찾아보기 쉽지 않지요.

그러나 전 세계 부자 순위와 마찬가지로, **우리나라도 부자 순위 상위권에 있는 사람들을 보면 대부분의 재산이 주식**입니다. 2021년 2월 기준으로 우리나라 부자 순위 상위 10명은 아래의 표와 같습니다.

대한민국 부자 순위 상위 10명

기준 : 2021년 2월 26일 | 출처 : 포브스

	이름	직업	나이	재산(달러)	재산(원화 환산)
1	서정진	셀트리온 회장	65세	140억 달러	약 15.9조 원
2	김정주	NXC 대표이사	54세	139억 달러	약 15.8조 원
3	김범수	다음카카오 의장	56세	94억 달러	약 10.7조 원
4	이재용	삼성그룹 부회장	54세	84억 달러	약 9.6조 원
5	권혁빈	스마일게이트 의장	48세	67억 달러	약 7.6조 원
6	정몽구	현대자동차그룹 명예회장	84세	59억 달러	약 6.7조 원
7	서경배	아모레퍼시픽 회장	59세	39억 달러	약 4.4조 원
8	정의선	현대자동차그룹 회장	52세	38억 달러	약 4.3조 원
9	최태원	SK그룹 회장	62세	31억 달러	약 3.5조 원
10	김택진	NCSOFT 대표이사	55세	29억 달러	약 3.3조 원

최고 상위권의 부자들은 주식 부자인데, 왜 일반인들 중에는 주식 부자는 적고 부동산 부자가 많을까요?

가장 큰 이유는 두 가지입니다.

첫째, 보통 **주식투자를 한다는 사람들을 보면 이런 상위 부자들의 1등기업 주식은 잘 사지 않습니다.** 아마존닷컴이나 마이크로소프트 같은 주식은 너무 많이 올라서 못 사겠다고 합니다. 그러면서 단기적으로 급등할 것 같은 중소형주를 많이 사는데, 이런 주식들은 주가가 싸서 쉽게 살 수 있지만 변동성이 큽니다. 하루에 20~30% 오를 때도 있지만 떨어질 때는 하루에 그만큼 떨어지기도 합니다. 타이밍을 잘 맞추지 않으면 손해 보기 쉽습니다. 그렇게 변동성이 큰 주식들을 '잡주'라고 하는데, 이런 잡주에 투자하면서 "주식은 위험하다", "주식은 어렵다"고 합니다.

반면 글로벌 1등기업 주식들은 변동성이 작아서 아주 예외적인 경우가 아니면 주가가 다이나믹하게 급등하지 않기에, 급등주를 찾아다니는 사람들이 재미를 못 느낄 수는 있습니다. 하지만 글로벌 1등기업 주식은 값이 떨어질 때는 적게 떨어지고 장기적으로 꾸준히 오릅니다.

둘째, 우리나라 사람들은 **부동산은 장기투자하지만 주식은 단기투자를 하는 경향**이 있습니다. 아파트를 사고 나서 날마다 공인중개사 사무실에 찾아가서 "오늘 우리 아파트 값 올랐어요?"라고 물어보는 사람은 없지요. 한 번 사면 보통 몇 년, 길게는 10년, 20년은 갖고 있다가 팔기 때문입니다. 그 사이에도 분명 값이 올랐다 내렸다 하겠지만 오랜 세월이 지나다 보니 대체로 많이 오른 가격에 팔게 되는 경향이 있습니다.

주식도 우리나라나 세계 상위권 부자들을 보면 자기 회사 주식을 가지고 단타매매를 하듯이 샀다 팔았다 하지 않습니다. 그냥 사업을 오랫동안 열심히 하다 보니 시간이 지나 주가가 올라서 부자가 된 것입니다.

부동산투자를 하듯 주식에도 장기투자하라

우리나라 부동산을 주식에 비유하자면, 1등기업 주식은 서울의 강남아파트라고 할 수 있습니다. 장기적인 수익률을 비교해보기 위해서 강남 아파트 중에서도 대표적인 대단지 아파트인 은마아파트와 우리나라 대표 1등기업인 삼성전자를 비교해보겠습니다.

1978년에 분양한 은마아파트는 35평공급면적 115.54㎡의 평당 분양가가 68만 원으로 2,380만 원 정도 했는데 2021년 2월 기준 약 24억 원 정도에 매매되고 있습니다. 연평균 11.38%씩 올라서 43년 만에 103배가 올랐습니다. 하지만 삼성전자는 1980년 초에 주당 81원에서 2020

삼성전자 40년 주가 차트 출처 : 하나금융투자

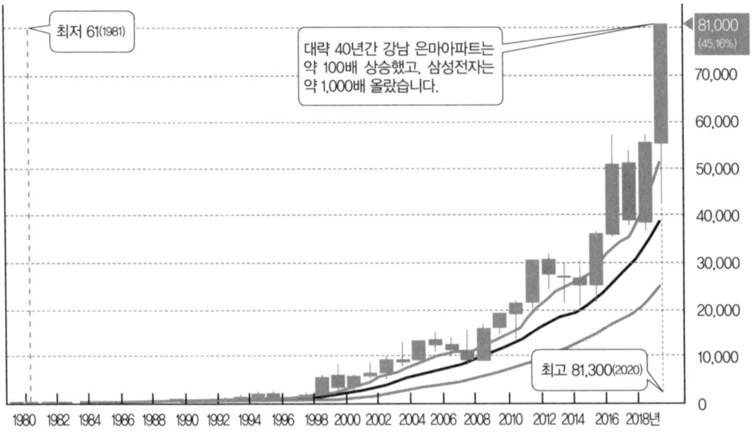

년 12월 말 81,000원으로 상승했으니 연평균 18.35%씩 상승해서 41년 만에 1,000배가 올랐습니다. 삼성전자가 은마아파트보다 훨씬 많이 오른 것이죠.

이건희 회장이 우리나라 최고의 부자가 된 이유도 부동산 때문이 아니라 삼성전자 주식을 오랫동안 많이 갖고 있었기 때문입니다. 주식도 1등기업 주식에 부동산투자를 하듯이 장기투자를 하다 보면 부자가 될 수 있습니다. 어떤 주식을 어떻게 사야 하는지는 2장부터 구체적으로 살펴보겠습니다.

2 연평균 10%의 수익률이면 돈 문제가 해결된다

글로벌 1등기업들은 주가상승률이 평균적으로 연 10%가 넘습니다. 투자 초보자들은 연 수익률 10%를 그리 높지 않게 느끼는 경우가 있는데, 사실 단순하게 10%로만 계산해도 **이 정도 수익률이면 평범한 보통 사람도 자산가가 될 수 있습니다.**

첫 월급이 200만 원이었던, 중소기업에 다니는 30세 직장인의 경우를 생각해보죠. 미혼이고 부모님 집에서 직장을 다니는 경우 200만 원을 받아 아껴 쓰면 매달 100만 원을 저축할 수도 있을 것입니다. 미혼이고, 부모님 집에서 사는 사람 중에는 월급의 70%에서 80%를 저축하기도 하니까요. 해가 지날수록 월급이 오르겠지만, 여기서는 매달 100만 원만 투자한다고 가정하겠습니다. 매달 100만 원씩 10년 동안 투자하여 연평균 10%의 수익률을 내면 10년 후 2억 원이 되고, 20년이면 7억 원이 됩니다. 그리고 60세까지 경제활동을 하면서 월 100만 원

월 100만 원을 투자해 연 10%의 수익을 거둘 경우

월 투자금액	100만 원	100만 원	100만 원
투자기간	10년	20년	30년
연수익률	10%	10%	10%
미래가치	2억 655만 원	7억 6,570만 원	22억 7,933만 원

씩 돈을 모은다면 22억 원이 됩니다.

그런데 결혼해서 맞벌이를 하여 매월 200만 원씩 연 10% 수익률로 투자한다면, 10년 만에 4억 원, 20년이면 15억 원, 30년이면 45억 원이 됩니다.

월 200만 원을 투자해 연 10%의 수익을 거둘 경우

월 투자금액	200만 원	200만 원	200만 원
투자기간	10년	20년	30년
연수익률	10%	10%	10%
미래가치	4억 1,310만 원	15억 3,139만 원	45억 5,865만 원

이 정도 금액이면 인생의 웬만한 돈 문제는 해결되고도 남습니다. 살면서 결혼하고 집 사고 자녀교육도 하고 노후준비를 하려면 많은 돈이 필요한데, 사람들은 이런 돈 문제를 해결하기 위해 사업을 하다 망하기도 하고, 주식투자를 하다 손해 보기도 하고, 무작정 아무 부동산에나 투자하다 사기를 당하기도 합니다.

하지만 글로벌 1등기업 주식에 투자하는 것은 이보다 훨씬 안정적

월 100만 원이나 200만 원을 투자해 연 10%의 수익을 거둘 경우

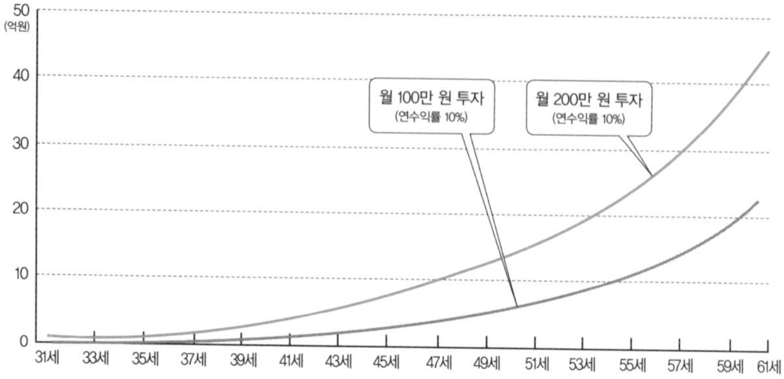

인 수익을 보장해줍니다. 해마다 변동성이 있기는 하지만, 장기적으로 연평균 10% 이상의 수익률을 올릴 수 있으니까요.

연평균 10%의 수익률이면 사업에서 대박이 나지 않아도, 개별 주식이나 부동산이나 코인 같은 데 투자한다고 신경쓰지 않아도, 인생의 웬만한 돈 문제는 모두 해결할 수 있습니다.

엄청난 재테크의 달인이 되어야만 부자가 되는 것은 아닙니다. 글로벌 1등기업 주식에 투자하는 것은 투자 고수가 되지 않아도 할 수 있는 일입니다. 단지 매달 들어오는 돈을 낭비하지 말고 꾸준히 모으기만 하면 됩니다.

3 주식에 투자해야 하는 이유

산 돈과 죽은 돈

요즘 같은 저금리 시대에는 투자가 선택이 아니라 필수입니다. 돈을 은행에 넣어놓기만 하면 이자 붙는 속도보다 물가 오르는 속도가 더 빨라 화폐가치가 떨어집니다. '실질금리가 마이너스'인 것이죠.

돈에도 '산 돈'이 있고, '죽은 돈'이 있습니다. 산 돈은 수익을 내는 돈이고, 죽은 돈은 수익을 내지 못하는 돈입니다. 산 돈은 가치가 증가할 가능성이 있는 돈이고, 죽은 돈은 가치가 증가할 가능성이 없는 돈이죠.

어딘가에 투자해두었다면 산 돈이라고 할 수 있고, 어디에도 투자하지 않은 돈은 죽은 돈이라고 할 수 있습니다. 물론 투자를 하다 보면 마이너스가 될 때도 있지요. 하지만 다시 수익이 날 가능성도 있기 때문에, 어딘가에 투자한 돈은 산 돈이라고 보는 것이죠. 돈을 모으거나 불릴 때 최소한의 기준은 물가상승률입니다. 돈을 살리려면 물가상승률보다 더 많이 오르는 곳에 투자해야 합니다.

72의 법칙

72의 법칙은 원금이 두 배가 되는 기간을 알려주는데, 72를 수익률로 나눈 값이 바로 원금이 두 배가 되는 기간입니다. 즉 연평균 수익률이 6%이면 72/6=12이므로 원금이 12년마다 두 배로 불어납니다. 1억 원을 연평균 수익률이 6%인 곳에 투자한다면 12년 후에는 2억 원, 24년 후에는 4억 원, 36년 후에는 8억 원이 됩니다. 복리로 불어나기 때문에 가속도가 붙는 것입니다.

72/수익률 = 원금이 2배가 되는 시간

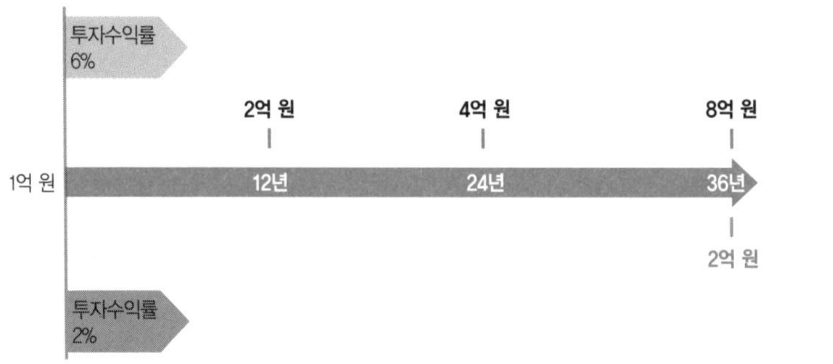

지금은 원금이 보장되는 예금 중에 연 6% 이자를 주는 상품이 없고, 연 수익률이 2%인 예금에 든다면 36년이 지나야 2억 원이 됩니다. 아직 저축은행 같은 곳은 금리가 2%대인 예금이 있기는 하지만, 제1금융권의 시중은행에 예금하면 이자가 1% 수준이죠. 연이율 1%로 굴린다

면 72년이 지나야 2억 원이 되는 셈이죠. 아마도 이 책의 독자들이 이 세상에 없을 때 원금의 두 배가 될 것입니다.

지금은 연 6%씩 이자를 주는 예금은 없으니 투자를 해야 합니다. 투자는 위험하니 예금으로만 돈을 굴리겠다는 것은, 지금 같은 저금리 상황에서는 36년 동안 6억 원이라는 차이를 직접 일을 해서 벌어 메우겠다는 말과 같습니다. 따라서 이미 돈이 충분하여 더 불리지 않아도 되는 사람이라면 안정적인 곳에 넣어도 되겠지만, 돈을 계속 모으고 불려야 하는 사람이라면 투자를 해야 합니다.

주가가 장기적으로 상승하는 이유

그렇다면 우리나라에 과연 6% 이상 수익이 나는 것이 있을까요?

코스피지수가 그렇습니다. 코스피지수는 한국거래소의 유가증권 시장에 상장된 1,370여 개 종목의 시가총액을 비교시점과 비교해 지수로 나타낸 것인데, 1980년비교시점에 100으로 시작해 2020년 말에 2873.47까지 상승했습니다. 41년 동안 연평균 8.54%가 상승한 것입니다.

하지만 주식은 매년 똑같이 오르는 것이 아니라 변동성이 큽니다. 코스피지수는 1999년에는 82.78%가 급등하고, 2005년에는 53.96%가 오르기도 했지만, 2000년에는 무려 50.92%가 급락했고, 2008년에는 40.73%가 떨어졌습니다. 하지만 장기적으로는 부동산이나 채권, 예금 같은 다른 어떤 자산보다 많이 올랐습니다.

주가지수가 이처럼 변동성이 큼에도 불구하고 장기적으로는 계속 상

승하는 이유가 무엇일까요? 가장 큰 이유는 물가가 오르기 때문입니다. 예를 들어 라면이 1970년에는 20원이었는데 2020년에는 830원이 됐다면 42배가 오른 것입니다. 연평균 8%씩 오른 셈이죠.

라면회사 입장에서 보면, 같은 수량의 라면을 팔았어도 매출액이 42배 증가한 것입니다. 매출액이 늘어나면 자연적으로 이익액도 비례해 늘어나고, 그 회사의 주가도 한 주당 이익액이 증가해 오릅니다. 물가가 오르면 화폐가치는 떨어지고 주가는 오를 가능성이 높습니다. 바꿔 말하면 화폐가치 하락이 주가가 오르는 큰 이유 중 하나입니다.

부동산도 마찬가지입니다. 강남의 은마아파트 가격이 많이 오른 것은 이 아파트가 살기 좋아졌기 때문이 아닙니다. 처음에 은마아파트는 주변 시세보다 높은 분양가 때문에 부의 상징으로 여겨지기도 했지만, 시간이 지나면서 낡고 노후화되었습니다. 그런데도 이 아파트 가격이 오른 이유 중 하나는 물가가 오르면서 돈의 값어치가 떨어졌기 때

1980~2020년 코스피지수 출처 : 하나금융투자

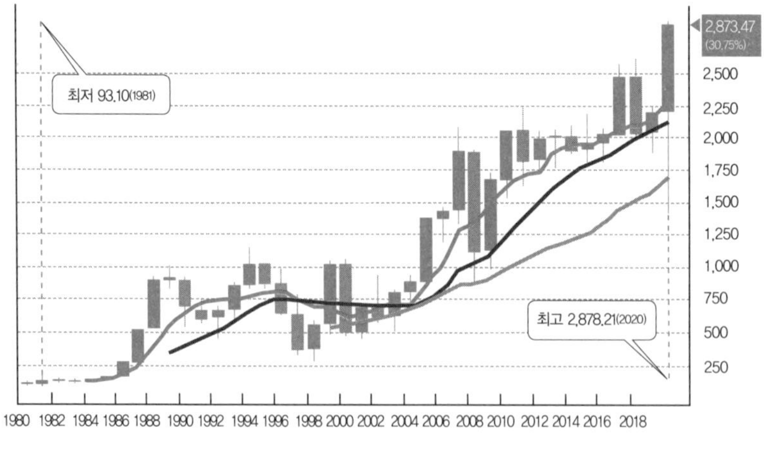

문입니다.

지금까지는 물가가 많이 올랐지만, 앞으로도 그럴까요?

물가가 오르지 않으면 물건이나 서비스 가격이 상승하지 않으니 살기 좋을 것 같지만, **자본주의 경제에서는 반드시 물가가 올라야** 합니다. 인플레이션이 너무 심하면 문제가 되지만, 물가가 지속적으로 내리는 디플레이션이 계속되면 더 심각한 경제문제가 생깁니다. 물가가 내려가면 기업의 이익이 줄어들고, 그러면 기업들은 비용을 줄이기 위해 직원 월급을 내리든가 직원 수를 줄여야 합니다. 소득이 감소하니 사람들은 소비를 줄이고, 그 결과 기업의 매출이 더 감소하고 직원을 더 줄이게 되겠죠. 이렇게 되면 정부가 거둬들이는 세금도 줄게 됩니다. 경제상황이 점점 나빠지는 악순환이 이어지는 것입니다.

물가가 어느 정도는 올라야 한국은행 목표 물가상승률은 대략 2% 기업은 일자리를 확충하고, 직원들 월급을 올려주고, 그래야 소비가 늘어나고, 소비가 확대되어야 다시 기업의 매출이 커지고 이익이 증가해서 정부의 세금도 늘어나는 경제의 선순환이 이루어지는 것입니다. 그래서 자본주의 경제에서는 물가가 자연적으로 오르게 되어 있습니다. 정부도 물가가 폭등하면 안 되지만 적정 수준에서는 꾸준히 오르도록 관리합니다. 물가가 계속 오른다면 장기적인 관점에서 주가도 계속 오를 거라고 봐야 합니다.

주가는 이익에 비례한다

주식회사는 순이익이 나면, 지분을 투자한 주주들이 배당이라는 형태로 나눠 가져가는 구조입니다. 그래서 주식의 가치평가 기준은 매출액이 아니라 순이익입니다. 더 정확하게 말하면 주당순이익입니다.

주당순이익은 회사의 1년 동안의 순이익을 총 주식수로 나눈 것인데, 이를 EPS Earning Per Share 라고 합니다. 주당순이익이 큰 기업일수록 주가가 높고 기업가치가 높으며, 순이익이 적자인 기업은 주당순이익이 마이너스가 됩니다. 최소한 **주당순이익이 플러스인 기업에 투자하는 것이 바람직**합니다.

주가는 현재보다는 미래의 가치를 반영해 오르고 내립니다. 지금은 주당순이익이 높더라도 앞으로 가치가 줄어들 것 같으면 주가는 떨어집니다. 창업 초기에는 순이익이 나지 않아 주당순이익이 마이너스였지만, 매출액이 늘어남에 따라 적자가 줄어들고 이익이 증가해 플러스로 바뀔 가능성이 있는 기업들은 주가가 오르기도 합니다.

현재의 주가가 적정 수준인지 평가하는 기준 중 하나가 주가수익비율 Price Earnings Ratio, PER 로, **이는 현재의 주가가 주당순이익의 몇 배인지 보여주는 지표**입니다. 만약 PER이 1배라면 현재의 주가와 주당순이익이 같은 것입니다. 또한 PER이 10배라면 현재 주가가 주당순이익의 10배입니다. 즉 PER이 10배이면 현재의 주가가 앞으로 10년 치의 이익액과 같은 것입니다.

A기업이 올해 벌어들인 순이익이 1,000억 원이고 주식 수가 1억 주라면 주당순이익은 1,000원입니다 주당순이익(EPS)=순이익/주식수=1,000억

원÷1억 주=1,000원. 만약 현재 주가가 1만 원이라면 PER이 10배가 되겠죠 주가수익비율(PER)=주가/주당순이익=1만 원÷1,000원=10배. PER이 10배이면 이 기업의 주가는 10년 치 주당순이익을 반영하는 것입니다.

어떤 기업의 순이익이 앞으로 계속 커질 것이라고 생각하는 투자자들이 많을수록 그 주식을 사려는 사람이 많아지고 그 결과 주가가 상승합니다. 반대로 어떤 기업의 순이익에 대한 전망이 좋지 않으면 주가는 떨어지고 PER도 낮아지게 되죠.

주당순이익은 높은데 주가가 낮아 PER이 작은 기업을 '가치주'라고 하고, 이런 주식을 찾아 투자한 뒤 주가가 충분히 올라 PER이 적정 수준이 되었을 때 파는 투자방법을 '가치투자'라고 합니다. 지금은 주당순이익이 마이너스이거나 작지만, 앞으로 꾸준히 성장할 가능성이 있는 기업의 주식은 '성장주'라고 합니다.

글로벌 1등기업들은 대부분 주가가 이미 많이 올라 있는 경우가 많습니다. 그래서 가치투자자들이 볼 때 적절한 투자대상이 아닙니다. 하지만 성장주 투자자들에게는 좋은 투자대상입니다.

주가가 물가보다 더 상승하는 이유

주가는 물가가 오르는 것보다 더 상승하는 경향이 있습니다. 주가는 매출액이 아니라 순이익에 비례하기 때문입니다. 매출액이 10% 증가하면 보통 순이익은 10%보다 더 많이 증가하며, 이에 따라 주가는 물가보다 더 상승하는 경향이 있습니다.

매출액이 100억 원인 회사의 고정비용이 40억 원, 변동비용이 40

억 원, 순이익이 20억 원이라고 해봅시다. 고정비용은 인건비와 임대료처럼 매출이 늘든 줄든 일정하게 나가는 비용이고, 변동비용은 원재료비 등 매출에 따라 변하는 비용이죠.

이 회사의 매출액이 10%가 늘어나도 고정비용은 그대로 40억 원이고, 변동비용은 매출액과 비례해 10%가 커져 44억 원이 됩니다. 그러면 순이익은 26억 원이 되어 30%가 늘어나고, 주당순이익도 30%가 증가하며, 이론상으로는 주가도 30% 오르게 됩니다. 이런 식으로 주가가 매출액이 늘어나는 것보다 더 오르는 것입니다.

매출액이 10% 증가하는 경우

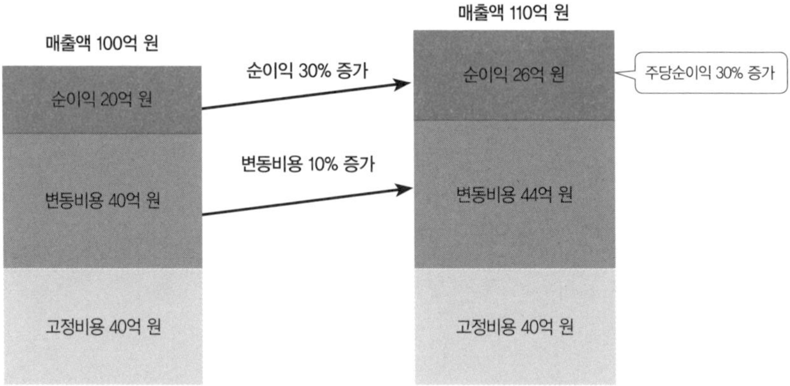

반대로 매출액이 10% 줄어도 고정비용은 그대로 40억 원입니다. 매출액이 줄었다고 해서 바로 직원 월급을 깎지는 않으니까요. 변동비용은 매출액에 비례해 10%가 줄어든 36억 원이 됩니다. 그러면 순이익은 14억 원으로 30%가 줄어들고, 주당순이익도 30%가 줄어 주가도 이론상으로는 30% 하락하게 됩니다.

매출액이 10% 감소하는 경우

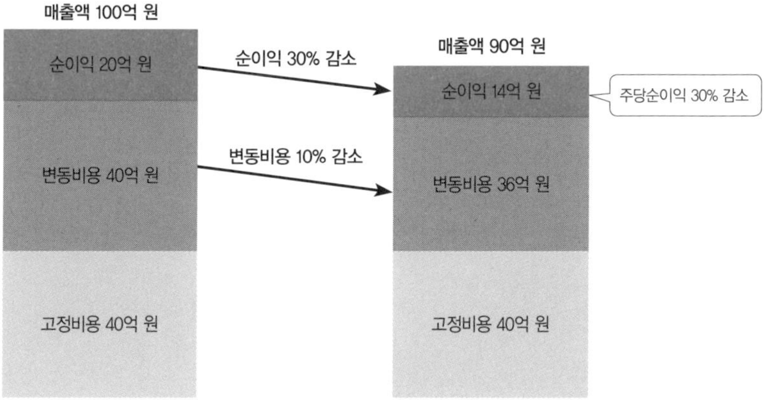

이렇듯 주가는 매출액이 늘어나고 줄어드는 것보다 더 많이 오르고 내리기 때문에 변동성이 큽니다. 그래서 코스피지수도 경제성장률에 비해 변동성이 큰 것입니다.

경제성장률은 매출액을 반영하고, 주가는 이익액을 반영합니다. 경기가 엄청 호황이라 경제성장률이 1~2% 높아지면 주가가 20~30% 급등하기도 하지만, 경제가 불황이라 경제성장률이 1~2% 떨어지면 주가가 20~30% 급락하는 것은 바로 이러한 이유 때문입니다. 경제성장률은 장기적으로는 꾸준히 플러스로 상승해왔습니다. 그래서 코스피지수도 단기적으로 등락이 컸지만, 장기적으로는 경제성장률보다 더 많이 상승해왔습니다.

4 자본주의 시장경제의 원리

주식시장의 파레토 법칙

경제학자 파레토는 연구결과 이탈리아 인구의 **상위 20%가 전체 부의 80%를 차지한다**고 밝혔습니다. 이처럼 전체 결과의 80%가 전체 원인의 20%에서 나오는 현상을 '파레토 법칙' 또는 '80 대 20의 법칙'이라고 하는데, 이 법칙이 여러 가지 경제현상에 들어맞는다는 것이 입증되었습니다. 예를 들어 백화점의 경우 상위 20%의 고객이 전체 매출액의 80%에 기여하고, 매출액 상위 20%의 기업이 전체 시장의 80%를 차지합니다.

파레토 법칙은 대체로 어느 나라에나, 어느 시대에나 적용됩니다. 특히 자본주의 주식시장에도 들어맞습니다. 어떤 기업의 시가총액전체 주식수×주가은 기업가치를 평가하는 중요한 기준인데, 주식시장에서 시가총액 상위 20%의 기업이 전체 시가총액의 80%를 차지합니다.

현재 코스피시장에 상장된 전체 기업의 시가총액을 분석해보면 이를 확실하게 알 수 있습니다. 2020년 12월 말 현재 ETF를 제외하고 코스피시장에 상장된 기업 종목 884개 사 전체의 시가총액은 약 1,967조 원이고, 상위 20%에 해당하는 177개 종목의 시가총액은 1,796조 원으로 전체의 91%를 차지합니다. 파레토 법칙의 80 대 20보다 빈익빈 부익부 현상이 오히려 더 심화했음을 알 수 있습니다.

또한 코스피시장 상위 177개 종목 중에서 또 상위 20%인 35개 종목의 시가총액은 약 1,375조 원인데, 이는 전체 177개 종목의 77%에 해당합니다. 여기에서도 파레토 법칙이 거의 비슷하게 들어맞는다는 것을 알 수 있습니다.

시대를 초월한 주식시장의 빈익빈부익부 현상

어떤 산업 분야든 돈이 되는 분야가 새로 생기면 수많은 기업들이 등장합니다. 우리나라에도 한때 노래방이 한 집 건너 한 집일 정도로 많았고, PC방, 빵집도 우후죽순으로 생겼습니다. 이렇게 경쟁업체들이 많아지면 수요에 비해서 공급이 넘치게 되고, 그러면 경쟁에서 이기기 위해 서로 가격을 내려 수익성이 떨어집니다. 그 결과 경쟁력이 약한 기업들은 문을 닫고, 소수의 경쟁력 있는 기업들만 살아남아 시장을 나눠 먹게 되지요.

살아남은 기업들은 경쟁자가 줄어들었기 때문에 다시 가격을 올릴 수가 있고 그에 따라 수익성이 더 좋아집니다. 그러면 고급 인재들을 채용하거나 기술개발에 투자를 할 수 있어서 품질이 좋아지고, 브랜드 인지도와 브랜드 가치가 더 높아집니다. 업계 상위권 기업들은 주식 시장에 상장하여 투자금을 더 끌어모아 경쟁자들보다 앞서갈 수 있습니다. 그래서 국내 1등기업이 되고, 해외로 진출해서 성공하면 글로벌 1등기업이 되는 것입니다.

제빵업계만 봐도, 전국에 수많은 동네 빵집들이 있었지만, 지금은 파리바게뜨, 뚜레쥬르, 크라운베이커리 같은 소수의 프렌차이즈 기업들이 시장을 나눠먹고 있으며, 그중에서도 파리바게뜨가 독보적인 1등 기업으로 시장을 지배하고 있습니다.

햄버거시장에도 수많은 작은 기업들이 있었지만 지금은 맥도날드와 버거킹이 세계 시장을 나눠먹고 있고, 그중에서도 맥도날드가 부동의 1위를 차지하고 있습니다. 비디오대여점도 예전에는 동네마다 여러 개가 있었지만, 지금은 넷플릭스가 세계 시장을 지배하고 있지요.

자동차, 석유, 제철, 조선, 컴퓨터, 인터넷, 스마트폰 같은 산업 분야도 마찬가지입니다. 자본주의 시장경제에서 소수의 상위권 기업들만 남아 시장을 지배하는 빈익빈부익부 현상은 자연스러운 일입니다. 이렇게 탄생한 글로벌 1등기업은 매출액과 이익액이 가장 크고 주가도 가장 많이 오르는데, 이런 현상은 나라와 시대를 초월해서 과거에도 있었고, 현재도 진행 중이고, 앞으로도 그럴 것입니다.

1등만이 살아남는다

우리나라 전자업계에서 1등과 2등은 삼성전자와 LG전자입니다. 2010년부터 2020년 말까지 11년 동안 삼성전자 주가가 377% 오르는 동안

LG전자 주가는 13% 올랐습니다. **우리나라 전자업계 1, 2위인 삼성전자와 LG전자의 주가가 생각보다 차이가 많이 나는 이유**는 무엇일까요?

두 기업의 사업영역은 공통적인 부분도 있지만 다른 부분도 있어서 사실 정확히 1 대 1로 비교하기는 어렵습니다. 두 기업을 보면 경쟁력 있는 분야가 서로 다른데, 가장 큰 차이는 삼성전자에 반도체가 있다는 것이죠. 어쨌든 주가는 각 기업의 모든 사업 분야를 합쳐 평가하는 것이므로 전체적인 경영 실적을 알아보죠.

2020년 매출액은 삼성전자가 237조 원, LG전자는 63조 원으로 삼성전자가 약 4배 더 많았고, 영업이익은 삼성전자가 36조 원, LG전자는 3조 원으로 약 12배 차이가 났으며, 영업이익률은 삼성전자가 15.2%, LG전자는 5.1%였습니다.

영업이익이란 기업이 본업을 통해 벌어들인 이익을 말하는데, 주식이나 부동산투자를 해서 벌어들인 이익은 영업이익에 포함되지 않습

삼성전자와 LG전자의 11년간 주가상승률 출처 : 네이버

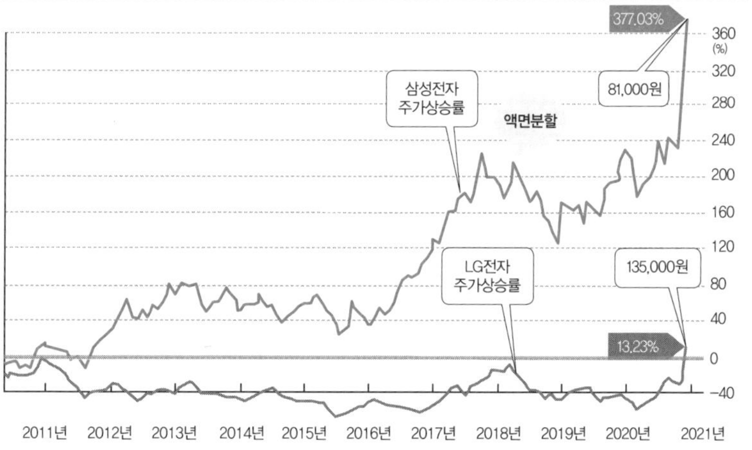

니다. 반면 순이익은 투자를 통해 번 이익이나 손실도 포함하는데, 사실 투자를 통한 이익은 특정 연도에는 많았어도 평소에는 없을 수도 있어서 지속적으로 나올 것으로 보기 어렵습니다. 그래서 **어떤 기업의 경쟁력을 보려면 순이익이 아니라 영업이익을 보아야** 합니다.

어떤 기업이 영업이익률은 낮은데 순이익률은 높다면, 본업은 잘 못하고 다른 일을 잘해서 돈을 번 것으로 그 이익이 꾸준히 지속될 가능성은 높지 않습니다. 그래서 영업이익률이 높게 유지되는 기업이 투자하기에 좋은 기업으로 **주식투자할 때는 영업이익액을 기준으로 종목을 선택해야** 합니다. 영업이익액이 많고, 영업이익률이 높은 기업이 본업에서 경쟁력이 있고 우량한 기업인 것이죠.

삼성전자의 시가총액은 2020년 말 기준으로 544조 원이고, LG전자는 23조 원으로 약 23배 차이가 났습니다. 둘의 **매출액보다 이익액의 차이가 더 크고, 이익액보다 시가총액의 차이는 더 큽니다.** 주가에는 현재의 이익액뿐만 아니라 미래의 이익액도 반영되기 때문입니다. 아무리 매출액이 큰 회사도 이익이 작으면 주가가 오르지 않습니다.

코로나19로 빨라진 시장 지배구조 재편

코로나19 사태로 인한 경제위기가 지나가면 기업들의 시장 지배구조가 재편될 것입니다. 위기가 지나갔다고 모든 기업들의 주가가 오르는 것은 아닙니다. 코로나19 사태와 같은 극심한 경제위기가 오면, 상위권 기업들도 매출액과 순이익이 많이 줄어들겠지만, 하위권 기업들은 아예 적자로 바뀌거나 문을 닫게 됩니다. 코로나19 사태가 끝나고 경제가 회복되어 사람들이 소비를 늘리면, 하위권 기업들이 갖고 있던 매출액이 살아남은 상위권 기업들에게 돌아갑니다. 이로써 상위권 기업의 매출액이 더 늘어나게 됩니다.

앞에서도 말했지만, 이런 빈익빈부익부 현상은 자본주의 시장경제에서는 어느 나라에나 어느 시대에나 있는데, 인위적으로 이런 현상을 없앨 수는 없습니다. 그렇게 하려고 시도하면 전체 경제가 무너지기 때문입니다. 대신 정부는 상위권 기업들에게 세금을 더 걷거나 상생에 필요한 제도를 보완하기도 합니다. 어쨌든 **투자는 살아남을 가능성이 더 높고, 주가가 오를 가능성이 큰 상위권 기업에 해야** 합니다.

빅 3 안에 들면 생존할 수 있다?

한때는 "빅 3 안에 들면 생존은 할 수 있다"는 말이 있었습니다. 우리나라 통신시장을 예로 들어보면 과거에는 유선통신·무선통신·PCS 개인휴대통신, 2.5세대 이동통신·인터넷 등으로 세분되어 KT, 데이콤, SK텔레콤, 하나로통신, LG텔레콤, 파워콤, KT프리텔, 한솔PCS 등 수많은 기업들이 있었습니다. 하지만 지금은 구조조정과 인수합병 등을 거쳐 정확히 빅 3인 SK텔레콤, KT, LG유플러스만 남았습니다.

SK텔레콤은 2020년 기준으로 매출액은 18.6조원, 영업이익액은 1.3조원, 영업이익률은 7.25%, 주당이익액은 1만 8,631원, 시가총액은 19.2조원입니다. 또한 KT는 매출액은 23.9조원, 영업이익액은 1.2조원, 영업이익률은 4.95%, 주당이익액은 2,520원, 시가총액은 6.3조원입니다. 한편 LG유플러스는 매출액은 13.4조원, 영업이익액은 0.9조 원, 영업이익률은 6.60%, 주당이익액은 1,069원, 시가총액은 5.1조원입니다.

[질문] 앞에서 살펴보았듯 우리나라 통신시장에서 매출액은 KT가 1등입니다. 반면 영업이익액과 영업이익률, 주당순이익, 시가총액은 SK텔레콤이 1등입니다. 이런 경우 우리나라 통신시장에서 어떤 기업이 1등 기업일까요?

답은 SK텔레콤입니다. 왜냐하면 **매출액이 아니라 영업이익액, 정확하게는 주당순이익이 큰 기업의 주가가 더 오르기 때문**입니다. 주당순이익을 비교할 때 액면가를 같은 기준으로 봐야 합니다. SK텔레콤은 1주당 액면가가 500원이고, KT와 LG유플러스는 5,000원입니다. SK텔레콤의 액면가가 5,000원이라면 주당순이익은 11만 210원인 셈입니다. 이렇게 보면 SK텔레콤의 주가가 압도적으로 높다는 것을 알 수 있습니다.

주당순이익이 반영된 것이 시가총액인데, SK텔레콤의 시가총액이 다른 두 기업보다 훨씬 높은 이유는 주당순이익이 차이가 나기 때문입니다. 시가총액은 투자자들이 평가하는 그 기업의 가치를 보여주며, 주가에는 미래가치가 반영되므로 시가총액에는 그 기업의 현재 실적에 미래의 전망이 합쳐져 있다고 볼 수 있죠. 따라서 기업 분석이 어려워서 특정 시장에서 어느 기업이 1등기업인지 판단하기가 힘들 때는, 쉽게 그 시장에서 시가총액이 1등인 기업을 고르면 됩니다. **주식시장에서 1등기업을 판단하는 기준은 결국 시가총액**입니다.

자본주의 시장경제체제에서 이제는 점차 빅 3도 아니고 1등만 살아남는 시대로 바뀌고 있습니다. 국내 자동차업계만 보더라도 예전에는 현대자동차, 기아자동차, 대우자동차, 쌍용자동차, 아시아자동차공업, 르노삼성자동차 등 여러 업체들이 있었지만, 1997년 외환위기와 2008년 글로벌 금융위기가 지나면서 현대자동차 하나만 살아남았습니다. 다른 회사들은 외국 기업에 매각되거나 인수합병되었습니다. 기아자동차는 국내 회사로 남아 있지만, 현대자동차그룹에 인수된 계열사이기 때문에 사실상 한 회사만 남은 셈이라고 할 수 있죠.

인터넷 검색 시장도 1990년대만 해도 다음, 야후, 엠파스, 네이트, 알타비스타 등 수많은 기업들이 있었지만, 우리나라는 네이버가 거의 독점하게 됐고, 미국에서는 구글이 독점하고 있습니다. 휴대폰 시장도 삼성전자, LG전자, 팬텍 등이 있었지만 팬텍은 문을 닫았고 LG전자도 적자가 지속돼서 매각설이 나오고 있습니다. 항공시장도 경쟁체제를 마련하기 위해 아시아나항공이 출범했지만, 결국 대한항공에 인수되어 저가항공을 제외하면 하나만 살아남은 셈입니다.

어떤 산업 분야가 새로 생기면 수많은 기업들이 등장하면서 경쟁하고, 그중에서 경쟁력이 떨어지는 기업들은 망하거나 다른 기업에 인수합병되어 사라집니다. 그러다가 빅 3 등 소수의 기업만 남아 시장을 나눠 먹거나, 나중에는 결국 1등만 살아남습니다. **빅 3가 남아도 보통 이익액은 1등기업이 가장 많고, 주가도 1등기업이 가장 많이 오릅니다.**

보통의 기업들은 불황을 두려워하지만, 1등기업들은 오히려 불황을 즐깁니다. 불황이 오면 경쟁자가 줄어들기 때문입니다. 주식투자는 이런 1등기업에 해야 합니다.

이제는 글로벌 1등기업이다

빅 3나 1등기업만 살아남는 현상이 과거에는 국가별로 나타났다면, 최근에는 글로벌하게 나타나고 있습니다. 전 세계 경제가 점차 하나의 시장으로 통합되고 있기 때문입니다. 국내 1등이라고 해서 망하지 않을 거라고 안심하면 안 됩니다. 한진해운 같은 회사도 국내 1등 해운회사였지만 2017년 파산하여 없어졌습니다. 이제는 **세계적인 빅 3, 더 나아가서는 글로벌 1등기업만이 살아남는 시대**가 된 것입니다.

스마트폰시장을 예로 들면, 2020년 3분기 기준으로 세계 스마트폰 시장의 판매량은 삼성전자가 29.1%, 화웨이가 14.1%, 샤오미가 12.7%, 애플이 11.9%를 차지했습니다. 하지만 이익액을 기준으로 보면 애플이 60.5%, 삼성전자가 32.6%입니다. 다른 회사는 이익을 적게 남기는 반면, 애플은 이익을 많이 남기는 것입니다.

2020년 3분기 세계 스마트폰 시장점유율

출처 : 이데일리, "[장기자의 비사이드IT] 스마트폰시장 이익은 애플이 다 가져간다?"(2020.11.28)

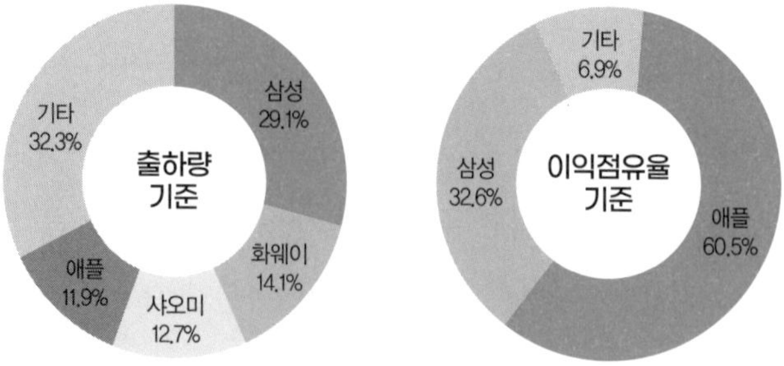

결국 애플이 아이폰을 상대적으로 비싸게 팔고 있다는 뜻입니다. 소비자 입장에서 보면 애플은 폭리를 취하는 기업이고, 다른 기업들은 덜 비싸게 파는 착한 기업이라고 볼 수 있습니다. 하지만 **투자할 때는 이익을 많이 내는 애플이 좋은 기업**입니다. 사람들이 높은 가격에도 불구하고 애플의 아이폰을 사는 것은 그만한 값어치를 한다고 믿기 때문입니다. 그 결과 애플은 이익을 많이 거두는 것이고, 그래서 애플이 우량기업인 것입니다. 바로 이런 기업에 투자해야 합니다.

2020년 국내 및 글로벌 시가총액 상위 10위 기업들의 영업이익률과 주가상승률을 비교해보겠습니다50쪽 표 참조.

국내 시가총액 상위 10위 기업들의 평균 영업이익률은 14.55%였는데, 글로벌 시가총액 상위 10위 기업들의 평균 영업이익률은 24.51%로 더 높았습니다. 주가상승률도 국내 기업들은 88.66%였지만, 글로벌 기업들은 115.56%로 더 높았습니다.

이번에는 2020년 말 기준으로 국내 및 글로벌 시가총액 상위 10위 기업들의 지난 5년 동안의 영업이익증가율과 영업이익률을 비교해보겠습니다51, 52쪽 표 참조.

국내 시가총액 상위 10위 기업들은 평균 영업이익률이 9% 선에서 19% 선까지 변동성이 컸습니다. 하지만 글로벌 시가총액 상위 10위 기업들의 평균 영업이익률은 21% 선에서 24% 선 사이로 변동성이 적었고, 매년 20% 이상을 유지하고 있습니다.

주가는 거의 대부분 이익에 비례합니다. 글로벌 우량기업은 영업이익률이 20% 이상인 경우가 많습니다. 글로벌 시가총액 상위 10위 기

국내 및 글로벌 기업의 시가총액 상위 10위 기업

기준 : 2020년 | 출처 : 하나금융투자

순위	국내 시가총액 상위 10위	2020년 영업이익률	2020년 주가상승률	글로벌시가총액 상위 10위	2020년 영업이익률	2020년 주가상승률
1	삼성전자	15.20%	45.16%	애플	23.83%	80.75%
2	SK하이닉스	15.71%	25.93%	마이크로소프트	37.03%	41.04%
3	LG화학	5.98%	159.53%	아마존닷컴	5.91%	76.26%
4	삼성바이오로직스	25.14%	90.76%	알파벳	22.59%	31.03%
5	셀트리온	38.51%	101.98%	텐센트	38.22%	50.16%
6	네이버	22.91%	56.84%	테슬라	6.32%	743.44%
7	현대차	2.30%	59.34%	페이스북	38.01%	33.09%
8	삼성SDI	5.94%	166.10%	알리바바홀딩스	18.74%	9.73%
9	카카오	10.97%	153.75%	TSMC	42.27%	87.68%
10	삼성물산	2.84%	27.19%	버크셔 해서웨이	12.21%	2.37%
	평균	**14.55%**	**88.66%**		**24.51%**	**115.56%**

* 회계연도에 따라 애플은 9월, 마이크로소프트는 6월, 알리바바홀딩스는 3월, 다른 기업들은 각 연도 12월 기준임.

글로벌 기업의 주가상승률과 영업이익률이 더 높다.

업 중에서는 애플, 마이크로소프트, 알파벳, 텐센트, 페이스북, TSMC 등 6개 기업이 매년 영업이익률이 20%를 넘었습니다. 반면 국내 시가총액 상위 10위 기업 중에서는 2019년에는 셀트리온만 영업이익률이 20%를 넘어 체면치레를 했고, 2020년의 경우는 3개 기업이 영업이익률이 20%를 넘었습니다. 이것만 보아도 빈익빈부익부 현상이 글로벌하게 심화되는 것을 확인할 수 있습니다.

우리나라에서 커피전문점 1등기업은 스타벅스입니다. 스타벅스는 미국 기업이지만 미국뿐 아니라 많은 나라에서 커피전문점 분야 1등

국내 시가총액 상위 10위 기업의 5년간 경영 실적

기준 : 2020년 말 | 출처 : 하나금융투자

기업명	항목	2016년	2017년	2018년	2019년	2020년
삼성전자	영업이익증가율	10.70%	83.46%	9.77%	-52.84%	29.62%
	영업이익률	14.49%	22.39%	24.16%	12.05%	15.20%
SK하이닉스	영업이익증가율	-38.59%	318.75%	51.91%	-86.99%	84.34%
	영업이익률	19.05%	45.57%	51.54%	10.05%	15.71%
LG화학	영업이익증가율	9.23%	47.02%	-23.30%	-60.12%	117.85%
	영업이익률	9.64%	11.40%	7.97%	3.13%	5.98%
삼성바이오로직스	영업이익증가율	85.06%	316.88%	-15.61%	64.77%	219.14%
	영업이익률	-10.33%	14.20%	10.39%	13.08%	25.14%
셀트리온	영업이익증가율	-3.58%	103.38%	-33.31%	11.62%	88.36%
	영업이익률	37.24%	53.51%	34.49%	33.50%	38.51%
네이버	영업이익증가율	32.74%	7.00%	-20.07%	-24.66%	5.22%
	영업이익률	27.40%	25.21%	16.87%	10.77%	22.91%
현대차	영업이익증가율	-18.31%	-11.92%	-47.05%	48.86%	-33.58%
	영업이익률	5.55%	4.75%	2.50%	3.41%	2.30%
삼성SDI	영업이익증가율	-246.30%	112.62%	511.64%	-35.36%	45.26%
	영업이익률	-17.81%	1.84%	7.81%	4.58%	5.94%
카카오	영업이익증가율	31.10%	42.40%	-55.89%	183.47%	120.54%
	영업이익률	7.93%	8.39%	3.02%	6.73%	10.97%
삼성물산	영업이익증가율	275.69%	531.62%	25.26%	-21.48%	-1.12%
	영업이익률	0.50%	3.01%	3.54%	2.82%	2.84%
평균	영업이익증가율	**13.77%**	**155.12%**	**40.34%**	**2.73%**	**67.56%**
	영업이익률	**9.37%**	**19.03%**	**16.23%**	**10.01%**	**14.55%**

영업이익률이 5년 연속 20%를 넘은 경우

국내 시가총액 상위 10위 기업들은
영업이익률, 영업이익증가율의 변동성이 크다.

글로벌 시가총액 상위 10위 기업의 5년간 경영 실적

기준 : 2020년 말 | 출처 : 하나금융투자

기업명	항목	2016년	2017년	2018년	2019년	2020년
애플	영업이익증가율	-12.23%	2.65%	18.35%	-10.98%	3.32%
	영업이익률	27.30%	26.26%	26.73%	24.33%	23.83%
마이크로소프트	영업이익증가율	-25.02%	18.39%	42.52%	22.21%	24.26%
	영업이익률	24.40%	27.37%	31.65%	33.96%	37.03%
아마존닷컴	영업이익증가율	81.07%	-0.76%	194.38%	15.92%	54.82%
	영업이익률	3.20%	2.43%	5.46%	5.26%	5.91%
알파벳	영업이익증가율	29.04%	25.34%	8.54%	12.50%	15.71%
	영업이익률	25.83%	26.17%	23.02%	21.98%	22.59%
텐센트	영업이익증가율	29.82%	30.96%	18.45%	16.20%	55.22%
	영업이익률	32.84%	27.85%	24.42%	24.57%	38.22%
테슬라	영업이익증가율	10.92%	-137.16%	84.56%	-	2392.50%
	영업이익률	-9.86%	-13.93%	-1.18%	0.33%	6.32%
페이스북	영업이익증가율	98.49%	61.71%	23.31%	16.35%	12.71%
	영업이익률	45.20%	49.70%	44.62%	41.00%	38.01%
알리바바 홀딩스	영업이익증가율	23.58%	56.32%	46.57%	-16.19%	53.57%
	영업이익률	29.24%	30.90%	28.21%	15.90%	18.74%
TSMC	영업이익증가율	15.59%	8.52%	0.59%	-5.63%	59.26%
	영업이익률	39.87%	39.58%	37.40%	34.88%	42.27%
버크셔 해서웨이	영업이익증가율	-5.17%	-28.10%	25.55%	1.78%	-8.28%
	영업이익률	15.96%	10.59%	12.96%	12.84%	12.21%
평균	영업이익증가율	**24.61%**	**3.79%**	**46.28%**	**5.80%**	**266.31%**
	영업이익률	**23.40%**	**22.69%**	**23.33%**	**21.51%**	**24.51%**

영업이익률이 5년 연속 20%를 넘은 경우

글로벌 시가총액 상위 10위 기업은 영업이익률이 꾸준히 20%를 상회하며,
영업이익증가율의 변동성도 국내 상위 10위 기업보다 작고 꾸준히 플러스를 유지한다.

기업입니다. 한편 전 세계 사람들이 스마트폰을 사면 구글이나 애플이 돈을 법니다. 삼성의 스마트폰을 사도 구글의 안드로이드 프로그램이 깔려 있기 때문입니다. 구글과 애플이 스마트폰의 운영체제 시장을 나눠 먹고 있죠. 또한 아마존닷컴은 미국 회사지만 전 세계에서 주문을 받아 물건을 배송합니다. 전기차 1등기업 테슬라도 온라인으로 주문을 받아 전 세계를 대상으로 판매합니다. 온라인 환경이 마련되면서 국경은 의미가 없어졌습니다. 이제 **각 분야의 글로벌 1등기업이 세계를 지배하는 세상**이 되었습니다.

많이 오르고 적게 내리는 글로벌 1등기업의 주식

글로벌 1등기업들의 주가는 이미 많이 올라 사기가 무섭다는 사람들이 있습니다. 주가가 너무 비싸졌다는 것입니다. 이것도 맞는 말입니다. 하지만 **오르는 주식은 더 오르고, 안 오르는 주식은 계속 안 오릅니다.** 자본주의 시장경제의 빈익빈부익부 현상 때문입니다. 이 단순한 원리만 이해해도 어떤 주식을 사야 하는지 확실하게 알 수 있습니다.

주식시장뿐만 아니라 부동산시장에서도 빈익빈부익부 현상이 점점 심해집니다. 강남 아파트는 서울 변두리나 지방 아파트에 비해 가격이 떨어질 때는 적게 떨어지고, 오를 때는 많이 오릅니다. 사람들에게 강남 아파트는 안 떨어지고 계속 오를 거라는 믿음이 있어서 대기 수요자들이 많기 때문입니다. 그래서 **강남 아파트는 다른 지역 아파트보다 장기적인 상승률이 더 높습니다.** 이제 강남 아파트는 한 채에 보통 20, 30억 원씩 해 아무나 살 수가 없지만 말입니다.

주식시장에서 강남 아파트 같은 것이 바로 글로벌 1등기업 주식입니다. 강남 아파트는 몇십억 원이 있어야 살 수 있지만, 글로벌 1등기업 주식은 몇십 만원, 몇백 만원으로도 살 수 있습니다.

글로벌 1등기업 주식들도 대기 매수자들이 많습니다. 우리나라 사람들이 주식투자를 할 때 '삼성전자를 사면 손해는 안 볼 거야'라는 생각으로 사는 것처럼, 미국 사람들도 같은 생각으로 애플, 마이크로소프트, 구글의 주식을 삽니다. 개인투자자뿐 아니라 각종 대학장학기금, 펀드, ETF, 그리고 우리나라의 국민연금, 미국의 401K 같은 퇴직연금의 자금들이 먼저 이런 글로벌 1등기업 주식들을 매수합니다.

우리나라 가계는 전체 자산 중에서 금융자산의 비중이 약 20%밖에 안 됩니다. 그리고 저금리 시대인 지금까지도 금융자산 중에서 예금이나 금리형 보험의 비중이 크고, 주식에 투자하는 비중은 아주 작습니다. 하지만 미국의 가계는 전체 자산에서 금융자산의 비중이 70%나 되며, 금융자산 중에서도 주식에 투자하는 비중이 높습니다. 보험이나 연금신탁 안에서도 주식 비중이 더 크기 때문에 전체 금융자산 중에서 주식 비중이 반 이상 됩니다. 미국 사람들은 매달 저축하는 금액에서도 주식에 큰 비율로 돈을 넣기 때문에 주식시장에 매달 새로운 매수자금이 꾸준히 유입됩니다. 그래서 **글로벌 1등기업들은 주가가 떨어질 때는 적게 떨어지고 오를 때는 많이 오릅니다.**

한국, 일본, 미국 가계의 금융자산과 비금융자산의 비율을 정리하면 다음과 같습니다.

국가별 가계의 금융자산 대 비금융자산 비중 출처 : 소비자경제(2019. 11. 14)

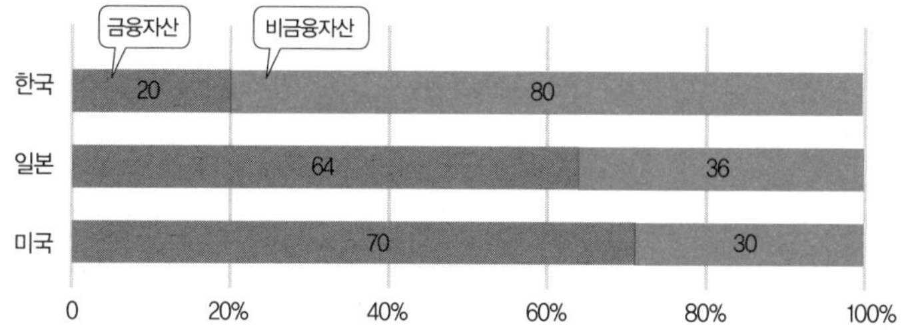

* 미국과 일본은 2017년 말 기준

한국, 일본, 미국 가계의 금융자산의 구성비율은 다음과 같습니다.

한국, 일본, 미국 가계의 금융자산 구성비율 기준 : 각 연도 말 | 출처 : 트러스톤자산운용(2017. 7. 15)

구분		금액	현금 예금	채권	투자신탁 수익증권	주식 출자금	보험 연금신탁
한국	2004년	1,246조 원	48.8%	4.2%	5.1%	16.6%	22.6%
	2008년	1,722조 원	48.1%	3.6%	7.5%	15.6%	24.3%
	2017년	3,668조 원	43.1%	4.2%	3.0%	17.4%	31.8%
일본	2005년	1,416조 엔	54.8%	2.1%	2.7%	5.8%	27.2%
	2017년	1,880조 엔	51.1%	1.3%	5.8%	11.2%	27.7%
미국	2017년	80.4조 달러	12.9%	4.9%	12.1%	36.7%	30.6%

* ■ 부분은 투자상품
자료 : 한국은행, 일본은행 Flow of Funds-Overview of Japan, US(2017.12)

표를 보면 우리나라 가계의 전체 자산 중 금융자산의 비중이 일본과 비교해도 크게 낮은 것을 알 수 있습니다.

금융자산을 늘려가기 전에 먼저 해야 할 일은 글로벌 1등기업에는 어떤 기업들이 있는지 살펴보는 것입니다. 글로벌 1등기업의 사례는 2장에서 소개하겠습니다.

2장에서는 현재 세계 시가총액 상위 기업이면서 주력사업 분야에서 글로벌 1등인 10개 기업들을 분석해보겠습니다. 이 기업들이 하고 있는 사업과 최근 경영실적 및 주가 흐름을 살펴봅니다. 여기에서 소개하는 기업들은 주가가 장기간 꾸준히 상승해 왔습니다. 이 장을 보면 왜 글로벌 1등기업 주식을 사야 하는지 확실히 알 수 있을 것입니다.

* 글로벌 시가총액 상위 10개 기업 중에서 알리바바홀딩스는 아마존닷컴과 같은 소매유통업종이므로 제외하고, 텐센트는 구글이나 페이스북과 중복되는 분야가 많아 다루지 않고, 워런 버핏의 버크셔 해서웨이는 투자회사여서 예외로 했습니다.

2장

글로벌 1등기업 사례 분석

시가총액 상위권에 있는 1등기업들의 공통점은 유통업체인 아마존닷컴과 이제 막 흑자로 돌아선 테슬라를 제외하면, 대체로 영업이익률이 꾸준히 20% 이상을 유지하고 있다는 것입니다. 즉 영업이익률이 20% 이상이면 글로벌 초우량기업이라고 할 수 있습니다. 또한 이 기업들은 비자 같은 신용카드 회사를 제외하고는, 코로나19 사태의 영향을 상대적으로 적게 받거나 오히려 수혜주가 되어 주가가 더 많이 상승했음을 알 수 있습니다. 앞으로 이런 글로벌 1등기업들과 나머지 기업들과의 영업이익과 주가의 격차는 갈수록 더 벌어질 것입니다.

1 전형적인 글로벌 우량기업 - 애플

애플Apple Inc., 티커: AAPL은 스티브 잡스가 1976년에 컴퓨터 소프트웨어와 하드웨어 제조업체로 설립한 기업입니다. 한때 개인용컴퓨터PC 분야에서 마이크로소프트와의 경쟁에서 밀려서 창업자 스티브 잡스가 회사에서 밀려나기도 했습니다. 그후 스티브 잡스가 복귀해 최초의 스마트폰인 아이폰을 선보인 것이 터닝포인트가 됐습니다. 계속해서 아이패드, 아이튠즈서비스, 애플워치, 아이팟, 아이패드 같은 상품들을 선보이면서 젊은 세대의 아이콘으로 자리매김했고 마니아 고객들을 많이 확보하고 있습니다. 애플은 현재 마이크로소프트를 제치고 전 세계 시가총액 1위 기업이 되었고, 스마트폰시장이 성숙기에 접어들면서 디지털콘텐츠, 헬스케어, 자율주행 분야 등 새로운 성장동력을 찾고 있습니다.

애플은 9월 결산 법인인데, 2020년 9월 기준으로 매출액 2,742억 달러, 영업이익액 653억 달러, 영업이익률 23.8%를 기록했고, 2020년 말 기준으로 시가총액은 2조 2,560억 달러한화로 2,454조 원로서 우리나라 코스피시장의 전체 시가총액보다 큽니다.

애플의 5년간 경영 실적 기준 : 각 연도 9월 말 | 출처 : 하나금융투자

결산 연월	2016년	2017년	2018년	2019년	2020년
매출액	2,142억 달러	2,285억 달러	2,658억 달러	2,600억 달러	2,742억 달러
영업이익액	585억 달러	600억 달러	710억 달러	632억 달러	653억 달러
매출액증가율	-7.37%	6.70%	16.29%	-2.20%	5.46%
영업이익증가율	-12.23%	2.65%	18.35%	-10.98%	3.32%
영업이익률	27.30%	26.26%	26.73%	24.33%	28.83%

* 매출액, 영업이익액은 억 달러 이하에서 반올림

영업이익률의 변동성이 작고
꾸준히 20% 이상을 유지한다.

애플은 위의 표와 같이 영업이익률이 큰 기복 없이 꾸준히 20% 이상을 유지하고 있는 것을 볼 수 있습니다. 글로벌 우량기업의 전형적인 패턴입니다. 투자는 이렇게 영업이익률이 꾸준히 유지되면서 매출액과 영업이익액이 증가하는 기업에 해야 합니다.

애플의 주가상승률을 차트와 표로 보면 오른쪽과 같습니다. 애플의 주가는 2011년 초에 11.63달러에서 2020년 말에 132.69달러로 연평균 27.56% 상승했습니다. 만약 2011년 초에 1억 원으로 애플 주식을 샀다면 2020년 말에 11억 4,093만 원이 되었을 것입니다. 코로나19 사태가 터진 2020년에도 애플의 주가는 80.75%가 올랐습니다.

코로나19 사태와 같은 전대미문의 경제위기에도 잘 버티고 살아남는

애플의 10년 주가 차트

출처 : 하나금융투자

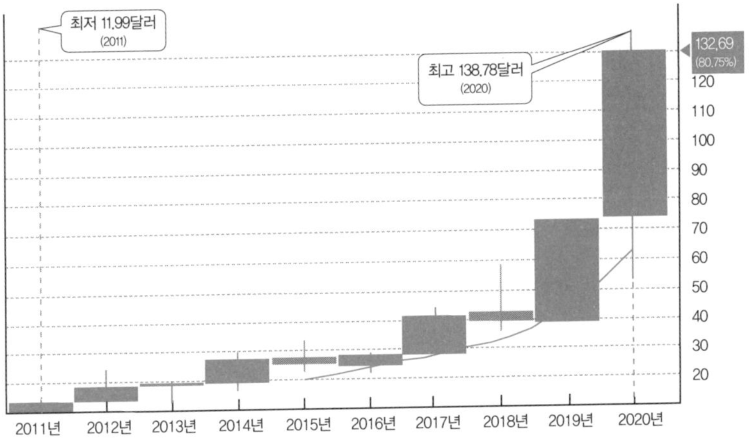

애플의 연도별 주가상승률

출처 : 하나금융투자

2011년	2012년	2013년	2014년	2015년	2016년	2017년	2018년	2019년	2020년
24.37%	31.40%	5.42%	37.72%	-4.64%	10.03%	46.11%	-6.79%	86.16%	80.75%

기업이 진정한 1등기업입니다. 아무리 1등기업이라 해도 이번 코로나19 사태로 매출이나 영업이익이 큰 타격을 받았다면 앞으로 투자하기에 적합하지 않은 주식입니다. 코로나19 사태의 영향을 보기 위해서는 전 세계가 경제 봉쇄를 본격적으로 시작한 2020년 2분기 이후의 경영 실적을 살펴보아야 합니다.

다음의 표에서 애플의 2020년 2분기와 3분기의 매출액과 영업이익을 전년 같은 기간과 비교해보았습니다.

애플은 2020년 2분기와 3분기 모두 전년보다 매출액이 줄지 않았고, 오히려 2분기에는 10% 넘게 증가했습니다. 영업이익액도 2분기에

코로나19 시기 애플의 매출액과 영업이익률

출처 : 하나금융투자

구분	2019년 2분기	2020년 2분기	증가율	2019년 3분기	2020년 3분기	증가율	전분기대비
매출액	537억 달러	594억 달러	10.56%	639억 달러	647억 달러	1.14%	8.84%
영업이익액	115억 달러	125억 달러	8.44%	155억 달러	147억 달러	-5.15%	17.83%
영업이익률	21.38%	20.97%		24.21%	22.70%		

* 매출액, 영업이익액은 억 달러 이하에서 반올림

는 8% 증가하였고, 3분기에는 소폭 감소했지만 2분기에 비해서는 18%나 증가했습니다. 영업이익률도 계속 20% 이상을 유지하고 있습니다. 2020년 3월 이후 미국 경제가 셧다운된 것을 생각하면 **코로나19 사태의 영향을 전혀 받지 않았음을 알 수 있습니다.**

가치투자의 대가 워런 버핏은 원래 기술주를 사지 않는 것으로 유명했지만, 2016년부터 애플을 매수해왔고 2020년 말 현재 전체 포트폴리오에서 애플이 43%로 가장 큰 비중을 차지하고 있습니다. 그가 애플을 변동성이 크고 예측하기 어려운 기술주가 아니라 장기적으로 수익을 낼 수 있는 필수 소비재주로 생각하고 있음을 알 수 있습니다.

애플은 젊은 세대들을 충성고객으로 많이 확보하고 있기 때문에 그 세대들이 소비의 주력세대가 되면서 회사의 실적도 꾸준히 유지될 가능성이 있습니다.

2 부동의 시가총액 상위권 기업 - 마이크로소프트

빌 게이츠가 1975년 설립한 마이크로소프트Microsoft Coporation, 티커: MSFT는 개인용컴퓨터 운영체제인 윈도우와 오피스 프로그램으로 장기간 시장을 독점하면서 오랫동안 시가총액 상위권을 유지하고 있습니다. 모바일이 대세가 되면서 애플과 구글에게 시장 지배력을 많이 빼앗기기는 했지만, 클라우드 플랫폼 서비스를 통해 다시 매출액과 이익이 늘어나면서 **주가도 큰 기복 없이 꾸준히 상승**해왔습니다.

마이크로소프트는 6월 결산 법인으로, 2020년 6월 기준으로 매출액 1,430억 달러, 영업이익액 530억 달러, 영업이익률 37.0%를 기록했고, 2020년 말 기준으로 시가총액은 1조 6,816억 달러한화 1,830조 원입니다. **영업이익률도 꾸준히 20% 이상으로 유지되고 있는데, 이익률이 갈수록 증가하는 패턴**을 보여줍니다. 매출액증가율보다 영업이익증가율이 커지면서 **영업이익률이 더 높아지는 최고 우량기업의 패턴**입니다.

마이크로소프트의 5년간 경영 실적

기준: 각 연도 6월 말 | 출처 : 하나금융투자

결산 연월	2016년	2017년	2018년	2019년	2020년
매출액	847억 달러	894억 달러	1,102억 달러	1,255억 달러	1,430억 달러
영업이익액	207억 달러	245억 달러	349억 달러	426억 달러	530억 달러
매출액증가율	-8.90%	5.55%	23.25%	13.91%	13.95%
영업이익증가율	-25.02%	18.39%	42.52%	22.21%	24.26%
영업이익률	24.40%	27.37%	31.65%	33.96%	37.03%

* 매출액, 영업이익액은 억 달러 이하에서 반올림

주가상승률을 차트와 표로 보면 다음과 같습니다. 주가는 2011년 초에 28.05달러에서 2020년 말에 222.42달러로 연평균 23.01% 상승했습니다. 만약 2011년 초에 1억 원으로 마이크로소프트 주식을 샀다면 2020년 말에 7억 9,294만 원이 되었을 것입니다. 코로나19 사태가 터

마이크로소프트의 10년 주가 차트

출처 : 하나금융투자

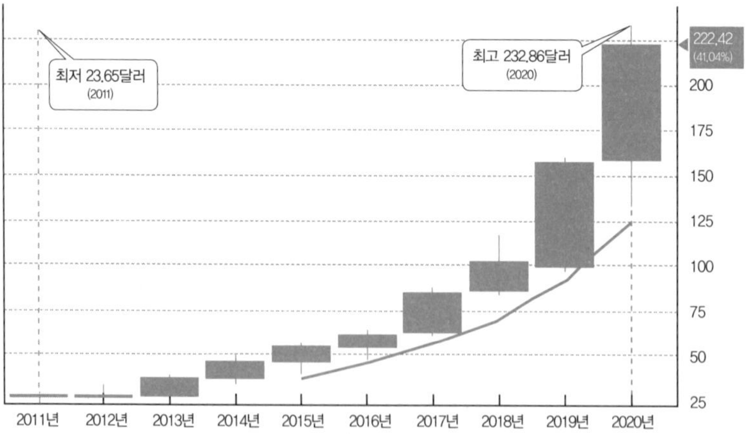

마이크로소프트의 연도별 주가상승률 출처 : 하나금융투자

2011년	2012년	2013년	2014년	2015년	2016년	2017년	2018년	2019년	2020년
-7.45%	2.89%	40.06%	24.16%	19.44%	12.00%	37.66%	18.74%	55.26%	41.04%

진 2020년에도 주가가 41.04%나 올랐습니다.

2020년 2분기와 3분기 매출액과 영업이익률을 보면 다음과 같습니다.

코로나19 시기 마이크로소프트의 매출액과 영업이익률 출처 : 하나금융투자

구분	2019년 2분기	2020년 2분기	증가율	2019년 3분기	2020년 3분기	증가율	전분기대비
매출액	336억 달러	380억 달러	13.12%	331억 달러	372억 달러	12.40%	-2.31%
영업이익액	123억 달러	134억 달러	8.91%	127억 달러	159억 달러	25.15%	18.42%
영업이익률	36.61%	35.25%		38.38%	42.73%		

* 매출액, 영업이익액은 억 달러 이하에서 반올림

마이크로소프트는 매출액이 2020년 2분기와 3분기 모두 전년보다 10% 이상 증가했고, 영업이익액도 2분기, 3분기 모두 전년보다 늘어났으며, 영업이익률도 30% 이상을 유지하고 있습니다. 특히 3분기에는 영업이익률이 40%가 넘는 좋은 실적을 거두었습니다. 클라우드 서비스의 실적이 매우 좋아지고 있는 것이 이유인 듯합니다. 마이크로소프트는 모바일시장에서 구글과 애플에 밀린 것을 클라우드 서비스로 만회해서 실적이 갈수록 증가하고 있기 때문에 장기적으로 기업가치를 유지할 수 있을 것으로 보입니다.

3 언택트 환경의 최대 수혜자 - 아마존닷컴

아마존닷컴Amazon. Inc, 티커: AMZN은 1994년에 미국에서 온라인서점으로 시작해 지금은 세계에서 가장 큰 온라인쇼핑몰 기업이 되었습니다. 또한 클라우드 서비스 기업으로서 아마존웹서비스AWS로 클라우드 서비스 시장점유율 1위를 하고 있습니다.

아마존웹서비스는 매출 비중은 전체의 10% 정도이지만 영업이익률은 30% 정도로 전체 영업이익의 절반 정도를 차지하고 있습니다. 주가가 최근 몇 년 사이에 급등하면서 창업자인 제프 베이조스는 빌 게이츠를 제치고 세계 최고의 부자에 올랐죠.

아마존닷컴은 2020년 말 기준으로 매출액 3,861억 달러, 영업이익액 228억 달러, 영업이익률은 5.9%이고, 2020년 말 기준으로 시가총액은 1조 6,342억 달러한화 1,778조 원입니다.

그런데 아마존닷컴은 세계 시가총액 상위 기업치고는 영업이익률이 낮은 편입니다. 유통업은 구조적으로 영업이익률이 높기 어려운 업종이기 때문입니다. 그래도 세계 최대의 유통업체라 투자자들이 앞으로의 성장성을 높게 평가해 주가가 꾸준히 오르고 있습니다.

아마존닷컴의 영업이익률은 창업 초기에는 장기간 적자 상태였지만 손익분기점을 넘어선 뒤로는 꾸준히 증가해왔습니다. 매출액은 매년 20% 이상 증가했지만, 영업이익액은 그보다 훨씬 빠른 속도로 증가해 영업이익률이 상승하고 있는 것입니다. **유통업은 규모의 경제 효과가 있기 때문에 판매량이 커질수록 원가가 줄어들기에, 앞으로도 영업이익률이 꾸준히 증가할 가능성이 높습니다.**

아마존닷컴의 5년간 경영 실적

기준: 각 연도 말 | 출처 : 하나금융투자

결산 연월	2016년	2017년	2018년	2019년	2020년
매출액	1,360억 달러	1,779억 달러	2,329억 달러	2,805억 달러	3,861억 달러
영업이익액	44억 달러	43억 달러	127억 달러	147억 달러	228억 달러
매출액증가율	27.08%	30.80%	30.93%	20.45%	37.62%
영업이익증가율	81.07%	-0.76%	194.38%	15.92%	54.82%
영업이익률	3.20%	2.43%	5.46%	5.26%	5.91%

* 매출액, 영업이익액은 억 달러 이하에서 반올림

아마존닷컴의 연도별 주가상승률을 차트와 표로 보면 다음과 같습니다. 아마존닷컴의 주가는 2011년 초에 181.37달러에서 2020년 말에 3,256.93달러로 연평균 33.48%씩 올랐습니다. 만약 2011년 초에 1억 원으로 아마존닷컴 주식을 샀다면 2020년 말에 17억 9,574만 원이

아마존닷컴의 10년 주가 차트 출처 : 하나금융투자

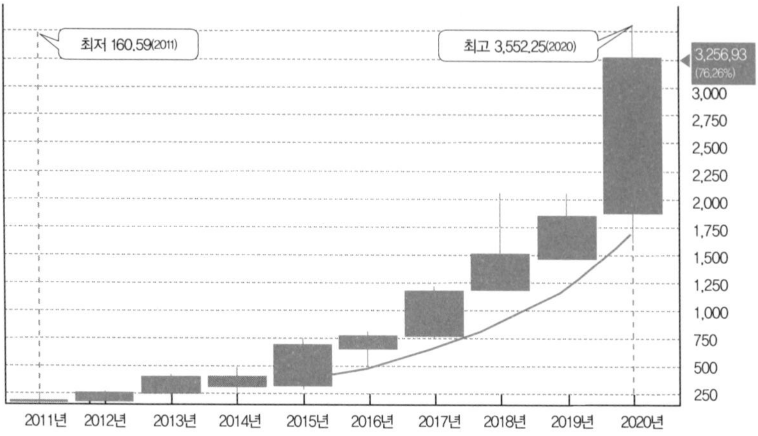

아마존닷컴의 연도별 주가상승률 출처 : 하나금융투자

2011년	2012년	2013년	2014년	2015년	2016년	2017년	2018년	2019년	2020년
-4.56%	44.93%	58.96%	-22.18%	117.78%	10.95%	55.96%	28.43%	23.03%	76.26%

되었을 것입니다. 2020년에도 무려 76.26%가 올랐습니다. 코로나19 사태 때문에 온라인쇼핑으로 주문이 몰렸기 때문입니다.

아마존닷컴의 2020년 2분기와 3분기 매출액과 영업이익률을 보면 옆의 표와 같습니다.

아마존닷컴은 **코로나19 사태의 직접적인 수혜주**입니다. 오프라인 매장이 문을 닫는 바람에 언택트 환경의 최대 수혜주가 되었고, 이는 실적에서도 확실하게 나타났습니다. 2020년 2분기에는 매출액이 전년보다 40%, 3분기에는 37%로 크게 늘어났고, 영업이익액도 2분기와 3분기 모두 전년보다 90% 이상 증가했습니다. 영업이익액이 늘어난 것

코로나19 시기 아마존닷컴의 매출액과 영업이익률 출처 : 하나금융투자

구분	2019년 2분기	2020년 2분기	증가율	2019년 3분기	2020년 3분기	증가율	전분기대비
매출액	634억 달러	889억 달러	40.23%	700억 달러	961억 달러	37.39%	8.14%
영업이익액	32억 달러	61억 달러	93.47%	32억 달러	63억 달러	94.77%	2.01%
영업이익률	5.00%	6.90%		4.59%	6.51%		

* 매출액, 영업이익액은 억 달러 이하에서 반올림

에 비하면 2020년에 주가가 76% 오른 것은 오히려 덜 오른 것으로 볼 수 있습니다. 영업이익률도 2분기부터 6%대로 올라섰으며, 3분기에는 매출액과 영업이익액도 2분기에 비해 증가했습니다. 코로나19 사태로 인해 아마존닷컴의 실적은 **앞으로도 상승 추세를 유지할 가능성이 큽니다.**

코로나19 바이러스가 잡히면 언택트에서 콘택트로 다시 전환하게 될 것이고, 그렇게 되면 아마존닷컴 같은 언택트 주들은 가격이 떨어지는 것 아닌가 하고 생각하는 사람들도 있을 수 있습니다.

하지만 온라인쇼핑의 편리함을 한 번 맛본 사람들은 코로나19 바이러스가 없어져도 계속할 가능성이 높습니다. 제프 베이조스는 자신은 2021년 상반기를 끝으로 CEO 직에서 물러나고 아마존웹서비스 CEO 앤디 제시가 새 CEO로 일할 것이라고 발표했습니다. 아마존웹서비스는 매출 비중은 작지만 수익성이 높아서 전략적으로 클라우드 서비스를 키울 가능성이 있습니다. 그러면 아마존닷컴의 이익은 더 빠르게 늘어날 것으로 보입니다.

4 구글의 새로운 지주회사 - 알파벳

"알파벳이라는 회사도 있나"고 묻는 초보 투자자들이 있는데, 알파벳Alphabet Inc., 티커: GOOGL, GOOG은 구글의 새로운 지주회사입니다. 구글은 이름을 이렇게 지은 이유에 대해 "알파벳은 인류 최고의 혁신이기 때문이며, 알파a, 시장수익률 이상의 절대 수익에 대한 베팅을 의미하기도 한다"고 말했습니다. 그밖에 모든 알파벳의 이니셜로 시작하는 서비스를 제공한다는 의미도 있습니다.

알파벳은 2015년에 래리 페이지와 세르게이 브린이 구글과 구글 연구소, 구글벤처스 같은 테크놀로지, 생명과학, 자본투자, 리서치 등을 아우르는 지주회사로 설립했습니다. 구글은 인터넷 검색사이트로 시작해서 온라인 검색시장에서 독점적인 지배력을 갖게 됐습니다. 구글이 수익을 창출하는 방법은 주로 온라인 광고입니다. 또한 모바일 세상이 열리면서 애플의 아이폰을 제외한 모든 스마트폰에 구글의 안드

A부터 Z까지 알파벳의 사업 부분 출처 : reddit.com

로이드 프로그램이 탑재되어 모바일 세상의 마이크로소프트가 되었습니다.

알파벳은 2020년 말 기준으로 매출액 1,824억 달러, 영업이익액 412억 달러, 영업이익률은 22.6%이고, 시가총액은 1조 1,048억 달러한화 1,202조 원입니다. 알파벳도 영업이익률이 꾸준히 20% 이상으로 유지되는 전형적인 우량기업의 패턴을 보여줍니다.

주가상승률을 다음의 차트와 표로 살펴보면, 2011년 초에 298.529달러에서 2020년 말에 1,752.64달러로 연평균 19.36% 올랐습니다. 만약 2011년 초에 1억 원으로 알파벳 주식을 샀다면 2020년 말에 5억 8,709만 원이 되었을 것입니다. 2020년에도 알파벳의 주가는 30.85%가 올랐습니다.

알파벳의 5년간 경영 실적

기준: 각 연도 말 | 출처 : 하나금융투자

결산 연월	2016년	2017년	2018년	2019년	2020년
매출액	897억 달러	1,110억 달러	1,370억 달러	1,614억 달러	1,824억 달러
영업이익액	232억 달러	291억 달러	315억 달러	355억 달러	412억 달러
매출액증가율	21.94%	23.73%	23.36%	17.85%	12.98%
영업이익증가율	29.04%	25.34%	8.54%	12.50%	15.71%
영업이익률	25.83%	26.17%	23.02%	21.98%	22.59%

* 매출액, 영업이익액은 억 달러 이하에서 반올림

알파벳의 10년 주가 차트

출처 : 하나금융투자

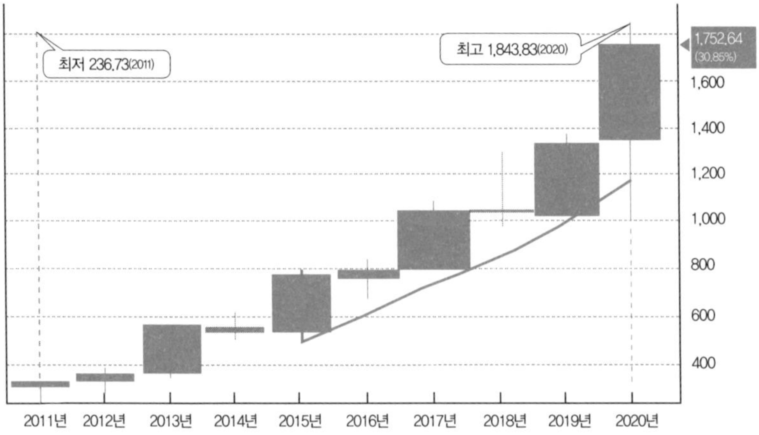

알파벳의 연도별 주가상승률

출처 : 하나금융투자

2011년	2012년	2013년	2014년	2015년	2016년	2017년	2018년	2019년	2020년
8.29%	9.52%	58.43%	-5.39%	46.61%	1.86%	32.93%	-0.80%	28.18%	30.85%

* 2015년 이전 데이터는 알파벳이 출범하기 전 구글의 주가 데이터이다.

알파벳의 2020년 2분기와 3분기 매출액과 영업이익률은 다음과 같습니다.

코로나19 시기 알파벳의 매출액과 영업이익률 출처 : 하나금융투자

구분	2019년 2분기	2020년 2분기	증가율	2019년 3분기	2020년 3분기	증가율	전분기대비
매출액	388억 달러	381억 달러	-1.78%	404억 달러	462억 달러	14.4%	21.10%
영업이익액	91억 달러	62억 달러	-31.31%	91억 달러	112억 달러	24.03%	80.28%
영업이익률	23.36%	16.34%		22.43%	24.32%		

* 매출액, 영업이익액은 억 달러 이하에서 반올림

알파벳은 2020년 2분기에는 매출액이 전년보다 소폭 감소했지만 3분기에는 전년보다 14% 늘어났고, 영업이익액도 2분기에는 30% 이상 감소했지만 3분기에는 20% 이상 증가했습니다. 영업이익률은 2분기에는 10%대로 줄어들었지만, 3분기에는 다시 20%대를 회복했습니다. 3분기에는 2분기에 비해서 매출액은 20% 이상, 영업이익액은 80% 이상 늘어났습니다. 영업이익액이 2분기에 전년보다 크게 감소했기 때문에, 주가상승률이 앞에서 소개한 다른 기업들보다 더 낮았지만, 3분기에 영업이익액이 크게 늘어나면서 주가가 다시 오르고 있습니다.

알파벳은 이제 단순한 온라인 검색광고 기업이 아닙니다. 유튜브를 통해 모든 미디어 산업을 장악해가고 있고, 알파벳 이니셜만큼 다양한 서비스로 사업영역을 넓혀서 플랫폼 기업이 되어가고 있습니다. 그래서 앞으로도 상당 기간 시장에서 1등의 지위를 지킬 수 있을 것으로 보입니다.

5 전기차 분야 세계 1위 - 테슬라

테슬라Tesla Inc., 티커: TSLA는 일론 머스크가 2003년에 설립한 전기자동차회사로 전기차 분야 세계 1위 기업입니다. 테슬라는 다른 자동차기업들과는 달리 전 세계를 대상으로 온라인으로 차량을 판매합니다. 전기차 제조뿐만 아니라 세계 최고 수준의 자율주행기술을 보유한 것으로 평가받고 있으며, 원가를 낮추기 위해 배터리도 자체 생산한다는 계획을 갖고 있습니다.

테슬라는 창업 이후 대규모 투자로 인해 줄곧 적자를 기록하면서 경영위기설이 대두했지만, 2019년 3분기에 흑자로 전환된 후로 주가가 폭등해 자동차업계에서 시가총액 1위가 되었습니다. 아직 판매량이나 이익액은 도요타나 폭스바겐 같은 글로벌 자동차업체에 비해 미미하지만, 주식시장에서 1등기업은 시가총액으로 평가합니다. 주가는 미래가치를 반영하므로 시가총액에는 그 회사의 미래 성장 가능성과 이익액이 포함된다고 볼 수 있으니까요. 그런 측면에서 시장에서는 테슬라가 향후 이익액 측면에서도 1등기업이 될 것으로 보는 것입니다.

테슬라의 실적을 살펴보면, 2020년 말 기준으로 매출액 315억 달러, 영업이익액 20억 달러, 영업이익률 6.32%, 시가총액은 2020년 말 기준으로 6,689억 달러한화 728조 원 입니다.

테슬라의 5년간 경영 실적

기준: 각 연도 말 | 출처 : 하나금융투자

결산 연월	2016년	2017년	2018년	2019년	2020년
매출액	70억 달러	118억 달러	215억 달러	246억 달러	315억 달러
영업이익액	-7억 달러	-16억 달러	-3억 달러	0.8억 달러	20억 달러
매출액증가율	73.01%	67.98%	82.51%	14.52%	28.31%
영업이익증가율	10.92%	-137.16%	84.56%	흑자 전환	2,393.50%
영업이익률	-9.86%	-13.93%	-1.18%	0.33%	6.32%

* 매출액, 영업이익액은 억 달러 이하에서 반올림

테슬라는 영업이익률이 2019년에 연간 기준으로도 흑자로 전환했습니다. **제조업도 대규모 장치가 필요한 산업이라 규모의 경제 효과가 나타나므로, 한 번 흑자로 전환되면 매출액이 늘어나는 한 이익액도 꾸준히 증가하고 영업이익률도 늘어날 가능성이 높습니다.**

기존의 메이저 자동차업체들도 전기차에 대한 투자를 늘리고 있고, 새로운 전기차 경쟁업체가 등장하는 것이 테슬라에게는 위협 요인입니다. 하지만 기존의 다른 내연기관 자동차업체들은 전기차를 많이 생산할 경우 내연기관 차량의 판매가 줄어들어 수익성이 떨어집니다.

전기차 생산을 늘리려면 내연기관 차량의 생산설비나 고용도 줄여야 하기 때문에 테슬라를 따라잡기가 어려울 수 있습니다. 테슬라는 전기차만 생산하기 때문에 그런 상충하는 문제가 없습니다.

테슬라는 전기차 분야의 시장을 선점하면서 쌓아온 기술력을 바탕으로 가격경쟁력에서 앞서 나가고 있습니다. 다른 전기차들에 비해 디자인과 브랜드 파워도 앞서 있기 때문에 **상당 기간 전기차 부문에서 1등의 지위를 유지할 가능성이 높습니다.**

테슬라의 주가상승률을 차트와 표로 보면 아래와 같습니다.

테슬라의 주가는 2011년 초에 5.368달러에서 2020년 말에 705.67

테슬라의 10년 주가 차트 출처 : 하나금융투자

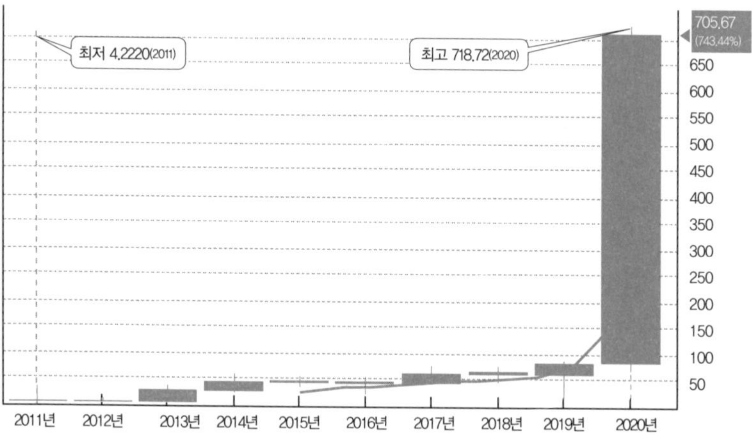

테슬라의 연도별 주가상승률 출처 : 하나금융투자

2011년	2012년	2013년	2014년	2015년	2016년	2017년	2018년	2019년	2020년
6.41%	18.59%	344.14%	47.85%	7.91%	-10.97%	45.70%	6.89%	25.70%	743.44%

달러로 연평균 62.09% 올랐습니다. 만약 2011년 초에 1억 원으로 테슬라 주식을 샀다면 2020년 말에 131억 4,586만 원이 되었을 것입니다. 100배 넘게 오른 것이죠. 2019년에 흑자 전환에 성공한 뒤로 주가는 2020년 초부터 폭등해서 12월 말까지 743.44% 올랐습니다.

2020년 2분기와 3분기 매출액과 영업이익률을 보면 다음과 같습니다.

코로나19 시기 테슬라의 매출액과 영업이익률 출처 : 하나금융투자

구분	2019년 2분기	2020년 2분기	증가율	2019년 3분기	2020년 3분기	증가율	전분기대비
매출액	64억 달러	60억 달러	-4.94%	63억 달러	88억 달러	39.16%	45.31%
영업이익액	-0.5억 달러	3억 달러	흑자 전환	3억 달러	8억 달러	209.96%	147.40%
영업이익률	-0.79%	5.42%		4.14%	9.22%		

* 매출액, 영업이익액은 억 달러 이하에서 반올림

테슬라는 2020년 2분기에는 매출액이 전년보다 소폭 감소했지만, 3분기에는 무려 39%가 늘었고, 영업이익액은 2019년 3분기에 처음 흑자 전환된 이후로 꾸준히 늘어나고 있으며, 2020년 3분기에는 전년보다 200% 이상 증가할 정도로 급증했고, 영업이익률도 9%를 넘어 빠른 속도로 증가하고 있습니다. 또한 3분기에 매출액은 전분기에 비해서 45%, 영업이익액은 147% 늘어나 그해 주가 폭등의 원인을 어느 정도 설명해 줍니다. 2분기에 매출액이 전년보다 감소한 것은 코로나19로 인한 셧다운의 영향으로 보입니다. 하지만 3분기에는 매출액이 크게 증가해 코로나19 사태의 영향을 완전히 극복한 것으로 보입니다.

테슬라 주가가 2020년에 폭등한 것에 대해 거품 논란이 있기는 합니다. 주가는 이익에 비례하는데, 테슬라의 현재 주가는 미래에 벌어들일 영업이익을 고려해도 지나치게 고평가되었다는 것입니다. 하지만 2020년의 주가 폭등은 영업이익이 흑자로 전환한 뒤로 큰 폭으로 증가했고, 테슬라가 S&P500지수에 들어갈 것이라는 기대 때문이었습니다.

뒤에서 다시 설명하겠지만, S&P500지수는 미국 주식시장의 시가총액 상위 500개 기업으로 만들어진 지수인데, 시가총액이 크다고 해서 무조건 S&P500지수에 들어가는 것은 아닙니다. 테슬라는 그동안 시가총액으로는 세계 10위권으로 커졌지만, 창업 이후 계속 적자를 기록해 이 지수에 편입되지 못했던 것입니다. 하지만 2020년 6월 말까지 4분기 연속 흑자를 내 S&P500지수에 들어갈 수 있는 조건이 되었습니다. 이 경우 S&P500 인덱스펀드와 ETF는 무조건 테슬라 주식을 시가총액의 비중만큼 매수해야 합니다. 그 금액이 어마어마하게 크기 때문에 S&P500지수에 편입되면 주가가 많이 오를 것이라는 기대로 인해 미리 상승한 것입니다.

테슬라는 2020년 12월에 S&P500지수에 포함된 까닭에 앞으로는 실질적인 영업이익에 대한 평가를 바탕으로 주가가 정해질 것입니다. 그렇기 때문에 거품 논란이 있는 것은 사실이지만, **전기차 분야의 1등의 지위를 유지하는 한 매수 후보로 둘 필요가 있습니다.**

6 세계 최대의 SNS기업 - 페이스북

페이스북Facebook, 티커: FB은 하버드대학교 학생이던 마크 저커버그가 2004년 19세에 창업했는데, 이후 경쟁사인 인스타그램까지 인수해 SNS 분야에서 독보적인 지배력을 갖고 있습니다. 현재 가입자 수가 30억 명으로 세계 최대의 SNS기업이며, 주로 온라인 광고로 수익을 창출하고 있습니다. 2020년 말 기준으로 매출액은 860억 달러이고, 영업이익액은 327억 달러, 영업이익률은 38.0%이며, 시가총액은 2020년 말 기준으로 6,567억 달러한화 714조 원입니다.

다음의 차트와 표에서 보듯, 페이스북 주가는 2012년 5월에 42.05달러로 시작해서 2020년 말에 273.16달러로 연평균 24.09% 올랐습니다. 만약 2012년에 상장할 때 1억 원으로 페이스북 주식을 샀다면 2020년 말에 6억 4,961만 원이 되었을 것입니다. 페이스북은 상장한 첫해에는 실적에 대한 의구심으로 거품 논란이 있어서 주가가 36%나

페이스북의 5년간 경영 실적

기준: 각 연도 말 | 출처 : 하나금융투자

결산 연월	2016년	2017년	2018년	2019년	2020년
매출액	276억 달러	407억 달러	558억 달러	707억 달러	860억 달러
영업이익액	125억 달러	202억 달러	249억 달러	290억 달러	327억 달러
매출액증가율	54.16%	47.09%	37.35%	26.61%	21.60%
영업이익증가율	98.49%	61.71%	23.31%	16.35%	12.71%
영업이익률	45.20%	49.70%	44.62%	41.00%	38.01%

* 매출액, 영업이익액은 억 달러 이하에서 반올림

페이스북의 9년 주가 차트

출처 : 하나금융투자

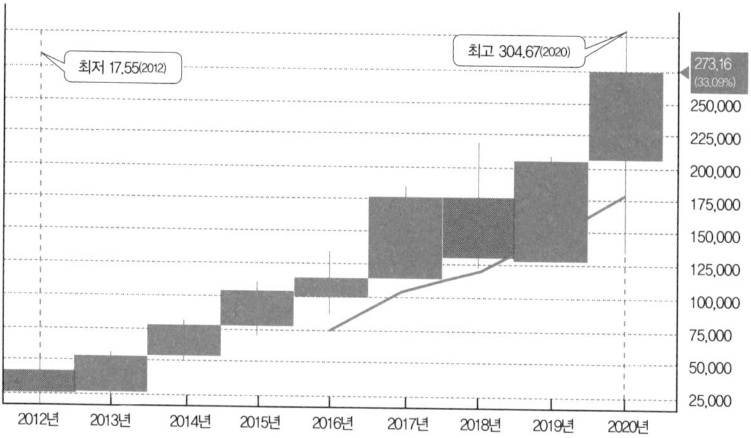

페이스북 연도별 주가상승률

출처 : 하나금융투자

2012년	2013년	2014년	2015년	2016년	2017년	2018년	2019년	2020년
-36.70%	105.30%	42.77%	34.15%	9.93%	53.38%	-25.71%	56.57%	33.09%

추락했지만, 이후 실적이 꾸준하게 증가하면서 주가도 크게 상승했습니다. 또한 코로나19 사태로 인해 세계 경기침체를 겪은 2020년에도 주가는 33.09% 올랐습니다.

2020년 2분기와 3분기 매출액과 영업이익률은 다음과 같습니다.

코로나19 시기 페이스북의 매출액과 영업이익률 출처 : 하나금융투자

구분	2019년 2분기	2020년 2분기	증가율	2019년 3분기	2020년 3분기	증가율	전분기대비
매출액	169억 달러	187억 달러	10.67%	177억 달러	215억 달러	21.63%	14.89%
영업이익액	66억 달러	60억 달러	-10.01%	72억 달러	80억 달러	11.90%	34.83%
영업이익률	39.24%	31.91%		40.70%	37.45%		

* 매출액, 영업이익액은 억 달러 이하에서 반올림

페이스북은 2020년 2분기, 3분기 모두 매출액은 전년보다 증가했고, 영업이익액은 2분기에는 전년보다 10% 감소했으며, 3분기에는 전년보다는 11%, 전 분기에 비해서는 30% 이상 증가했습니다. **영업이익률은 계속 30% 이상을 유지하고 있어서 초우량기업 수준**입니다.

앞에서 살펴보았듯, 페이스북의 영업이익률은 다른 1등기업들보다 압도적으로 높아서, 대체로 무려 30~40% 정도의 이익률을 꾸준히 유지하고 있습니다. 매출액도 큰 폭으로 증가하고 있는데, 영업이익액은 매출액 증가율에 비해서 낮아지고 있어 영업이익률은 최근 감소 추세입니다. 그럼에도 불구하고 **30~40% 정도의 영업이익률을 보이는 기업은 반드시 투자해야 하는 기업**이라고 할 수 있습니다.

7 세계 1위의 반도체 기업 - TSMC

TSMC Taiwan Semiconductor Manufacturing Co., Ltd. Sponsored ADR, 티커: TSM 는 모리스 창이 1987년에 설립한 대만의 반도체 기업입니다. 그는 대만의 반도체산업을 탄생시킨 반도체 엔지니어이자 기업인으로, 이건희 회장이 삼성전자에 영입하려고 했다는 설도 있습니다.

반도체업체에는 반도체 설계와 개발만을 하는 팹리스 Fabless 업체, 위탁생산을 하는 파운드리 Foundry 업체, 설계와 생산을 모두 하는 종합 반도체 회사인 IDM Integrated Device Manufacture 업체, 이렇게 세 가지 유형이 있습니다. 삼성전자와 SK하이닉스, 인텔은 종합 반도체 회사인 IDM으로 설계와 생산을 모두 하고, 퀄컴 Qualcomm Technologies, 티커: QCOM, 엔비디아 NVIDIA, 티커: NVDA, AMD Advanced Micro Device, 티커: AMD 는 설계만 하는 팹리스업체입니다. 한편 TSMC는 위탁생산만 하는 파운드리업체로, **파운드리업체 중 세계 1위입니다.**

보통 반도체시장의 세계 1등은 삼성전자라고 알고 있지만, 2020년에 TSMC의 주가가 급등하면서 추월당해 삼성전자는 시가총액으로는 2등이 됐습니다. 삼성전자의 시가총액이 우선주를 포함해 544조 원인데, TSMC는 615조 원으로 **반도체업체 중에 세계 1위**입니다.

TSMC는 위탁생산 업체이기 때문에 고객이 일반 기업이 아니라 반도체 설계업체들입니다. TSMC는 자체 개발을 하지 않고 외주를 받아 생산만 한다는 경영전략을 일관성 있게 지켜온 덕분에, 반도체 설계업체들로부터 생산주문을 꾸준히 확보할 수 있었습니다. 삼성전자와 같이 설계부터 생산까지 다 하는 회사는 기술 유출 우려 때문에 다른 설계업체들의 생산주문을 받아오기 어려운 것과 대조됩니다.

TSMC는 생산에만 집중할 수 있어서 공정미세화 기술력에서 경쟁업체들을 앞선 까닭에 **파운드리시장의 50%를 점유하면서 막대한 이익을 올리고 있습니다.** 2020년 말 기준으로 매출액은 455억 달러이고,

TSMC의 5년간 경영 실적

기준: 각 연도 말 | 출처 : 하나금융투자

결산 연월	2016년	2017년	2018년	2019년	2020년
매출액	294억 달러	321억 달러	342억 달러	346억 달러	455억 달러
영업이익액	117억 달러	127억 달러	128억 달러	121억 달러	192억 달러
매출액증가율	10.65%	9.31%	6.45%	1.20%	31.41%
영업이익증가율	15.59%	8.52%	0.59%	-5.63%	59.26%
영업이익률	39.87%	39.58%	37.40%	34.88%	42.27%

* 매출액, 영업이익액은 억 달러 이하에서 반올림

영업이익액은 192억 달러, 영업이익률은 42.27%이며, 시가총액은 5,655억 달러 한화 615조 원 입니다.

TSMC는 **영업이익률이 꾸준히 30% 이상을 기록하는 전형적인 글로벌 우량기업의 패턴**을 보여줍니다. 이런 기업들은 주가가 큰 기복 없이 꾸준히 상승합니다. 삼성전자가 영업이익률이 10%대인 것을 보면, 왜 TSMC에 시가총액을 추월당했는지 알 수 있습니다.

TSMC는 매출액증가율이 높지 않았지만, 2020년에는 세계적인 반도체 호황 덕분에 매출액도 크게 증가했습니다. 주가상승률을 차트와 표로 보면 다음과 같습니다.

TSMC의 10년 주가 차트 출처 : 하나금융투자

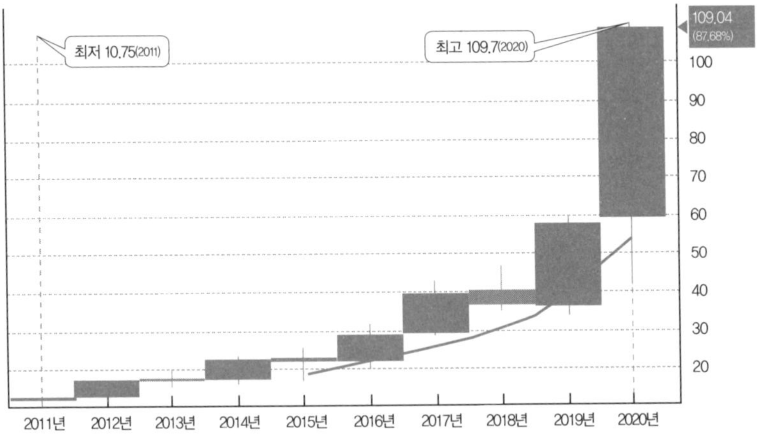

TSMC의 연도별 주가상승률 출처 : 하나금융투자

2011년	2012년	2013년	2014년	2015년	2016년	2017년	2018년	2019년	2020년
2.79%	32.92%	1.63%	28.33%	1.65%	26.37%	37.91%	-6.91%	57.41%	87.68%

TSMC 주가는 2011년 초에 12.56달러에서 2020년 말에 109.04달러로 연평균 24.13% 올랐습니다. 만약 2011년 초에 1억 원으로 TSMC 주식을 샀다면 2020년 말에 8억 6,815만 원이 되었을 것입니다.

코로나19 사태로 세계 경기침체가 심했던 2020년에도 반도체는 슈퍼호황을 맞아, TSMC는 매출액과 영업이익액이 전년보다 크게 증가해서 주가도 87.68%나 올랐습니다.

2020년 2분기와 3분기 매출액과 영업이익률을 보면 다음과 같습니다.

코로나19 시기 TSMC의 매출액과 영업이익률 출처 : 하나금융투자

구분	2019년 2분기	2020년 2분기	증가율	2019년 3분기	2020년 3분기	증가율	전분기대비
매출액	77억 달러	104억 달러	34.25%	94억 달러	122억 달러	29.39%	16.91%
영업이익액	25억 달러	44억 달러	78.39%	35억 달러	51억 달러	47.30%	16.28%
영업이익률	31.76%	42.20%		36.87%	41.97%		

* 매출액, 영업이익액은 억 달러 이하에서 반올림

TSMC는 2020년 2분기, 3분기 모두 매출액과 영업이익액이 큰 폭으로 증가했습니다. 특히 매출액증가율보다 영업이익증가율이 더 높았는데, 영업이익률이 40%를 넘어서 주가도 큰 폭으로 상승했습니다. 코로나19 사태의 영향을 전혀 받지 않고, 오히려 예년보다 매출액과 영업이익액의 증가율이 더 높아졌습니다.

특히 2020년에 미국의 중국 화웨이 제재에 동참해 화웨이에 대한 납품을 중단했음에도 불구하고, 이렇게 크게 성장한 것은 TSMC가 독보적인 경쟁력을 갖고 있음을 보여줍니다.

TSMC를 위시한 반도체업체들은 코로나19 사태로 인해서 업무환경이 재택근무와 같이 언택트로 바뀌면서 스마트폰 판매량이 증가하고, 클라우드 서비스에 대한 수요가 늘어나면서 호황을 맞이하고 있습니다. 또한 반도체시장은 5G, 인공지능AI, 전기차와 자율주행차시장이 확대되면서 한 단계 더 성장할 것으로 보입니다. 실제로 2020년 말부터 메모리반도체 가격도 오르기 시작하면서 2021년 또 한 번의 호황기를 맞게 될 것이라는 기대가 있습니다. 이런 추세와 함께 반도체 1등기업인 TSMC도 꾸준히 성장할 것으로 보입니다.

8 세계적인 종합 제약회사 - 존슨앤드존슨

존슨앤드존슨Johnson & Johnson, 티커: JNJ 은 미국의 화이자Pfizer Inc.와 함께 **세계 제약업계 1, 2위를 다투는 종합 제약회사**입니다. 존슨앤드존슨은 존슨가의 삼형제가 1885년에 창업해 1941년에는 얀센제약을 인수했고, 1970년대 이후로 여성 위생용품과 욕실용품을 생산하기 시작했으며, 2006년에는 화이자의 건강 관련 사업부를 인수했습니다. 현재 소비재, 제약, 의료기기와 진단의 세 가지 사업 부문으로 나뉘어 있습니다.

2020년 말 기준으로 매출액은 826억 달러이고, 영업이익액 199억 달러, 영업이익률 24.11%, 시가총액은 4,143억 달러한화 451조 원 입니다. 글로벌 1등기업답게 **영업이익률이 20% 이상으로 꾸준히 유지**되고 있습니다. 이런 기업들은 변동성이 적고 장기적으로 주가가 꾸준히 우상향하는 경향이 두드러집니다.

존슨앤드존슨의 5년간 경영 실적

기존: 각 연도 말 | 출처 : 하나금융투자

결산 연월	2016년	2017년	2018년	2019년	2020년
매출액	719억 달러	765억 달러	815억 달러	821억 달러	826억 달러
영업이익액	214억 달러	196억 달러	213억 달러	216억 달러	199억 달러
매출액증가율	2.47%	6.32%	6.61%	0.71%	0.57%
영업이익증가율	16.23%	-8.36%	8.63%	1.40%	-7.59%
영업이익률	29.68%	25.58%	26.07%	26.24%	24.11%

* 매출액, 영업이익액은 억 달러 이하에서 반올림

주가상승률을 차트와 표로 보면 다음과 같습니다.

존슨앤드존슨의 10년 주가 차트

출처 : 하나금융투자

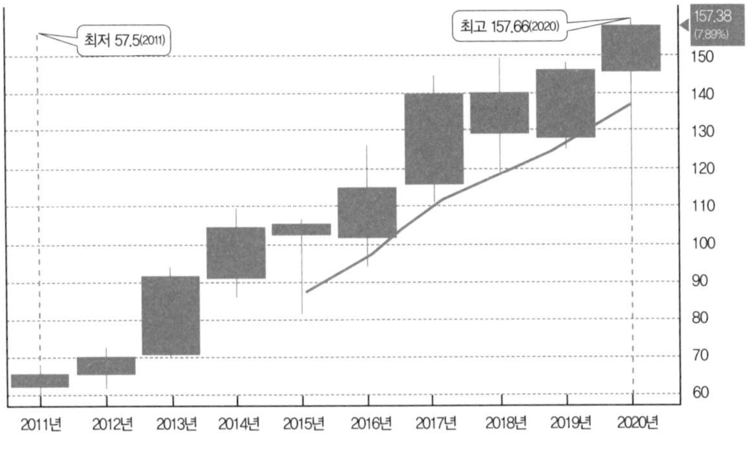

존슨앤드존슨의 연도별 주가상승률

출처 : 하나금융투자

2011년	2012년	2013년	2014년	2015년	2016년	2017년	2018년	2019년	2020년
4.71%	6.89%	30.66%	14.17%	-1.77%	12.16%	21.27%	-7.64%	13.03%	7.89%

존슨앤드존슨 주가는 2011년 초에 62.63달러에서 2020년 말에 157.38달러로 연평균 9.65% 올랐습니다. 만약 2011년 초에 우리 돈 1억 원으로 존슨앤드존슨 주식을 샀다면 2020년 말에 2억 5,129만 원이 되었을 것입니다.

존슨앤드존슨은 2020년에 영업이익이 감소한 탓에 주가상승률이 7.89%로, 앞에서 살펴본 기업들에 비해서 상대적으로 적게 올랐습니다. 2020년 2분기와 3분기 매출액과 영업이익률은 다음과 같습니다.

코로나19 시기 존슨앤드존슨의 매출액과 영업이익률 출처 : 하나금융투자

구분	2019년 2분기	2020년 2분기	증가율	2019년 3분기	2020년 3분기	증가율	전분기대비
매출액	206억 달러	183억 달러	-10.88%	207억 달러	211억 달러	1.65%	14.95%
영업이익액	56억 달러	41억 달러	-26.04%	41억 달러	60억 달러	46.02%	43.97%
영업이익률	27.21%	22.58%		19.69%	28.28%		

* 매출액, 영업이익액은 억 달러 이하에서 반올림

존슨앤드존슨은 2020년 2분기에 전년보다 매출액과 영업이익액이 모두 감소하여 상반기 내내 전년 대비 주가가 하락했습니다. 다행히 3분기에는 매출액이 전년보다 소폭 증가했고, 영업이익액은 43%나 크게 늘어서 주가가 회복되어 연말에는 전년 대비 플러스로 끝났습니다. 어떤 제약회사가 코로나19 백신 경쟁에서 최종 승자가 될지 알 수 없지만, 장기적으로 인구 고령화로 인해 헬스케어 시장이 계속 성장할 것입니다. 존슨앤드존슨은 종합제약업체 중 아직까지 1등기업이기에 매수 후보로 지켜볼 필요가 있습니다.

9 글로벌 신용카드회사 - 비자

비자Visa Inc. 티커: V는 마스터카드와 **신용카드업계에서 세계 1, 2위를 다투는 기업**입니다. 매출액, 영업이익액, 영업이익률, 시가총액 모두 비자가 마스터카드를 근소하게 앞서고 있습니다.

비자는 9월 결산 법인으로, 2020년 9월 말 기준 매출액은 218억 달러이고, 영업이익액 141억 달러, 영업이익률 64.58%, 시가총액은 2020년 말 기준으로 3,709억 달러한화 404조 원입니다. 금융회사라서 영업이익률이 특히 더 높은 편입니다.

비자는 금융회사 중에서도 **신용카드회사라서 원가가 아주 적게 드는 까닭에 영업이익률이 60%가 넘으며**, 다른 신용카드 회사들에 비해서도 높은 편입니다. 참고로 마스터카드는 영업이익률이 57%로 비자에 비해 낮습니다. 비자는 **매출액증가율과 영업이익증가율도 꾸준히 두 자릿수 이상을 유지하고 있는 초우량기업**이라고 할 수 있습니다.

비자의 5년간 경영 실적 기준: 각 연도 9월 말 | 출처 : 하나금융투자

결산 연월	2016년	2017년	2018년	2019년	2020년
매출액	151억 달러	184억 달러	206억 달러	230억 달러	218억 달러
영업이익액	100억 달러	122억 달러	136억 달러	154억 달러	141억 달러
매출액증가율	8.66%	21.72%	12.26%	11.49%	-4.92%
영업이익증가율	10.42%	21.34%	11.49%	13.57%	-8.39%
영업이익률	66.46%	66.25%	65.80%	67.03%	64.58%

* 매출액, 영업이익액은 억 달러 이하에서 반올림

주가상승률을 차트와 표로 살펴보면 다음과 같습니다.

비자의 10년 주가 차트 출처 : 하나금융투자

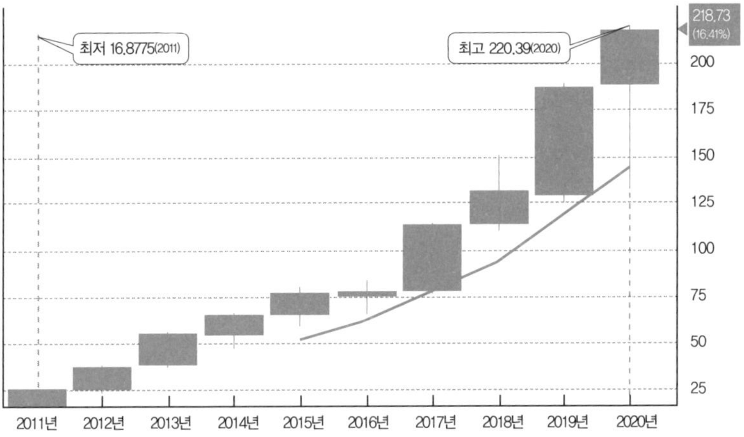

비자의 연도별 주가상승률 출처 : 하나금융투자

2011년	2012년	2013년	2014년	2015년	2016년	2017년	2018년	2019년	2020년
44.22%	49.23%	46.97%	17.75%	18.31%	0.61%	46.14%	15.72%	42.41%	16.41%

비자의 주가는 2011년 초에 17.6달러에서 2020년 말에 218.73달러로 약 10년 동안 연평균 28.66% 올랐으며, 2020년에는 16.41% 올랐습니다. 만약 2011년 초에 우리 돈 1억 원으로 비자 주식을 샀다면 2020년 말에 12억 4,278만 원이 되었을 것입니다.

특히 인상적인 것은 2011년부터 약 10년 동안 주가상승률이 단 한 해도 마이너스를 기록하지 않고 굉장히 안정적인 주가 흐름을 보여준다는 것입니다.

2020년 2분기와 3분기 매출액과 영업이익률은 다음과 같습니다.

코로나19 시기 비자의 매출액과 영업이익률 출처 : 하나금융투자

구분	2019년 2분기	2020년 2분기	증가율	2019년 3분기	2020년 3분기	증가율	전분기 대비
매출액	58억 달러	48억 달러	-17.17%	61억 달러	51억 달러	-16.88%	5.46%
영업이익액	39억 달러	30억 달러	-23.15%	41억 달러	31억 달러	-23.26%	4.66%
영업이익률	66.93%	62.10%		66.89%	61.75%		

* 매출액, 영업이익액은 억 달러 이하에서 반올림

비자는 2020년 2분기와 3분기 매출액이 모두 전년보다 10% 이상 줄어들었고, 영업이익액도 20% 이상 감소했습니다. 연초부터 불어닥친 코로나19 사태로 인한 셧다운의 영향으로 사람들의 소비가 줄어들어 매출이 감소한 것으로 보입니다. 영업이익액 또한 줄어들어 주가가 하락하다가 11월부터는 전년보다 상승하기 시작했습니다. 영업이익률이 감소했음에도 불구하고 아직 60% 이상을 유지하는 것은 대단한 실적입니다.

신용카드회사는 사람들이 활동을 많이 하고 소비가 늘어나야 매출액과 영업이익이 증가합니다. 다행히 3분기에는 2분기에 비해 매출액과 영업이익 모두 소폭 증가하기 시작했습니다. 백신으로 인해 코로나19 사태가 진정되거나 끝나면 사람들의 소비도 늘어나므로 비자의 주가는 다시 회복될 것으로 보입니다.

10 미국의 대표 생활용품 제조기업 - 프록터앤드갬블

프록터앤드갬블The Procter & Gamble Company, 티커: PG은 **미국의 대표 생활용품 제조기업**으로 약칭으로 흔히 P&G라고 합니다. P&G는 1837년에 윌리엄 프록터와 제임스 갬블이 설립한 이후 사업 분야를 베이비케어, 패브릭케어, 그루밍면도기, 헤어케어, 홈케어, 오랄케어, 스킨과 퍼스널케어로 확장해왔습니다. 잘 알려져 있는 팸퍼스, 다우니, 브라운, 질레트, 헤드앤숄더, 팬틴, 페브리즈, 오랄비, SK-II 등이 P&G의 브랜드들입니다.

6월 결산 법인으로 2020년 6월 말 기준으로 매출액은 710억 달러이고, 영업이익액 164억 달러, 영업이익률 23.1%이며, 시가총액은 2020년 말 기준으로 3,450억 달러한화 375조 원입니다.

P&G는 주로 필수 소비재를 판매하기 때문에 매출액이 갑자기 크게 증가하지는 않지만 안정적인 성장세를 보여왔으며, **영업이익률 또한 글로벌 1등 기업답게 20% 이상을 꾸준히 유지**하고 있습니다. 이러한 기

P&G의 5년간 경영 실적

기준: 각 연도의 6월 말 | 출처 : 하나금융투자

결산 연월	2016년	2017년	2018년	2019년	2020년
매출액	653억 달러	651억 달러	668억 달러	677억 달러	710억 달러
영업이익액	146억 달러	146억 달러	148억 달러	145억 달러	164억 달러
매출액증가율	-14.39%	-0.37%	2.73%	1.27%	4.83%
영업이익증가율	-7.14%	-0.21%	1.55%	-1.83%	12.95%
영업이익률	22.34%	22.38%	22.12%	21.44%	23.10%

* 매출액, 영업이익액은 억 달러 이하에서 반올림

업은 성장에는 한계가 있어 주가가 급등하지는 않지만, 장기적으로는 물가상승률 이상으로 꾸준히 오를 수 있습니다.

주가상승률을 차트와 표로 보면 다음과 같습니다.

P&G의 10년 주가 차트

출처 : 하나금융투자

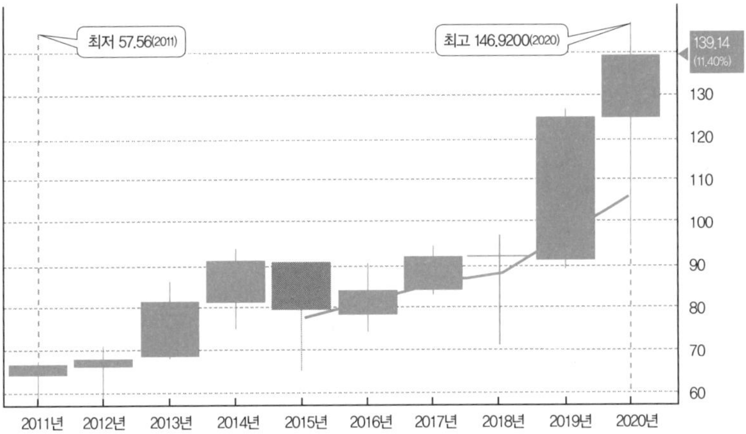

P&G의 연도별 주가상승률 출처 : 하나금융투자

2011년	2012년	2013년	2014년	2015년	2016년	2017년	2018년	2019년	2020년
3.60%	1.83%	19.84%	11.89%	-12.82%	5.88%	9.28%	0.04%	35.88%	12.21%

P&G의 주가는 2011년 초에 64.39달러에서 2020년 말에는 139.14달러로 약 10년 동안 연평균 8.01% 올랐습니다. 만약 2011년 초에 우리 돈 1억 원으로 P&G 주식을 샀다면 2020년 11월 말에 2억 1,609만 원이 되었을 것입니다. P&G의 주가는 2020년에는 12.21%가 올랐습니다.

2020년 2분기와 3분기 매출액과 영업이익률은 다음과 같습니다.

코로나19 시기 P&G의 매출액과 영업이익률 출처 : 하나금융투자

구분	2019년 2분기	2020년 2분기	증가율	2019년 3분기	2020년 3분기	증가율	전분기대비
매출액	171억 달러	177억 달러	3.53%	178억 달러	193억 달러	8.54%	9.15%
영업이익액	35억 달러	36억 달러	3.21%	45억 달러	52억 달러	16.03%	44.52%
영업이익률	20.38%	20.32%		25.17%	26.90%		

* 매출액, 영업이익액은 억 달러 이하에서 반올림

P&G는 2020년 2분기, 3분기 모두 매출액과 영업이익이 증가했습니다. 주로 **생필품을 판매하기 때문에 경제위기의 영향을 거의 받지 않는다는 것을 알 수 있습니다.** 3분기에는 매출액 및 영업이익액의 증가율이 더 높아졌고, 영업이익액은 2분기보다 3분기에 44%나 늘어나기도 했으며, 영업이익률도 20% 이상을 계속 유지하고 있습니다.

P&G는 고속성장을 하지는 않지만, 생필품을 생산하기 때문에 물

가상승에 따라 매출액과 이익액이 꾸준히 증가하는 기업이라 장기투자에 적합하다고 볼 수 있습니다.

◈

지금까지 살펴본 시가총액 상위권에 있는 1등기업들의 공통점은 유통업체인 아마존닷컴과 이제 막 흑자로 돌아선 테슬라를 제외하면, **모두 영업이익률이 꾸준히 20% 이상**을 유지하고 있다는 것입니다. 즉 영업이익률이 20% 이상이면 **글로벌 초우량기업**이라고 할 수 있습니다.

또한 이들은 비자 같은 신용카드회사를 제외하고는, 코로나 19 사태의 영향을 상대적으로 적게 받거나 오히려 수혜주가 되어 주가가 더 많이 상승했음을 알 수 있습니다.

아울러 코로나19 같은 **경제위기가 지나고 나면, 이런 1등기업들은 매출액과 영업이익액이 늘어나 주가가 더 많이 올라갈 것**으로 보입니다. 이미 그런 기대가 반영되어 2020년에 주가가 코로나19 위기 전보다 더 상승한 기업도 있습니다. 앞으로 글로벌 1등기업들과 나머지 기업들의 영업이익과 주가의 격차는 갈수록 더 벌어질 것입니다.

투자는 이런 1등기업들에 해야 합니다. 물론 글로벌 1등기업이라고 망하지 않는 것은 아닙니다. 여러 회사를 소개한 이유도 글로벌 1등기업도 망할 수 있기 때문입니다. 한때 휴대폰 분야 세계 1등이었던 노키아도 애플이 아이폰을 출시한 후 추락했습니다. 그런 까닭에 지금 1등기업이라고 해도 한 기업에만 투자하는 것은 위험합니다. **글로벌 1등기업에 투자할 때도 반드시 분산투자해야** 하는 이유입니다. 글로벌 1등기업에 분산투자하는 방법에 대해서는 뒤에서 상세하게 다루겠습니다.

투자수익률이 높더라도 변동성이 크다면 좋은 투자대상이라고 할 수 없죠. 변동성이 적으면서 수익률도 높은 것이 좋은 투자대상입니다. 분산투자는 투자의 변동성을 줄이기 위한 것인데, 여기서는 분산투자를 제대로 하기 위해 지켜야 할 6가지 원칙을 살펴보겠습니다.

3장

분산투자의 6가지 원칙

분산투자의 6가지 원칙, 즉 대상분산, 위험분산, 기간분산, 시점분산, 지역분산, 통화분산 원칙이 모두 반영된 포트폴리오로 자산을 분산해 관리하면, 변동성은 낮아지고, 수익은 꾸준히 우상향으로 증가하게 만들 수 있습니다.

1 분산투자해야 하는 이유

투자할 때 기본적으로 알아야 하는 원칙이 '분산투자'입니다. "계란을 한 바구니에 담지 말라"라는 말은 일반인들도 상식으로 많이 알고 있습니다. 하지만 무조건 투자대상을 많이 나눈다고 분산투자를 잘하는 것은 아닙니다. 분산투자에도 원칙이 있습니다.

세 가지 투자방식 비교

세 명의 투자자가 있다고 하죠. A는 첫해에 50%, 다음 해에 -40%의 수익률이 났다고 하죠. 이 경우 첫해와 다음 해의 수익률을 합하면 플러스 10%입니다. 반면 B는 첫해에 수익률이 30%, 다음 해에는 -20%가 났다고 하면, 두 해의 수익률을 합하면 마찬가지로 수익률이 플러스 10%입니다. 그리고 C는 첫해에 수익률이 10%, 다음 해에는 0%라면, 두 해를 합하면 수익률이 플러스 10%로 결과는 모두 같습니다.

A, B, C의 2년차 합계 투자수익률

투자기간	A의 투자수익률	B의 투자수익률	C의 투자수익률
1년차 투자수익률	50%	30%	10%
2년차 투자수익률	-40%	-20%	0%
합계 투자수익률	10%	10%	10%

A, B, C의 2년 합계 수익률은 같다.

그런데 이렇게 10년이 흐르면 A, B, C 중 누가 수익률이 가장 높을까요?

정답은 바로 C입니다. 오른쪽의 표에서 볼 수 있듯이 A의 10년 후 투자수익률은 −41%이고, B는 22%, C는 61%가 됩니다.

그런데 이 질문에 의외로 A라고 답하는 사람들이 많습니다. 1년차의 50%라는 수익률이 높아 보이기 때문입니다. 하지만 1억 원을 투자해 수익률이 50%이면 1억 5,000만 원이 되지만, 다음 해에 수익률이 −40%가 되면 남은 돈은 9,000만 원이 되어 원금을 까먹게 됩니다. 이제 9,000만 원에서 다시 50% 수익이 나더라도 1억 5,000만 원이 아니라 1억 3,500만 원이 됩니다. 이런 식이 반복되면 원금이 계속 줄어듭니다. 하지만 C의 경우 수익률이 마이너스 없이 꾸준히 올라가기 때문에 10%의 수익이 고스란히 누적됩니다.

여기서 **핵심은 투자에서 변동성을 줄여야 한다는 원칙입니다. 수익률이 높더라도 변동성이 크면 수익이 잘 나지 않기 때문**입니다.

보통 금융회사 상담사들이 좋은 상품이라고 권할 때 "뭐가 좋은데요?" 하고 물어보면 "수익률이 높다"는 것을 강조하는 경우가 많습

A, B, C가 10년 투자했을 때의 합계 투자수익률

투자기간	A의 투자수익률	B의 투자수익률	C의 투자수익률
홀수 해 투자수익률	50%	30%	10%
짝수 해 투자수익률	-40%	-20%	0%
투자원금	1억 원	1억 원	1억 원
1년	1억 5,000만 원	1억 3,000만 원	1억 1,000만 원
2년	9,000만 원	1억 400만 원	1억 1,000만 원
3년	1억 3,500만 원	1억 3,520만 원	1억 2,100만 원
4년	8,100만 원	1억 816만 원	1억 2,100만 원
5년	1억 2,150만 원	1억 4,061만 원	1억 3,310만 원
6년	7,290만 원	1억 1,249만 원	1억 3,310만 원
7년	1억 935만 원	1억 4,623만 원	1억 4,641만 원
8년	6,561만 원	1억 1,699만 원	1억 4,641만 원
9년	9,842만 원	1억 5,208만 원	1억 6,105만 원
10년	5,905만 원	1억 2,167만 원	1억 6,105만 원
총수익률	−41%	22%	61%

두 해의 합계 투자수익률은 모두 10%로 같지만, A의 경우 투자수익률의 변동성이 매우 크고 C의 경우 낮다.

투자수익률이 크더라도 변동성이 높으면 수익률이 낮다. 변동성을 줄여야 한다.

니다. 수익률이 높은 게 나쁜 것은 아니지만, 변동성이 큰지 작은지는 잘 얘기해주지 않습니다. 그런데 앞에서 살펴보았듯이, 수익률이 높더라도 변동성이 크다면 좋은 상품이 아닙니다. **변동성이 적으면서 수익률도 높은 상품이 좋은 투자상품**이라는 것을 꼭 기억해두세요.

하지만 실제로 C와 같은 형태로 수익이 나는 상품은 거의 없습니다. 아주 없다고 말할 수 있을 정도죠. 따라서 자산이 꾸준히 증가하도록 만들려면 분산투자를 잘해야 합니다.

상담을 하다 보면, 나름 분산투자를 했다고 하는데, 실제로 보면 국내 주식형 펀드 몇 개에 나눠 투자한 경우를 꽤 많이 봅니다. 하지만 이것은 단지 펀드의 개수가 많은 것으로 관리하기만 불편합니다. 국내에만, 그리고 주식에만 투자하는 것이므로 분산이 잘된 것이 절대 아닙니다.

분산투자에도 원칙이 있다

분산투자에도 원칙이 있습니다. **분산투자를 해야 하는 이유는 변동성을 줄이기 위해서**입니다. 수익률을 높이고 싶다면 분산투자가 아니라 집중투자를 해야 합니다. 가장 수익률이 높은 곳에 집중투자를 했다가 수익이 나면 빼고, 다시 수익률이 가장 높은 곳에 넣었다가 거두는 식으로 말입니다. 하지만 이런 투자방식은 우리가 미래를 예측할 수 없기 때문에 쉬운 일은 아니지요.

재테크 성공 스토리들을 보면, 분산투자가 아니라 집중투자를 해서 수십억 원에서 수백억 원대의 부자가 된 무용담을 얘기하는 경우가 많습니다. 하지만 그렇게 부자가 된 사람은 정말 극소수에 불과합니다. 매번 수익이 많이 날 투자대상을 잘 고르고 타이밍을 잘 맞춰서 매매할 수 있는 사람이 적을 뿐더러, 그들 또한 본인의 실력도 있었겠지만 운도 많이 따랐을 것입니다. 안타깝게도 주식투자로 수십, 수백억 부자가 된 사람이 자신의 능력을 과신하다가 하루아침에 큰돈을 날리고 엄청난 빚까지 지는 것이 투자의 냉혹한 현실입니다. 따라서 매번 큰 수익을 안겨줄 투자대상을 잘 고르고 타이밍에 맞춰 매매하는 투자법은 누구나 따라 할 수 있는 투자법이 아니며, 그런 사람들을 따라 했다가 큰 손해를 본 사람들을 우리 주변에서 많이 볼 수 있습니다. 다만 실패한 이야기는 알려지지 않았을 뿐입니다.

이 책에서 소개하고자 하는 것은 **경제 전문가가 아니어도, 하루, 일주일, 한 달간의 수익률 등락에 전전긍긍하면서 매매에 목매달지 않아도, 누구나 원칙만 알면 성공할 수 있는 투자방법**입니다.

그렇다면 분산투자에는 어떤 원칙들이 있을까요? 분산투자의 6가지 원칙은 대상분산, 위험분산, 기간분산, 시점분산, 지역분산, 통화분산입니다. 이 6가지 원칙을 다 반영한 포트폴리오로 투자하면, 앞에서 소개한 C처럼 자산이 꾸준히 우상향하여 늘어나도록 할 수 있습니다. 하지만 이 중에서 한두 가지만 빠트려도 A나 B처럼 자산이 크게 출렁거릴 수 있습니다. 그럼 이제부터 분산투자의 원칙들을 하나씩 살펴보겠습니다.

분산투자의 6가지 원칙

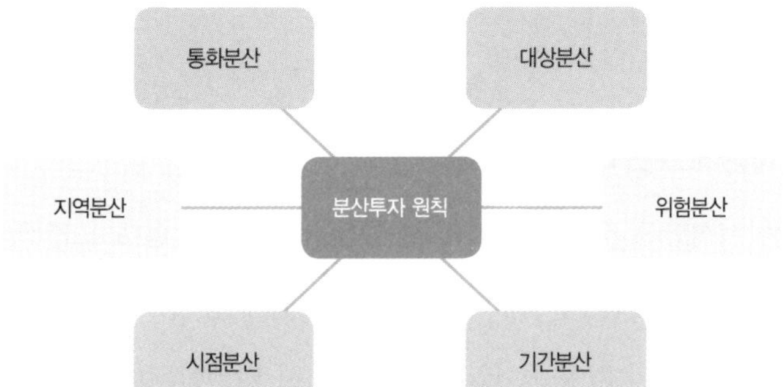

2 성격이 다른 자산에 투자하라 - 대상분산

첫 번째 분산투자 원칙은 대상분산입니다. 대상분산이란 **성격이 전혀 다른 자산에 분산해 투자하는** 것입니다. 대표적인 투자대상인 부동산, 주식, 채권, 예금, 원자재 등의 자산들은 특징이 다르고 장단점이 다릅니다. 자기에게 더 잘 맞는 투자대상이 있다고 하는 사람들이 있는데, 그 분야를 더 잘 알기 때문이겠지만 변동성을 줄이기 위해서는 적절히 분산해야 합니다.

의외로 잘 모르는 투자자산, 채권

위에서 제시한 투자대상 중에서 일반인들이 의외로 잘 모르는 것이 채권입니다. 채권이란 국가나 기업, 지방자치단체 등이 자금조달을 위해 발행하는 일종의 차용증서입니다. 정부에서 발행한 것은 국채라고 하고, 서울시나 경기도 같은 지방자치단체가 발행하면 지방채라고 하며,

회사가 발행하면 회사채라고 합니다.

일반적으로 채권은 만기가 되면 예금처럼 정해진 이자와 원금을 돌려받는 것이라 안정성이 있습니다. 발행처가 부도가 나지 않는다면 말이지요. 따라서 채권에 투자할 경우 위험을 분산하기 위해 펀드로 투자하는 것이 안전합니다. 회사채에 직접투자를 했는데 부도가 나면 채권자들이 남은 자산을 처분해 나눠 갖기 때문에 보통 원금을 다 돌려받지 못합니다.

개인도 신용등급에 따라 은행에서 대출을 받을 때 금리가 달라지듯이, 국가나 지방자치단체, 기업도 신용등급이 있습니다. 평가기준은 개인과 기업, 국가가 다 다릅니다. 신용등급이 높은 선진국의 국채는 이자율이 낮지만 신용등급이 낮은 국가의 국채는 이자율이 높지요.

2011년에 그리스는 국가 부도 위기를 맞아 국채 이자율이 20%가 넘기도 했습니다. 망하지만 않는다면 이자율이 높은 것이 좋지만, 국가도 망하기도 하고, 디폴트채무불이행 선언을 할 경우 원금이나 이자를 못 받게 되므로 조심해야 합니다.

보통 기업이 발행하는 회사채의 신용등급은 AAA, AA, A, BBB, BB, B, CCC, CC, C, D와 같은 식으로 매겨집니다. AAA부터 BBB 등급까지를 '투자등급'이라고 하고, BB 이하를 '투기등급'이라고 합니다. **일반적인 채권형 펀드에서는 국채나 AAA부터 BBB 등급까지의 회사채에 분산투자**를 합니다. BB 이하의 회사채에도 투자하는 채권형 펀드를 '하이일드 채권형 펀드'라고 합니다.

투자등급인 BBB 등급까지의 회사채는 평균 부도율이 1% 정도입니다. 100개의 회사채 중에 한 개 정도가 부도날 수 있다는 것입니다. 그렇더라도 나머지 채권에서 정상적으로 이자가 들어오면 전체적으로는 손해를 보지 않기 때문에 채권형 펀드는 안정성이 있는 편입니다. 하이일드 채권형 펀드는 주식형 펀드만큼 변동성이 크거나 손실 가능성이 있는 것은 아니지만, 일반적인 채권형 펀드에 비해 수익률은 높은 반면 변동성이 큽니다. 채권형 펀드와 주식형 펀드의 중간 정도라고 보면 됩니다.

투자자산별 특징

부동산, 주식, 채권, 예금, 원자재의 차이점을 요약하면 아래의 표와 같습니다. 각 투자자산의 특징을 환금성, 수익성, 안정성, 변동성 면에서 살펴보죠.

투자자산별 특징

	부동산	주식	채권	예금	원자재
환금성	저	고	고	고	고
수익성	고	고	중	저	고
안정성	중	저	중	고	저
변동성	중	고	중	저	고

환금성: 환금성이란 투자한 자산을 팔아 현금화하기가 쉬운지 여부를 말합니다. 부동산은 매수자가 나타나고 가격협상이 되어야만 팔 수 있고, 매수자가 없으면 몇 달이고 몇 년이고 기다려야 할 수도 있습니다.

그에 비해 예금은 당일, 주식이나 채권은 2거래일 후면 현금화가 가능하고, 해외펀드는 9거래일까지 걸리기도 하지만 팔고 싶을 때 팔지 못하거나 하지는 않습니다.

수익성: 수익성이란 투자한 원금 대비 수익을 어느 정도나 거둘 수 있는지를 말합니다. 부동산이나 주식, 원자재는 수익률이 1년에 수십 % 이상이 될 수도 있기 때문에 수익성이 높은 편입니다. 채권은 금리가 낮으면 1%대부터 10% 정도도 있기 때문에 중간으로 봅니다. 그리고 예금은 0%대부터 2%대 정도로 수익성이 낮습니다.

안정성: 안정성은 손실 위험이 얼마나 되는지를 말합니다. 부동산이나 채권은 손실 위험이 작기는 하지만 없는 것은 아니기 때문에 중간으로 봅니다. 반면 주식이나 원자재는 손실 위험이 큽니다. 그리고 예금은 손실 위험이 거의 없다고 볼 수 있습니다.

변동성: 변동성은 수익률의 변동성이 어느 정도인지를 말합니다. 보통 부동산은 특별한 개발호재가 있는 지역은 가격이 갑자기 두 배씩 뛰기도 하지만, 일반적으로는 변동성이 크지 않습니다. 채권은 변동성이 있기는 하지만 크지 않아서 중간으로 봅니다. 그리고 주식이나 원자재는 변동성이 큰 반면 예금은 변동성이 없습니다.

금은 안전자산인가?

금이나 은이나 원유 같은 원자재는 변동성이 큰 까닭에 주식보다 위험할 수 있습니다. 지나치게 고점에 사면 오랫동안 마이너스가 되기도 합니다.

많은 사람들이 오해하는 것이 '금'에 대한 투자입니다. 금은 안전자산이라고들 하는데, 앞에서 소개한 표를 보면 안정성에 '저', 변동성에 '고'라고 되어 있습니다. '금이 안전자산'이라는 말은 금에 투자하면 손해 보지 않는다는 뜻이 아닙니다. 주식은 기업이 망하면 가치가 제로가 되지만, 금은 실물이기 때문에 가치가 제로가 되지는 않으며, 보통 경기불황이 닥쳐서 정부가 경기활성화를 위해 돈을 풀면 시중의 금리가 낮아지게 되고 금값이 올라가기에 '안전자산'이라고 합니다. 대신 경제가 좋아져서 금리가 올라가면 금값은 떨어집니다. 그런 까닭에 **금값 자체는 변동성이 큽니다. 1년에 10% 이상 오르거나 내리는 경우가 많습니다.** 이렇듯 금은 손실의 위험이 있기에 안정성이 낮은 것으로 보아야 합니다.

금과 같은 원자재는 실물을 거래할 때 부가가치세를 내야 하기에, 일반인들은 금 펀드나 금통장, 금 ETF를 이용하는 것이 좋습니다. **원자재는 주식처럼 이익에 따라 배당금이 나오는 것도 아니고, 시세차익만을 보고 투자하는 것이기에, 수요와 공급의 변화를 보고 타이밍을 잘 잡지 않으면 손해 보기 쉽습니다.** 그래서 저는 일반인에게는 원자재 투자를 잘 권하지 않습니다.

부동산투자는 소액으로 할 수가 없고, 보통 거주용 주택으로 사는 경우가 대부분이기 때문에, 이 책에서 말하는 분산투자대상에서 제외하기로 합니다. 저는 돈을 모으는 과정에서는 주식과 채권에 투자하는 것을 권장합니다.

이 외에도 최근 몇 년 사이에 많이 알려진 투자대상으로 코인이 있습니다. 코인에도 잘만 투자하면 큰돈을 벌 수 있지만, 이 책에서는 투자대상에서 제외합니다. **코인은 가치평가를 하기가 어렵기 때문**입니다. 주식이나 채권이나 원자재는 실제로 가치를 평가할 수 있는 기업이나 실물이 있지만, 코인은 단순히 컴퓨터 안에 코드로 존재하는 것이어서 수요와 공급의 법칙에 따라 매수자가 많으면 가격이 올라가고, 매도자가 많으면 내려가는 식이며, 지금 많이 올라 있더라도 적정 가격인지를 판단하기가 어렵습니다.

2009년에 비트코인이 세상에 나왔을 때, 사람들은 채굴할 수 있는 코인의 수가 한정적이라는 희소성 때문에 가치가 올라갈 것이라고 했습니다. 이 말은 세상에 코인이 비트코인 하나밖에 없었을 때는 맞는 말이지만, 코인의 종류가 계속 늘어나고 있고, 앞으로도 얼마나 더 생길지 알 수 없기 때문에 희소성도 줄어들 수 있습니다.

이 책은 주식투자에 대한 책이지만, 다른 투자대상에 대해서도 언급한 이유는 주식투자가 아무리 좋다고 해도 모든 자산을 주식에만 투자하면 안 되기 때문입니다. 경우에 따라 다른 자산으로도 분산투자를 해야 할 때가 있습니다. 어떤 경우에 어떻게 분산투자를 해야 하는지는 뒤에서 다루겠습니다.

3 고위험, 중위험, 저위험에 투자하라 - 위험분산

투자대상을 선택할 때 중요한 기준 중 하나가 바로 위험도입니다. 위험도는 일반적으로 고위험, 중위험, 저위험으로 나누는데, 앞에서 대상분산을 다룰 때 나온 안정성이나 변동성이 바로 위험도와 관련 있는 항목이죠. 일반적으로 **위험이 큰 자산은 수익성이 높고, 위험이 낮은 자산은 수익성도 낮습니다.** 그래서 보통 고위험/고수익, 중위험/중수익, 저위험/저수익으로 구분합니다.

자산별 위험도와 수익률

일반적으로 수익성이라고 하면 연평균 수익률을 말하며, 위험성은 표준편차를 기준으로 봅니다. 고위험/고수익, 중위험/중수익, 저위험/저수익 등 자산들의 평균적인 수익률과 표준편차는 다음의 표와 같습니다.

대표적인 자산을 간접투자 형태의 금융상품으로 구분해보면, 고

자산의 위험도/수익률에 따른 구분

구분	고위험/고수익 자산	중위험/중수익 자산	저위험/저수익 자산
연평균 수익률	8% 이상	3~5%	2% 이하
표준편차	10% 이상	3~10%	2% 이하
대표 자산	주식형 펀드, 원자재 펀드	혼합형 펀드, 해외채권형 펀드	예금, 국내채권형, CMA

위험/고수익 자산으로는 주식형 펀드주식 비중이 90% 이상인 펀드나 원자재 펀드가 있고, 중위험/중수익 자산으로는 혼합형 펀드나 해외채권형 펀드가 있습니다. 그리고 저위험/저수익 자산으로는 예금, 국내채권형 펀드, CMA가 있습니다.

혼합형 펀드는 주식과 채권을 섞어놓은 펀드를 말하는데, 주식 비중이 더 크면 '주식혼합형', 채권 비중이 더 크면 '채권혼합형'이라고 합니다. 주식혼합형은 주식 비중이 40~90%이고, 채권혼합형은 주식 비중을 40% 이하로 합니다. 주식혼합형은 주식 비중이 더 높기 때문에 고위험/고수익에 조금 더 가깝고, 채권혼합형은 저위험/저수익에 조금 더 가깝습니다.

해외채권형 펀드는 중위험/중수익형으로 보는데, 그 이유는 우리나라는 선진국처럼 저금리 시대로 들어섰지만 해외에는 아직 금리가 5%대나 10%대인 나라들도 많습니다. 따라서 여러 나라에 분산투자하는 채권형 펀드들은 연평균 수익률이 3~5% 정도 됩니다. 대신 변동성도 우리나라 채권형 펀드보다 높기 때문에 중위험/중수익형으로 보는 것입니다.

투자성향에 따른 자산 배분

만약 기대수익률이 연평균 4% 정도라고 한다면, 고위험/고수익 자산에 30%, 중위험/중수익 자산에 40%, 저위험/저수익 자산에 30%로 분산투자를 하면 장기적으로는 연평균 4% 정도의 수익률에 수렴하게 됩니다. 만약 기대수익률이 5% 이상이라면 고위험/고수익 자산의 비중을 더 늘리고, 기대수익률이 3% 이하라면 저위험/저수익 자산의 비중을 늘리면 되겠지요.

만약 나의 투자성향이 **안정추구형**이면 고위험/고수익 자산의 비중을 10%, 중위험/중수익 자산의 비중을 30%, 저위험/저수익 자산의 비중을 60% 정도로 배분하면 기대수익률이 3% 정도가 됩니다.

만약 나의 투자성향이 **위험중립형**이라면 고위험/고수익 자산에 30%, 중위험/중수익 자산에 40%, 저위험/저수익 자산에 30% 정도로 배분하면 되는데, 이 경우 기대수익률이 4~5% 정도가 됩니다.

또한 만약 내가 **적극투자형**이라면 고위험/고수익 자산에 60%, 중

자산군별 기대수익률과 자산배분수익률

구분	기대수익률			자산 배분 기준	자산배분수익률		
	하한	상한	평균		하한	상한	평균
저위험/저수익 자산	1%	4%	2%	**30%**	0.3%	1.2%	0.6%
중위험/중수익 자산	-3%	15%	4%	**40%**	-1.2%	6.0%	1.6%
고위험/고수익 자산	-40%	50%	8%	**30%**	-12.0%	15.0%	2.4%
수익률 합계							**4.6%**

위험분산에 따른 자산 배분

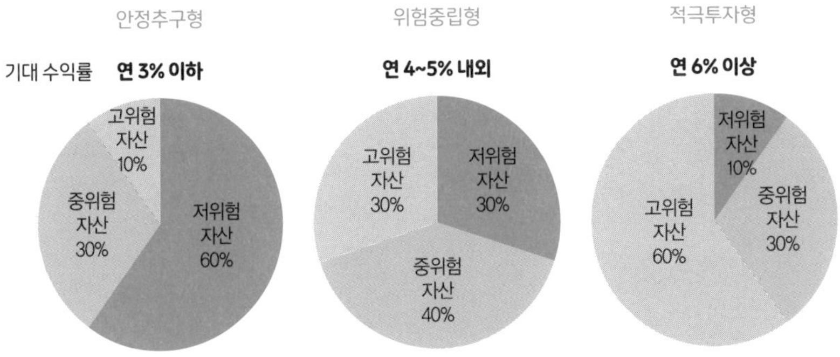

위험/중수익 자산에 30%, 저위험/저수익 자산에 10% 정도로 배분하면 되는데 이 경우 기대수익률이 6% 정도가 됩니다.

물론 앞에서 제시한 자산의 비중을 정확히 맞추지 않고 나에게 맞도록 조금 조정할 수도 있습니다. 예를 들어 내가 안정추구형이더라도 고위험/고수익 자산의 비중을 10%에서 20%로 늘리고, 중위험/중수익 자산의 비중은 20%로 줄이고, 저위험/저수익 자산의 비중을 60%로 하여 기대수익률을 조금 더 높일 수도 있습니다.

그런데 2년 후에 주택 구입을 위해 필요한 돈을 모으려고 할 때, 위험중립형인 사람의 경우 고위험/고수익형에 30%, 중위험/중수익형에 40%, 저위험/저수익형에 30%로 분산투자를 해도 될까요? 그렇지 않습니다. 이런 경우라면 수익률이 낮더라도 저위험/저수익형 상품으로 모아야 합니다. 왜 그런지는 다음 '기간분산' 편에서 자세히 설명하겠습니다.

4 단기, 중기, 장기로 투자하라 - 기간분산

기간분산이란 단기, 중기, 장기로 나눠서 투자하는 것을 말합니다. 그런데 단기, 중기, 장기를 구분하는 기간은 몇 년일까요? 어떤 사람은 1년 이상을 장기로 보기도 하고, 3년 이상을 장기로 보기도 합니다. 하지만 저는 인생 전체를 놓고 보면, 단기는 3년 이내, 중기는 3년에서 10년 이내, 장기는 10년 이상으로 보는 것이 적절하다고 생각합니다. 기간을 이렇게 구분하는 이유는 금융상품마다 만기가 다르기 때문입니다. 만기가 정해져 있지 않은 상품도 그 상품의 장단점에 따라 단기에 적합한 것이 있고, 중기나 장기에 적합한 것이 있습니다.

위험도와 기간을 매칭하라

살다 보면 단기간 내에 필요한 돈도 있고, 중기나 장기적으로 필요한 돈도 있습니다. 그러면 그 필요한 시점에 맞는 금융상품을 선택하면 됩니다. 금방 써야 하는 돈을 장기상품에 든다거나, 한참 후에 필요한 돈을 단기상품으로 모으는 것은 효율성이 떨어집니다. 예를 들어 10년 후에 필요한 돈이라면, 1년 만기 적금에 가입해 매년 원금과 이자를 찾아 다시 예금에 넣는 일을 반복하는 것보다, 오래할수록 손실의 위험이 줄어들고 수익률은 높아지는 주식형 펀드가 더 적합하지요.

반면 1년 후에 필요한 단기자금이라면 주식형 펀드는 수익률의 불확실성이 크기 때문에 적합하지 않습니다. 예를 들어 1, 2년 후에 쓸 결혼자금이나 전세금 올려줄 돈을 주식형 펀드에 투자했다가 마이너스가 되면 안타깝게도 손실을 보고 돈을 찾거나 지불 시기를 미루거나, 미룰 수 없다면 빚이라도 내야 합니다.

따라서 **기간분산은 위험분산과 짝을 이루도록 해야** 합니다. 단기자금을 위험분산을 한답시고 고위험, 중위험, 저위험 상품에 분산투자하는 것은 바람직하지 않습니다. 다시 말해 단기자금은 저위험/저수익형 상품에 투자하고, 중기자금은 중위험/중수익형 상품에 투자하며, 장기자금은 고위험/고수익형 상품에 매칭해서 분산투자를 해야 합니다. 이렇게 하면 손실의 위험도 줄어들고 수익도 많이 나게 됩니다.

위험과 기간 매칭

자산 구분	자산 종류	기간 구분	기간
저위험/저수익	국내채권형 펀드, 예금/적금	단기	3년 이내
중위험/중수익	혼합형 펀드, 해외채권형 펀드	중기	3 ~ 10년
고위험/고수익	주식형 펀드	장기	10년 이상

5 매수 시점을 달리하라 - 시점분산

시점분산이란 투자할 때 **매수 시점을 분산하는 것**입니다.

적립식 투자와 거치식 투자

A와 B가 2008년에서 2009년까지 2년 동안 코스피지수에 투자했는데, A는 수익률이 +14%가 났고, B는 -19%의 수익률이 났다고 해보죠. 둘은 투자기간이 2년으로 같고, 투자대상도 코스피지수로 같은데, 왜 수익률이 이렇게 차이가 났을까요?

바로 적립식과 거치식의 차이 때문입니다. 적립식은 적금처럼 다달이 붓는 방식이고, 거치식은 예금처럼 처음에 한 번 투자하는 방식인데, 이 경우 수익률의 차이가 크게 벌어질 수 있습니다. 적립식처럼 다달이 붓는 방식을 '시점분산'이라고 하는데, **주식형 펀드는 변동성이 크기 때문에 시점분산을 하는 것이 좋습니다.**

2008~2009년 코스피지수 차트

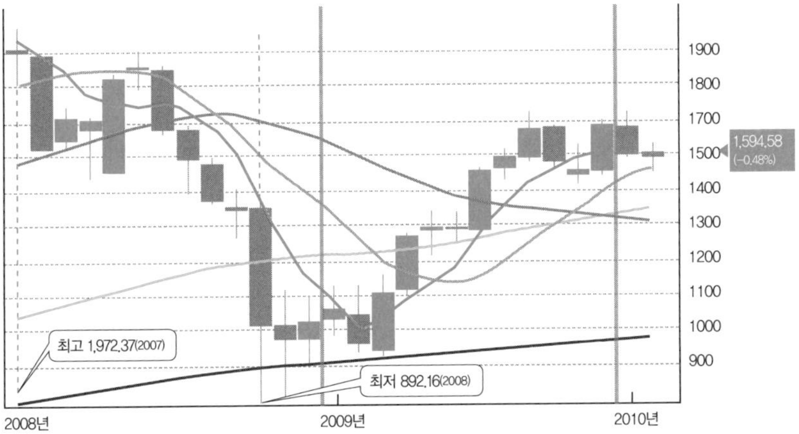

2008~2009년 코스피지수에 투자한 A와 B의 투자수익률 비교

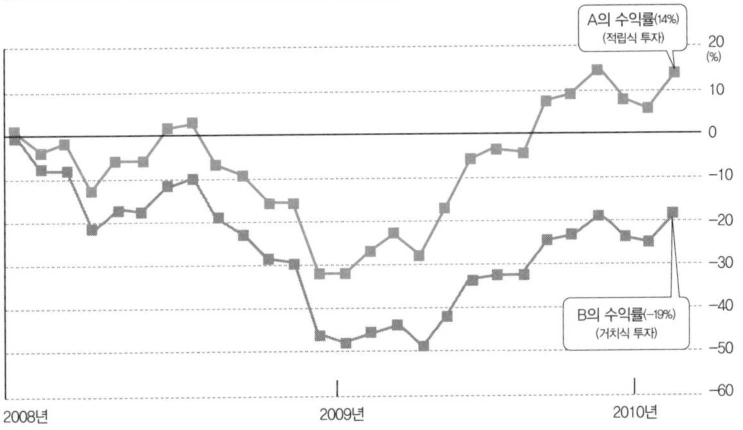

저위험/저수익형 상품은 변동성이 거의 없기 때문에 굳이 시점분산을 하지 않아도 됩니다. 또한 **중위험/중수익형 상품**은 시점분산을 하면 더 안정적일 수는 있지만 수익률의 차이가 그리 크지 않기 때문에, 3년 이상 투자할 경우에는 거치식으로 해도 무난할 수 있습니다. 하지만 **고위**

험/고수익형인 주식형 펀드를 한다면 반드시 적립식으로 시점분산을 해야 손해 볼 위험이 줄어듭니다.

C씨가 5만 원을 가지고 1,000원짜리 D 주식을 한 번에 50주를 샀는데, 가격이 두 배로 올라 2,000원이 되었다고 하죠. C씨는 주가가 더 오를 것 같아 행복한 마음으로 기다립니다. 그런데 예상과는 달리 주가가 500원까지 떨어졌다면, 이런 경우 사람들은 보통 원금만 회복되면 팔아야겠다고 결심합니다. 다행히 C씨는 주가가 1,000원이 되자 매도합니다. 그러면 수익률이 몇 %일까요? 1,000원에 사서 1,000원에 팔았으니 수익률은 0%입니다.

이번에는 E씨가 똑같은 돈인 5만 원을 가지고 1,000원짜리 D 주식을 1만 원어치씩 다섯 번에 분산해 샀다고 해보죠. E씨는 5만 원으로 주가가 1,000원일 때 10주, 2,000원일 때 5주, 다시 1,000원일 때

적립식으로 시점을 분산해 투자한 경우

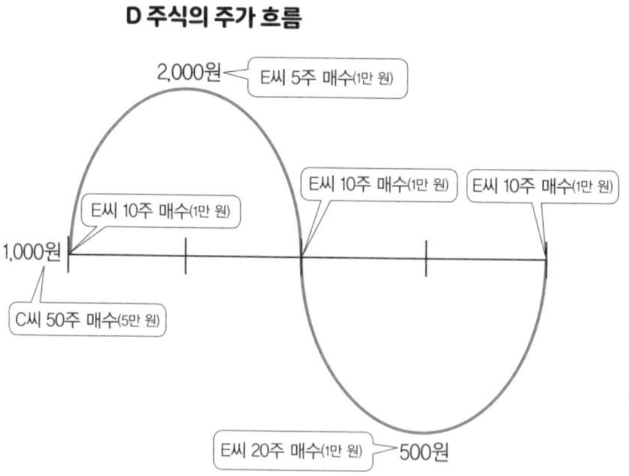

C씨 : 5만 원 거치식 투자

50,000/ 1,000원 = 50주

수익률 : 0%

E씨 : 1만 원씩 5회 적립식 투자

10,000/ 1,000원 = 10주
10,000/ 2,000원 = 5주
10,000/ 1,000원 = 10주
10,000/ 500원 = 20주
10,000/ 1,000원 = 10주
} 55주

현 평가액: 1,000×55주 = 55,000원

수익률 : 10%

10주, 500원으로 내려갔을 때 20주, 다시 1,000원에 10주를 샀다면 모두 합쳐서 55주를 사게 됩니다. 만약 주가가 다시 1,000원이 되었다면, E씨가 가진 주식의 평가액은 55주×1,000원 = 5만 5,000원이 되어 수익률이 10%가 됩니다. 다시 말해 **똑같은 금액으로 같은 주식을 사도 한꺼번에 살 때보다 시점을 분산해 사는 것이 수익률이 높을 가능성이 높습니다.**

이렇듯 적립식으로 투자하면 주가가 비쌀 때는 적게 사고, 쌀 때는 많이 사게 됩니다. 특히 자동이체를 걸어 펀드에 투자하면 자동으로 시점을 분산해주는 효과가 있습니다.

만약 10년 동안 다달이 적립식으로 투자한다면, 첫 달에 들어가는 돈은 전체 투자금액의 120분의 1밖에 안 됩니다. 다시 말해 소액으로 나눠서 사는 것이기 때문에, 첫 달에 들어간 돈이 전체 수익률에 미치는 영향은 미미합니다.

적립식은 변동성을 줄이는 투자법이다

적립식으로 사면 무조건 수익이 난다고 잘못 알고 있는 경우가 많습니다. **적립식 투자는 수익률을 높이기 위한 투자법이 아니라, 시점을 분산해 수익률의 변동성을 줄이는 투자법**입니다. 다시 말해 적립식 투자는 손실의 위험을 줄이기 위한 것이라고 봐야 합니다. 적립식으로 투자할 때도, 수익이 나려면 처음에는 주가가 떨어지더라도 나중에는 주가가 올라야 합니다. 10년 내내 주가가 내리막이라면 적립식으로 산다고 해도 손실이 나게 돼 있습니다.

따라서 **직접투자를 할 때는 적립식 투자가 안 맞는 경우도 있습니다.** 부실한 기업이라 주가가 떨어졌는데 싸게 많이 살 수 있다고 추가로 매수했다가 더 떨어질 수도 있습니다. 그러다가 주가가 올라주면 다행이지만, 계속 떨어져 상장폐지까지 되면 손실만 더 키우게 됩니다.

직접투자를 할 때 적립식 투자를 하는 것을 속칭 '물타기'라고 하는데, 물타기를 하지 말고 손절매를 해야 하는 경우도 있기 때문에 잘 판단해야 합니다. 사람마다 몇 % 정도 손실이 났을 때 손절매를 해야 하는지는 기준이 다른데, 대개 3%, 5%, 10% 정도 선에서 자신에게 맞는 기준을 정해 적용합니다. 시가총액이 큰 우량주라면 손절매를 하지 말고 물타기를 하면 수익이 날 기회가 많기도 하지만, 급등주나 테마주 같은 것을 잘못 샀다가 물타기를 하면 손실이 더 커질 수도 있으므로 그런 주식은 손절매를 빨리 잘해야 합니다. 그렇게 할 자신이 없으면 아예 직접투자를 하지 않는 것이 낫습니다.

코스피200지수, S&P500지수 같은 주가지수에 투자해도 10년 혹은 20년간 계속 하락 추세거나 좁은 박스권에서 움직인다면, 적립식으로 투자해도 수익이 날 가능성이 별로 없습니다. 물론 주가지수는 장기적으로 대세 하락기라도, 매년 계속 하락하는 게 아니라 중간중간 상승하는 해도 있으므로, 이런 경우에는 적립식 투자를 하다가 상승한 해에 수익이 나면 팔고 나오면 됩니다. 하지만 주식시장이 대세 하락기인 경우, 주가지수가 중간에 상승했을 때에도 수익이 플러스가 되는 게 아니라 마이너스만 좀 줄었다 다시 하락할 수도 있기 때문에 조심해야 합니다.

앞에서 보아온 **글로벌 1등기업 주식들은 장기적으로 우상향하는 경우가 많습니다.** 그래서 적립식으로 투자하더라도 글로벌 1등기업들이 많이 포함되어 있는 주가지수에 투자해야 수익이 더 납니다.

글로벌 1등기업 주식에 적립식으로 시점분산을 하는 경우, 투자 초기에는 주식시장이 오히려 내려야 좋습니다. 물론 주식시장이 계속 오르는 것이 나쁜 것은 아니지만, 투자 초기에 크게 내려가면 싸게 많이 살 기회가 생기기 때문입니다.

따라서 글로벌 1등기업 적립식 투자자는 투자를 시작하자마자 주식시장이 하락한다면 무서워할 게 아니라 환호해야 하는 것입니다. 당장에 수익률이 마이너스로 보이더라도 계속 납입해야 합니다. 무섭다고 투자를 중단하면 수익률이 빨리 회복되지 않습니다. 여유자금이 있다면 주식시장이 하락했을 때 투자금액을 더 늘리는 것도 좋습니다. 적립식 투자자는 거치식 투자자와 반대로 생각해야 하는 것입니다. 이런 원칙을 지키면 언젠가 주가가 올랐을 때 큰 수익이 나게 되어 있습니다.

6 지역을 글로벌하게 분산하라 - 지역분산

지역분산이란 **특정 국가에만 투자하지 말고 투자지역을 글로벌하게 분산하라**는 것입니다. 특정 국가에만 투자하면 변동성이 커집니다. 우리나라 주식시장의 비중은 전 세계의 2% 정도밖에 되지 않고 나머지 98%가 해외시장입니다. 특히 글로벌 1등기업들은 대부분 해외에 있습니다. 만약 우리나라 주식시장에 투자하는 주식형 펀드에만 투자한다면, 특정 국가에 '몰빵'하는 것이므로 변동성이 커지거나 수익률이 낮아질 수 있습니다.

최근에는 세계 각국의 경제가 서로 영향을 주고받기 때문에, 전 세계 주식시장이 오를 때는 같이 오르고 떨어질 때는 같이 떨어지는 경향이 커지긴 했습니다. 하지만 국가마다 특수한 경제상황이나 이슈에 따라 주식시장이 특정 시기에 특별히 더 많이 오르거나 내리는 경우도 있습니다. 예를 들어 코로나19로 인해 세계 경기침체가 심했던

2020년 중후반 우리나라의 코스피지수는 신기록이 속출하면서 상승했으며, 상승률이 주요 25개 주가지수 중에서 4위를 기록했습니다. 성공적인 방역으로 경제적 충격을 막고, 삼성전자, SK하이닉스 등 대표기업들이 선전했으며, 동학개미로 불리는 개인투자자들이 2020년 2, 3월 코로나19로 인해 주식시장이 급락한 후 대거 유입되었기 때문입니다. 반면 코로나19 확산과 셧다운을 겪은 유럽 주요 국가들의 주가지수는 2020년 평균 10% 이상 하락했습니다.

하지만 언제 어느 나라의 주가가 오를지 예측해 적절한 타이밍에 매매하는 일은 현실적으로는 거의 불가능합니다. 따라서 해외 특정 국가의 주식에 투자하는 데는 위험이 많이 따릅니다.

변동성이 큰 개발도상국의 주가

특히 개발도상국들의 주가는 변동성이 더 큽니다. 우리나라도 2010년까지는 변동성이 컸습니다. 코스피지수가 오를 때는 1년에 50% 이상 오르는 경우도 자주 있었고, 내릴 때는 50% 이상 내릴 때도 있었습니다. 예를 들어 3저 호황저금리, 저유가, 저달러 시대에 코스피지수는 1985년 130포인트에서 1989년 3월 1,000포인트를 돌파하여 불과 4년여 만에 7배 넘게 상승했습니다. 반면 1990년에는 걸프전 발발로 8월에 688포인트까지 떨어져 1년여 만에 30% 넘게 빠졌고, 1997년 12월 시작된 외환위기로 인해 이듬해 6월 280포인트를 기록하며 6개월 만에 3분의 1토막이 나기도 했습니다.

지금도 중국, 브라질, 러시아, 베트남 같은 나라들은 변동성이 커서 고점에 들어가면 손실이 많고 원금을 회복하는 데 오래 걸리기도 합니다. 대표적인 예로 2007년 말 최고점일 때 중국 주식펀드에 들어간 사람들은 1년 뒤 -65%로 폭락했다가 8년이 지난 2015년에야 겨우 원금을 회복할 수 있었습니다.

투자하는 나라들이 모두 개발도상국이거나, 모두 같은 대륙의 비슷한 지역에 있는 국가들이라면, 비록 몇 개국에 분산투자를 했다고 해도 지역분산을 잘한 것이 아닙니다. 예를 들어 남미펀드, 동유럽펀드, 아시아펀드들은 이머징마켓이라는 비슷한 성격의 나라들에 투자하기 때문에 세계 및 지역경제권의 경기흐름에 따라 비슷하게 오르고 내리는 경향이 있어서 위험하기는 마찬가지입니다. 대표적인 사례가 브릭스BRICS펀드로 브라질Brazil, 러시아Russia, 인도India, 중국China 등에 분산투자했지만 모두 개발도상국이어서 변동성이 컸습니다.

반면에 선진국으로 갈수록 변동성이 줄어드는 경향이 있습니다. 주식시장이 상승할 때 30% 이상 오르는 경우도 별로 없지만, 하락할 때도 30% 이상 내리는 경우가 그다지 많지 않아 안정적입니다.

지역분산을 쉽게 하는 방법

앞에서 강조했듯, 지역분산을 하는 목적은 수익률을 높이는 것이 아니라 변동성을 줄이는 것입니다. **변동성을 줄이는 방향으로 투자해야 길게 보면 수익률도 더 높아집니다.** 그래서 지역분산을 할 때는 선진국과 개발도상국을 포함해서 글로벌하게 분산투자하는 것이 좋습니다. 그렇게 하면 특정 국가에 투자하는 비중이 줄어 변동성이 낮아집니다.

그렇다고 미국 주식펀드, 중국 주식펀드, 독일 주식펀드, 인도 주식펀드, 한국 주식펀드 같은 식으로 국가별 펀드로 분산해 투자하는 것은 쉽지 않은 일입니다. 각 국가별로 좋은 펀드를 찾기도 어렵고 펀드가 수십 개이면 관리도 쉽지 않지요. **지역분산을 쉽게 하는 방법은 글로벌 주식형 펀드에 투자하는 것입니다.** 이름에 '글로벌'이라는 단어가 들어가 있는 것이 글로벌 주식형 펀드라고 생각하면 됩니다.

글로벌 주식형 펀드는 특정 국가에 집중투자를 하지 않고, 펀드매니저가 각 나라의 대표적인 우량기업들에 분산투자를 합니다. 수익률의 변동성이 작은 편인데, 투자설명서나 운용보고서를 보면 국가별 투자비중을 알 수 있습니다. 다시 한번 강조하면, **가능한 여러 나라에 분산투자하는 것이 더 안정적이라고 볼 수 있지만, 그렇다고 모든 국가에 같은 비율로 투자하는 것이 좋은 것은 아니라는 것을 기억하세요.**

글로벌 주식형 펀드의 운용보고서를 보면 국가별 비중과 비중이 큰 상위 10개 종목이 나옵니다. 특히 **글로벌 1등기업들을 위주로 각 국가의 대표기업에 투자하는 펀드**가 추천할 만합니다. 그런 펀드들의 국가별 투자 비중을 보면, 아무래도 미국의 비중이 가장 큽니다. 전 세계 주식 시가총액의 반 이상이 미국이고, 글로벌 1등기업들이 미국에 가장 많이 있기 때문입니다. 그리고 유럽, 아시아 등의 순으로 비중이 정해지기 마련입니다. 당연히 한국도 포함되지만 비중은 작습니다. 글로벌 1등기업을 위주로 한 펀드에 대해서는 뒤에 상세히 다루겠습니다.

7 상관관계를 고려해 투자하라 - 통화분산

상관관계를 고려한 투자

통화분산이란 원화만이 아니라 다른 나라 통화로도 투자하는 것입니다. 미국 달러와 유로화, 위안화, 엔화 등 수많은 통화가 있지만, 이런 여러 나라의 통화로 분산투자를 할 필요는 없습니다.

통화분산을 해야 하는 이유도 변동성을 줄이기 위해서입니다. 그렇다면 상관관계를 고려해 투자하면 됩니다. 두 자산 간의 상관관계는 1에서 -1 사이에서 움직이는데, 상관관계가 1에 가까울수록, 두 자산이 오를 때 같이 오르고, 내릴 때 같이 내립니다. 반면 상관관계가 -1에 가까울수록, 한 자산이 오르면 다른 자산은 내리고, 이 자산이 오르면 저 자산은 내리는 경우가 많습니다. **상관관계가 낮은 두 자산에 반반씩 분산해 투자하면, 전체 평균은 중간으로 가기 때문에 변동성이 줄어듭니다.**

상관관계를 이용한 분산투자 원리 출처 : 『돈 좀 굴려봅시다』(홍춘욱)

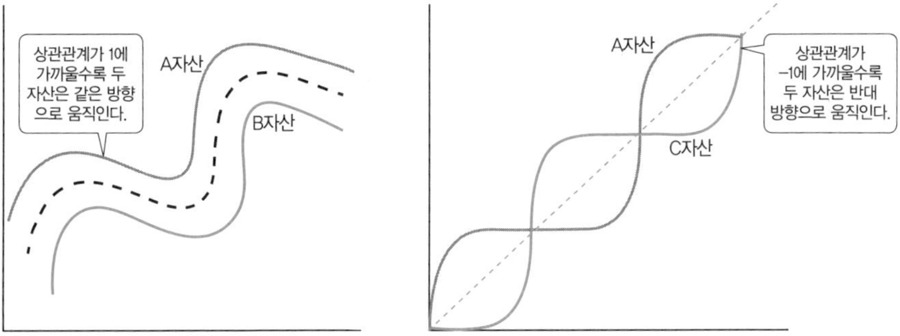

상관관계: 1 상관관계 : -1

예를 들어 우리나라의 주식시장과 원·달러 환율은 상관관계가 낮아서 반대방향으로 움직이는 경향이 있습니다. 항상 그런 것은 아니지만, 대체로 환율이 계속 오르면 코스피지수가 내리고, 환율이 계속 하락하면 코스피지수가 오르는 경향이 있습니다. 왜 그럴까요?

우리나라 경제는 수출이 차지하는 비중이 크기 때문에 대외의존도가 높고, 코스피에 상장된 대기업들은 수출을 주력으로 하는 경우가 많습니다. 세계 경제가 나빠져 수출이 잘 안 되면 우리나라 기업의 주가가 떨어지며, 수출 부진으로 달러가 국내로 적게 들어와서 달러가치가 올라가면 환율이 상승하게 됩니다. 반대로 세계 경제가 좋아지면 수출기업들의 주가가 오르고, 국내로 달러가 많이 들어오기 때문에 환율이 떨어집니다.

또한 우리나라 주식시장은 외국인 투자자의 영향을 많이 받습니다. 수출이 호조를 보이고 경제가 호황을 맞게 되면, 외국인들이 우리나라 주식을 사기 위해 달러를 팔고 원화를 삽니다. 이렇게 해서 원화가치가 올라가면 환율은 내려가고, 외국인이 주식을 많이 사면 코스피지수가 올라갑니다. 반대로 수출이 잘 안 되어 경기가 부진하여 외국인들이 우리나라 주식을 많이 팔게 되면, 이들이 원화를 팔고 달러를 사기 때문에 환율은 올라가고 코스피지수는 떨어집니다.

극단적인 예가 1997년 말에 닥친 외환위기입니다. 1996년 말 원·달러 환율은 805원이었는데, 외환위기가 닥친 1997년 11월 24일에는 1,085원까지 올랐고, 12월 23일에는 1,962원까지 폭등했습니다. 반면 코스피지수는 1997년 6월 18일 799포인트에서 외환위기가 터진 그 해 12월 13일에는 338포인트까지 폭락했으며, 이듬해인 1998년 3월에는 591포인트까지 상승했다가 그해 6월 다시 277포인트까지 폭락했습니다. 반대로 외환위기를 극복하며 경기가 V자형으로 회복되자, 1999년 말에는 환율이 1,188원까지 내려오고, 코스피지수는 다시 상승해 1,000선을 돌파했습니다.

2008년 미국발 금융위기 때도 외환위기 때만큼은 아니지만, 우리나라 주식시장은 폭락하고 환율이 폭등하는 현상이 나타났습니다. 가깝게는 2020년에 코로나19 사태로 3월에 코스피지수가 30% 급락하면서 1,500포인트 밑으로 떨어질 때 환율은 1,300원까지 올랐고, 그해 12월 30일에는 코스피지수는 종가 기준 2,873포인트까지 상승하고 환율은 1,100원 선까지 떨어졌습니다.

통화분산을 하는 방법

통화분산을 하려면 어떻게 하는 것이 좋을까요? 경제위기가 오면 환율이 오른다는 것을 경험적으로 알게 되면서 달러에 투자하는 사람들이 늘어났습니다. 달러로 환전해 외화예금 통장에 넣어두거나, 달러로 투자하는 금융상품에 가입하는 사람들도 많습니다. 통화 분산방법을 표로 정리해 보면 다음과 같습니다.

통화분산 방법

통화분산 방법	특징	글로벌 1등기업 투자 가능성
외화예금	안정성, 저금리	×
해외 주식투자	수익성, 직접매매	○
환노출형 펀드/ETF	수익성, 간접투자	○
달러보험	안정성, 비과세	×
해외 금융상품	수익성, 물리적 지역분산	○

가장 쉬운 방법은 외화예금에 가입하는 것입니다. 하지만 요즘은 이자가 거의 붙지 않기 때문에 좋은 방법은 아닙니다. 환율이 많이 오르지 않으면 장기간 수익 없이 돈을 묵혀둬야 하기 때문입니다.

주식시장은 물가가 오르면 장기적으로 우상향으로 오를 수 있지만, **환율은 두 나라 통화 간의 상대적인 가치 비교를 통해 정해지기에 계속 오르거나 내리지는 않고 오르락내리락합니다.** 1997년 외환위기 이후 환율의 추세를 보면, 2008년 금융위기나 코로나19 사태 같은 일이 생길 때가 아니면, 보통은 1,000원에서 1,200원 사이에서 움직이는 경향이 있습니다. 그래서 환전수수료를 고려하면 외화예금 가입은 큰 수익이 나지 않습니다. 단기적으로 사업자금이나 유학자금을 보내야 하는 경우가 아니라면 권장할 만한 방법은 아닙니다.

환차익과 투자수익을 동시에 얻고 싶다면, 미국 주식에 직접투자를 하는 방법이 있습니다.

미국 주식에 직접투자하려면 증권사에 해외 주식 계좌를 개설하고, 환전해 매수 주문을 하면 됩니다. 그리고 나중에 수익이 났을 때 그 주식을 팔면 매매차익이 생기고, 매도 시점에 환율이 올랐으면 환차익도 생깁니다. 물론 투자수익은 생겼어도 환율이 내렸다면 환차손이 생길 것입니다.

해외 주식에 직접투자를 할 경우 종목 분석이나 선택, 매매 타이밍을 직접 결정해야 하는데, 국가별로 종목 수가 너무 많은 까닭에 쉬운 일은 아닙니다. 그러므로 투자대상을 글로벌 1등기업 주식으로 한정하는 것이 좋습니다.

또한 미국 주식시장은 한국 시간으로는 밤 11시 30분부터 다음 날 새벽 6시까지서머타임 때는 밤 10시 30분부터 다음 날 새벽 5시까지 매매를 해야 하기 때문에 거래하기가 쉽지 않습니다. 예약주문을 해도 되지만 예약한 가격에 거래가 되지 않으면 체결이 이루어지지 않습니다. 장이 시작하는 시점의 가격시초가에 무조건 체결되도록 주문할 수 있게 해주는 증권회사 앱이 있긴 하나, 밤에 해외 주식에 직접투자를 하기 어려운 사람들은 크게 신경쓰지 않고도 투자할 수 있는 간접투자 펀드를 고려해보는 것이 좋습니다.

통화분산을 위해서 환노출형 펀드나 ETF에 투자하는 방법도 있습니다.

국내에서 원화로 투자하는 해외 펀드들은 대부분 환헤지를 합니다. 환헤지를 하면 환율변동에 상관없이 원화 기준으로 그 펀드의 수익률만큼 수익을 얻을 수 있습니다. 그런데 환헤지를 하는 펀드에 가입하면 환차손도 없지만 환차익도 없기 때문에 통화분산이 되지 않는 셈입니다. 따라서 **통화분산을 하기 위해서는 환헤지를 하지 않는 펀드에 가입**하는 것이 좋습니다.

환헤지를 하지 않는 펀드를 '환노출형' 또는 '언헤지형' 펀드라고 하는데, 펀드명에 'UH'라는 코드가 붙습니다. 해외주식에 투자하는 ETF에 아무 표시가 없으면 환노출형이고, 끝에 H가 붙으면 환헤지형입니다.

환노출형 펀드에 가입하면 그 펀드의 수익률에 환차익이나 환차손이 발생하는 만큼의 수익을 얻게 됩니다. 환차익이 생기면 좋겠지만, 환차손이 생기면 펀드의 수익률은 플러스라 해도 전체적인 수익률이 마이너스가 될 수 있습니다. 만약 펀드 수익률이 5%가 나고 환차손이 -10%라면 원화 기준 수익률은 -5%가 되겠죠. 그래서 환노출형 펀드에 가입했다면, 해외 주식시장도 오르고 환율도 올랐을 때 찾는 것이 좋습니다.

통화분산을 할 때는 이왕이면 환율이 낮을 때 가입해야 환차손도 피하고 투자수익도 얻을 수 있습니다. 역사적으로 보면 1997년 외환위기 이후 20여 년간의 평균 환율은 약 1,150원 정도입니다. 환율이 1,150

원 아래일 때 환전해 투자하면 큰 위험 없이 통화분산을 할 수 있다고 볼 수 있죠. 또한 평균적으로 **환율이 1,150원 아래일 때는 환노출형 펀드를 매수하는 것이 유리하고, 1,150원 위일 때는 환헤지형 펀드를 매수하는 것이 유리합니다** 참고로 여기서 제시하는 환율 1,150원 선은 우리나라 경제상황에 따라 변할 수도 있습니다. 2005년부터 2008년 초까지 우리나라 환율이 1,000원 선 밑으로 내려가 움직인 적도 있습니다. 2008년 이후 환율은 대체로 1,100원에서 1,200원 사이에서 움직이는 경향이 있고, 20여 년 평균 환율은 1,150원 선이므로 맹신하지는 말되, 대체로 위에서 소개한 수준으로 판단하면 될 듯합니다.

그런데 현실적으로는 국내에서 판매하는 글로벌 1등기업 주식에 투자할 수 있는 펀드들은 대부분 환헤지형이고, ETF의 경우 글로벌 1등기업 주식들에 환노출형으로 투자할 수 있습니다5장 참조.

또한 환노출형 펀드에 투자해도 일반적으로 해외 주식시장이 올라서 수익이 났을 때는 우리나라의 환율이 내려서 환차손이 생기는 경향이 있습니다. 우리나라는 수출 의존도가 매우 높으므로, 세계 경기가 좋아 해외 주식시장이 지속적으로 오르면 우리나라 경제도 좋아져 환율이 하락하는 경향이 있기 때문입니다.

반대로 우리나라의 환율이 올라서 환차익이 생겼을 때는 세계 경기가 나빠서 해외 주식시장이 빠져 수익률이 떨어지는 경우가 많습니다. 즉 이런 펀드도 단기적으로는 큰 수익을 얻을 수 없으므로 장기투자를 해서 투자수익이 많이 쌓여 있는 상태에서 환차익이 날 때 해지하는 것이 유리합니다.

아예 달러로 가입하는 금융상품도 있습니다. 주로 외국계 보험회사에서 취급하는데 달러연금보험이나 달러종신보험이 그 예입니다. 아직 판매하는 보험사가 많지 않아 선택의 폭이 좁은데, 연금보험이나 종신보험에 가입해야 하고 환차익도 얻기를 원한다면 고려해볼 만합니다. 대신 장기상품이므로 자신의 목적에 맞는지 잘 따져봐야 합니다.

또한 이런 상품들은 나중에 보험금을 탈 때 당시의 환율을 고려해 달러로 타거나 원화로 타는 것을 선택할 수 있습니다. 환율이 높다면 해지하여 원화로 받으면 되고, 환율이 낮다면 달러로 받아두었다가 환율이 올랐을 때 환전하면 됩니다. 아쉬운 것은 현재 판매 중인 달러보험 상품 중에 글로벌 1등기업 주식에 투자하는 것은 거의 없다는 사실입니다.

통화분산의 또 다른 방법으로 외국에서 판매하는 금융상품에 가입하는 것이 있습니다. 우리나라는 OECD에 가입하면서 다른 나라의 보험에 가입할 수 있게 되었는데, 외국계 보험사의 지사가 아니라 외국에 있는 보험사에 직접 가입하는 것으로 '역외보험'이라고 합니다. 해외직구를 하는 것처럼 해외 보험에 직접 가입하는 것입니다. 역외보험은 우리나라 보험업법이 허용한 상품에 한해 가입해야 하고, 허용되지 않은 상품에 가입하면 처벌을 받을 수도 있습니다. 가입 가능한 역외보험은 생명보험, 수출적하보험, 수입적하보험, 항공보험, 여행보험, 선박보험, 장기상해보험, 재보험 및 국내에서 영위되지 않는 보험 등으로 한정되어 있습니다.

외국의 생명보험 상품 중에는 투자나 연금 목적으로 가입할 수 있는 상품도 있고, 사망 보장용 상품도 있습니다. 가입 시 우편, 전화, 팩스, 컴퓨터 통신 등의 방법을 사용해야 합니다.

역외보험 중에는 글로벌 1등기업 주식에 투자하는 상품들도 있습니다. 역외보험 상품이 다 좋은 것은 아니겠지만, 우리나라 상품에 비해 소비자에게 더 유리하고, 자신의 목적이나 형편에 잘 맞는 상품이 있다면 적법한 방법으로 가입할 수도 있을 것입니다. 그렇게 한다면 자연스럽게 통화분산도 되고, 금융자산의 소재지도 물리적으로 해외로 분산시키는 효과를 얻을 수 있습니다.

통화분산은 미국 달러로만 하면 된다

통화분산을 할 때 주의할 점은 여러 나라의 통화로 할 필요는 없다는 것입니다. 우리나라 원화와 상관관계가 높아서 오를 때 같이 오르고, 내릴 때 같이 내리는 통화로는 굳이 분산투자를 할 필요가 없습니다.

통화분산을 하는 이유는 상관관계가 반대인 자산으로 분산해 전체 자산 수익률의 변동성을 줄이기 위해서입니다. 따라서 우리나라 주식시장과 상관관계가 반대인 미국 달러로만 분산투자해도 통화분산의 효과가 있고, 자산의 안정성도 확보할 수 있습니다. 또한 미국 달러는 기축통화로서, 금과 마찬가지로 경제위기 시에 가치가 더 올라가기 때문에 안전자산 역할도 합니다.

우리나라 원화와 상관관계가 반대 방향이 아니라면, 그런 통화는 통화분산 대상으로 고려할 필요가 없습니다. 예를 들면 중국 위안화는 우리나라 원화와 비슷하게 움직이기 때문에 통화분산 효과가 거의 없습니다.

특히 개발도상국의 통화로 통화분산을 하는 것은 위험이 크므로 피하는 것이 좋습니다. 대표적인 사례가 브라질 국채 투자입니다. 브라질은 개발도상국인 까닭에 금리가 높은데, 한때 기준금리가 무려 12.25%였고 10년 만기 국채 금리가 연 12%에 달했습니다. 게다가 우리나라와 조세협약이 돼 있어서 이자소득세 15.4%이자소득세 14% + 지방소득세 1.4%를 내지 않아도 되었습니다.

우리나라 같은 저금리 국가의 입장에서 볼 때 비과세로 연 10%의 이자라면 괜찮은 투자처로 보일 수 있습니다. 또한 브라질 국채는 브라질 정부에서 발행하는 것이라 국가 부도 사태가 오지만 않는다면 원금과 이자를 돌려받을 수 있는데, 자원이 많은 나라인 까닭에 크게 위험하지 않다고 생각하는 사람이 많았습니다. 그래서 우리나라 여러 금융

브라질 원·헤알 환율 그래프 출처 : 네이버

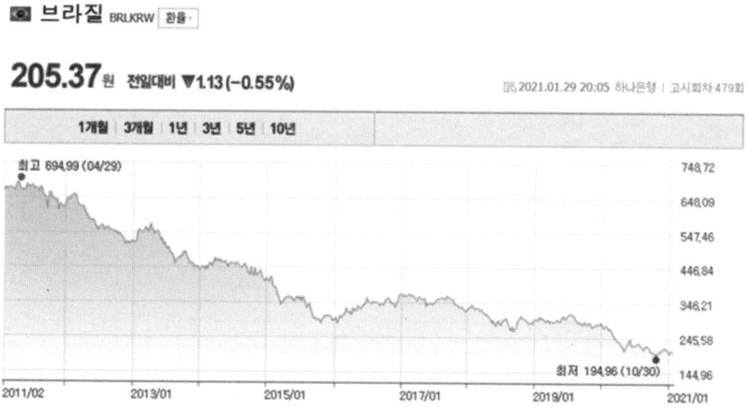

회사들이 브라질 국채를 2011년 1조 4,000억 원을 시작으로 2017년에는 3조 원 이상 판매했습니다.

그런데 문제는 브라질 헤알화의 통화가치가 그동안 꾸준히 하락해왔다는 것입니다. 2016년 대통령 탄핵 같은 정치 불안과 국제유가 하락으로 인해 재정이 악화한 탓입니다. 2011년에 판매된 10년 만기 브라질 국채는 2021년이 만기인데, 헤알화 환율은 2011년 4월 29일에 최고가 694.99원에서 2021년 1월 29일 현재 205.37원까지 무려 70.45%나 폭락했습니다. 원금을 돌려받아도 처음 투자했던 금액의 30% 정도밖에 건지지 못한다는 뜻입니다. 물론 그 사이에 이자를 매년 10% 정도씩 받았기 때문에 이자를 합치면 손실이 크지 않을 수 있지만, 이자도 환율 하락으로 인해 계속 줄었을 것이므로 손실이 날 수밖에 없습니다.

이처럼 환율은 미래를 예측할 수는 없기 때문에, 특히 개발도상국의 통화로 투자하는 것은 피해야 합니다. 통화분산은 기축통화인 미국 달러로만 하는 것을 추천합니다.

◈

정리하면, 분산투자의 6가지 원칙, 즉 대상분산, 위험분산, 기간분산, 시점분산, 지역분산, 통화분산 원칙이 모두 반영된 포트폴리오로 자산을 분산해 관리하면, 변동성은 낮아지고 수익은 꾸준히 우상향으로 증가하게 만들 수 있습니다.

하지만 **분산투자의 6가지 원칙 중에서 한 가지만 빠져도 전체적인 자산수익률의 변동성이 커질 수 있습니다.** 예를 들어 대상분산을 하지 않고 모든 자산을 주식형에만 투자하면, 다른 분산투자의 원칙을 다 지켜도 변동성이 클 수밖에 없습니다. 또한 시점분산을 하지 않고 거치식으로만 투자한다면, 마찬가지로 수익률의 변동성이 커집니다. 지역분산을 하지 않고 특정 국가에만 집중투자를 할 경우도 마찬가지입니다. 아울러 통화분산 없이 원화로만 투자했는데 경제위기가 오면, 전체적인 수익률이 떨어질 수밖에 없습니다.

그런데 하나의 상품으로 이 6가지 분산투자의 원칙을 다 고수할 수는 없습니다.

분산투자의 6가지 원칙을 모두 반영하려면, 일단 10년 이상의 장기자금이라면 다양한 국가에 있는 글로벌 1등기업 주식에 투자하는 고위험/고수익형 펀드와 ETF를 원화와 미국 달러로 나눠서 적립식으로 시점분산을 하면서 투자하다가, 시간이 지나서 중기가 되면 채권형 펀드의 비중을 늘려서 혼합형으로 투자하고, 나중에 단기가 되면 주식을 모두 팔고 국내 채권형으로 투자를 하면 됩니다. 이렇게 하면 수익도 많이 나고, 돈을 찾게 될 때 손실의 위험도 최소화해서 수익을 지킬 수 있습니다. 여기에 대해서는 뒤에서 상세히 설명하겠습니다.

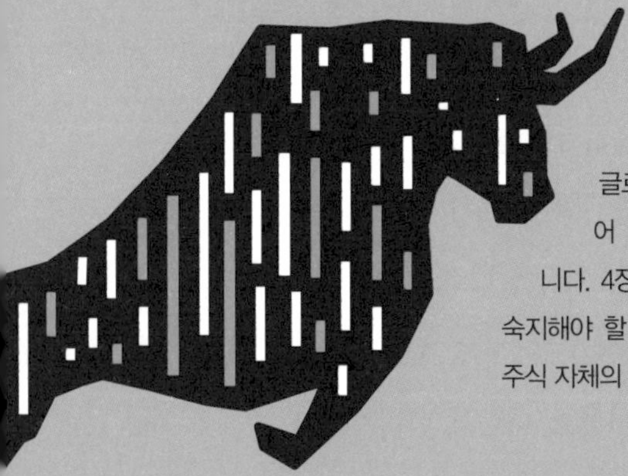

글로벌 1등기업의 주식을 사면 수익이 나게 되어 있지만 그래도 손실을 보는 사람들이 있습니다. 4장에서는 투자에 실패하지 않기 위해 반드시 숙지해야 할 주식투자의 두 가지 위험인 사람의 위험과 주식 자체의 위험에 대해 알아보겠습니다.

4장

손실 위험을 제거하는 투자원칙

단기투자는 불확실성이 크지만, 장기로 할수록 평균수익률에 수렴하기 때문에 불확실성이 줄어들고 수익도 더 많이 납니다. 생각을 조금만 바꿔, 이제부터는 아예 "장기투자가 아니라 평생투자"를 한다고 생각하기 바랍니다.

1 주식보다 사람이 더 위험하다

주식투자가 위험하다는 것은 다 알지만, 사실 더 위험한 것은 주식에 투자하는 사람입니다. 그래서 먼저 사람의 위험에 대해 살펴보겠습니다.

투자는 심리전이다

2003년 3월 17일 각종 신문에 다음과 같은 불안한 뉴스들이 많이 나왔습니다.

번스타인 "아직은 매도 시점"

… 투자전략가인 리차드 번스타인은 증시가 반등 조짐이 보이더라도 주식투자자들은 아직 매도에 나서야 할 때라고 17일 주장했습니다. 번스타인은 이날 고객들에게 보낸 메시지에서 투자자들이 지난 13일의 랠리에 대해 문의를 하고 있다며 …

-머니투데이 2003년 3월 17일

동반 위기설에 휩싸인 한·중·일

… 대내적으로는 외국인들이 한국 증시를 떠나는 셀 코리아 과정에서 주가가 떨어지고 환율이 급등하면서 국내 금융시장이 난기류를 보이고 있습니다. 대외적으로는 외평채 가산금리가 꾸준히 상승하고 있는 가운데 국내기업과 금융기관들의 …

-한국경제 2003년 3월 17일

투자심리 "공황"

… 얼어붙게 만들었습니다." 현재 증시를 압박하고 있는 재료가 단기간에 해소될 성격이 아니어서 앞으로 장세는 더욱 불투명합니다.

-매일경제 2003년 3월 17일

"바닥이라 말하긴 아직 일러"

… 한 투자증권사 리서치센터장은 한국 증시를 여전히 어둡게 보고 있습니다. '바닥권에 온 것이 아니냐'는 질문에 그는 부정적인 입장을 분명히 했습니다. 증시 낙관론이 식지 않았던 작년 7월 그는 2002년 하반기 중 지수가 …

-한국경제 2003년 3월 17일

2003년 3월은 IT버블이 꺼지면서 주가가 크게 떨어진 뒤였고, 2002년 11월에 중국에서 중증급성호흡기증후군 사스가 발생한 여파로 코스피지수는 1년 만에 거의 반토막인 500선 대로 떨어져 있었습니다. 이때는 불안하고 공포를 조장하는 뉴스들이 많이 나왔습니다. 그런 뉴스들을 보면서 투자하고 싶다는 생각이 드는 사람은 별로 없었을 것입니다. 하지만 지나고 보니 2003년 3월이 주식시장의 바닥이었습니다. 코스피지수는 이후 4년 만에 4배가 올라 2007년에 2,000선을 돌파했습니다.

한편, 2007년 10월 31일에는 다음과 같이 굉장히 낙관적인 뉴스들이 많았습니다.

"국내외 증시 순풍 연말랠리 온다"

… "외국인이 해외 증시 안정을 기반으로 신규 매수에 나설 경우 지수는 그동안의 성장통에서 벗어나 세계 증시의 동반 상승에 합류할 것으로 기대된다"고 전망했습니다.

-파이낸셜뉴스 2007년 10월 31일

"단기조정 와도 상승 추세 흔들림 없다"

… 최근 코스피지수 신고가 경신에 대해 '단기조정 마감'이라기보다 '상승국면 지속'으로 이해해야 한다고 밝혔다. 또 앞으로 단기조정을 받을 수 있지만 추세 상승은 흔들리지 않을 것이라고 내다봤다. …

-머니투데이 2007년 10월 31일

국내 주식형 펀드 "지금 투자해도 안 늦다"

… 기업이익 증가 지속 "증시 과열 아니다" 대형주 위주 '성장형 펀드' 가입 유망할 듯. "지금이라도 국내 주식형 펀드에 투자하라." 대다수의 전문가들은 "국내 증시가 11월 이후 급등락할 가능성이 있지만 결국 상향 …

-서울경제 2007년 10월 31일

"신흥시장 과열이지만 한국은 더 오른다"

… 존 베넷 매니저가 이머징마켓 증시가 너무 과열됐으며 가장 먼저 무너질 곳은 리투아니아와 라트비아, 에스토니아 등 발트해 연안 국가들이라고 지적했습니다. 베넷은 중국 등 이머징마켓 증시에 대해 "광란으로 가고 있다"며 …

-머니투데이 2007년 10월 31일

2007년 10월에는 코스피지수가 사상 최초로 2,000선을 돌파하면서 미래에 대한 장밋빛 전망이 많았습니다. 이런 뉴스를 많이 보다 보면 투자를 해야겠다는 생각이 듭니다. 실제로 2007년에는 한 번도 주식이나 펀드를 안 해본 사람들도 투자를 시작했을 정도로 많은 돈이 주식시장에 유입됐습니다. 하지만 지나고 보니 2007년 10월은 꼭지였습니다. 2008년에 미국발 글로벌 금융위기가 터지면서 코스피지수는 1년 만에 반토막이 났습니다.

또한 2008년에는 코스피지수가 1,000선으로 반토막이 났지만 500선까지 떨어질 수도 있다는 공포가 시장을 지배했습니다. 그러나 2년 만인 2010년에는 다시 2,000선을 돌파하면서 두 배가 올랐습니다.

사람들은 이런 일을 겪고 나면 역시 주식은 매매 타이밍을 잘 잡아야 한다고 생각하게 됩니다. 하지만 실제로는 매매 타이밍을 잘 잡는 것이 쉽지 않습니다. 투자를 시작하거나 끝낼 때는 항상 두 가지 양극단적인 심리의 영향을 받게 됩니다. 지나고 보면 주식시장이 바닥이라 좋은 투자기회였을 때는 불안감과 공포심이 만연해 투자를 하지 못하고, 반대로 주식시장이 꼭지라 위험할 때는 낙관적인 심리가 팽배합

2002~2010년 코스피지수 추이 출처 : 하나금융투자

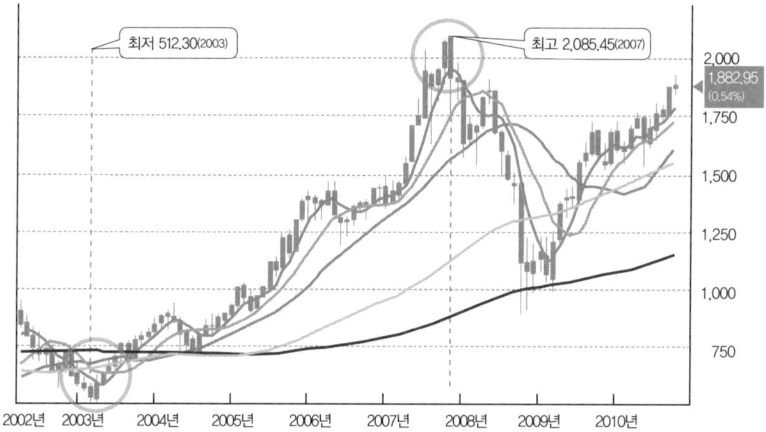

니다. 나도 돈을 벌고 싶다는 욕심과 지금 안 하면 영영 못할 것 같은 조바심이 생깁니다. 이런 심리는 꼭 주식만이 아니라 부동산이든 금이든 코인이든 모든 투자자산에 대해 마찬가지입니다.

그래서 투자는 심리전이라고 합니다. 이 심리전에서 이겨야 손해를 보지 않을 수 있습니다. 그런데 이 심리전에서 이기는 게 쉬운 일일까요? 그게 쉬웠으면 투자를 해서 손해 보는 사람이 별로 없겠죠.

심리전에서 이기는 방법 1

이러한 심리를 극복하는 아주 간단한 두 가지 방법이 있습니다.

첫 번째는 **"남 따라 하지 않는다"**입니다. 보통 주식시장이 많이 떨어지면 좋은 투자기회라는 생각에 가족이나 친구, 직장 동료 같은 주위 사람들과 의논합니다. 그러면 주위 사람들은 뭐라고 할까요? 절대 투자하지 말라고 합니다. 대부분의 사람들이 큰 손해를 본 때이기 때

문입니다.

2008년 하반기에 주식시장이 많이 떨어졌을 때 나름 그때가 좋은 투자기회라고 생각하고, 1억 원 이상의 큰돈을 펀드에 넣은 사람이 있었습니다. 그런데 아내가 반대해 심각한 가정불화를 겪었다고 합니다. 그 사람이 투자를 한 때는 주식시장이 많이 떨어진 상태이긴 했지만, 아주 바닥은 아니어서 10% 정도 마이너스 상태였습니다. 그 사람은 지금이라도 더 큰 손실을 막아야 한다며 팔라는 아내의 말에 할 수 없이 매도했습니다. 하지만 그가 주식을 판 그때가 진짜 주식시장의 바닥이었습니다. 그 뒤로 2년 만에 주식시장이 두 배로 올랐는데, 큰 수익을 볼 기회를 놓친 것입니다.

반대의 예도 있습니다. 나름 신중한 한 투자자는 2005년 이후로 주식시장이 계속 올랐지만 예전처럼 또 떨어질지도 모른다는 생각에 섣불리 투자하지 않고 때를 기다렸습니다. 그러다 2007년에 연일 낙관적인 뉴스가 나오자 주위 사람들과 의논합니다. 이럴 경우 주위 사람들은 아직도 투자를 안 했냐며 지금이라도 꼭 하라고 합니다. 결국 그때가 시장의 꼭지라는 것을 알지 못하고 투자를 시작한 그 사람은 주가가 떨어지자 손해를 보고 매도하고 맙니다. 그리고 자신은 역시 투자하면 안 되는 사람이라고 생각해 평생 예금과 적금만 하다 돈을 벌 기회를 놓칩니다.

주식투자를 할 때 주변 사람들과 의논하는 것은 투자수익에 별 도움이 안 됩니다. 오히려 공포심이나 욕심을 부추겨서 손해 볼 위험성이 더 높아집니다.

심리전에서 이기는 방법 2

심리전에서 이기는 두 번째 방법은 **"예측하지 않는다"**입니다.

사람들은 주가가 오를지 혹은 내릴지를 잘 예측해서 맞춰야 투자에 성공할 수 있다고 생각합니다. 그래서 저에게도 앞으로 주식, 부동산, 환율이 오를지 혹은 내릴지 묻는 사람들이 많습니다.

저도 초보 전문가일 때는 나름 배운 이론과 경제지표들을 들먹이며 "이러저러해서 오를 거 같아요" 혹은 "떨어질 거 같아요"라는 식으로 대답했습니다. 일반인들도 그렇게 얘기해주는 사람이 전문가답다고 생각하기도 합니다.

하지만 요즘은 그렇게 질문하는 분들에게 "저도 잘 모릅니다"라고 대답합니다. 앞에서 본 것처럼 주식시장이 바닥이었던 2003년에 시장에 대해 비관적인 뉴스를 쓴 기자들은 경제 및 투자 전문가일까요? 아닐 것입니다. 또는 경제 및 투자 전문가를 인터뷰해서 썼다고 해도, 그들이 **주식시장의 등락을 항상 제대로 예측할 수 있을까요?**

그렇지 않습니다. 만약 어떤 경제 및 투자 전문가의 예측이 계속 맞았다면 그 사람은 오히려 경계해야 합니다. 보통 미래시장에 대한 예측이 잘 맞으면 자신감을 넘어서 자만하게 되고, 다른 사람들은 그를 맹신하게 되어 큰돈을 맡기는데, 그러다가 큰 손해를 볼 수도 있습니다. 도박판에서 처음에 몇 번 따니까 자신감에 차서 판돈을 계속 키우다 마지막에는 전 재산을 걸었는데 다 잃고 마는 것과 비슷합니다.

인간은 미래를 알 수 없습니다. 코로나19 사태가 올 거라고 예측한 사람은 아무도 없습니다인구 증가와 도시화, 세계화로 바이러스로 인한 전염

병의 세계적 확산이 조만간 인류의 문제로 다가올 수 있다는 경고를 한 사람들은 있지만, 구체적으로 코로나19 사태를 예측한 사람은 거의 없습니다. 게다가 그 바이러스가 2020년 1월 말부터 알려지기 시작했지만, 2월 초까지만 해도 그 바이러스 때문에 코스피지수가 1,500선 밑으로 폭락할 거라고는 상상도 하지 못했습니다. 그리고 대부분의 투자자뿐 아니라 전문가들도 코로나19 바이러스가 아직도 한창이던 2021년 1월 초, 코스피지수가 이후 약 9개월 만에 사상 최초로 3,000선을 돌파하며 급등할 줄은 짐작조차 못했습니다.

저도 20여 년 전에 주식투자를 처음 시작했을 때는 예측을 잘해야 투자에 성공할 수 있고, 예측의 정확도를 높이기 위해서는 정보를 많이 수집해야 한다고 생각했습니다. 그래서 하루에 뉴스를 3시간씩 보곤 했습니다. 하지만 정보가 많을수록 정확한 판단이 어려워졌습니다. 이 말도 맞는 것 같고, 저 말도 맞는 것 같고, 정보의 홍수 속에서는 진짜 정보를 가려내기가 더 어렵습니다.

적금만 하다가 펀드나 주식투자 같은 걸 시작하면, 경제신문도 읽고 재테크 책도 좀 봐야 한다고 생각하는 사람들이 많습니다. 재무 상담을 해주는 사람들도 그렇게 하라고 권합니다.

하지만 저는 반대로 경제뉴스를 많이는 보지 말라고 합니다. 그런 뉴스를 볼 시간에 자기계발에 도움이 되는 책을 읽으라고 합니다. 경제뉴스를 많이 본다고 투자수익률이 높아지는 것은 아닙니다. 경제뉴스에는 예측성 기사들이 많습니다. 뉴스를 보더라도 사실fact을 전달하는 것은 봐도 됩니다. 하지만 미래를 전망하는 기사들은 한번 읽어보는 정도로 족하고, 그런 기사에 연연할 것 같으면 차라리 보지 않는 것이 낫습니다. 현대 자본주의 세계의 경제는 불확실성이 워낙 높아서 어차피 그 전망대로 되지 않을 가능성이 높기 때문입니다. 또한 투자시장을 전망하는 기사를 많이 보면 판단만 힘들어지고 결정을 내리기가 더 어려워질 수 있기 때문입니다.

투자할 때 예측이나 전망 뉴스를 너무 많이 보면 안 되는 이유는 앞서 예를 든 2003년과 2007년의 기사들만 보아도 알 수 있습니다. 자칫 공포심이나 조바심에 섣부른 판단을 할 수 있기 때문입니다. 주가가 크게 떨어졌을 때는 '지금이 바닥이니까 투자의 기회'라는 말보다는 불안하게 만드는 말이 귀에 더 잘 들어옵니다. 반대로 주가가 많이 올랐을 때는 '지금은 위험한 때'라는 말은 귀에 안 들어오고, 낙관적인 기사들이 더 눈길을 끕니다.

경제 전망 기사들을 보긴 해야겠지만 너무 많이 보며 매몰되어서는 안 됩니다. 그럴 시간에 차라리 본업을 하는 데 필요한 실력을 기르거나 가족들과 행복한 시간을 보내는 것이 낫습니다. 이런 사실을 깨닫고 나니 뉴스를 보는 데 하루에 3시간이나 할애한 것이 아까웠습니다. 뉴스를 많이 보다 보니 비슷한 뉴스를 또 보는 경우도 많았습니다. 신문으로 봤던 뉴스를 인터넷에서도 보고 방송으로도 보게 되는 것이죠. 나름 균형 있게 보기 위해 신문을 5개씩 본다는 분도 있습니다. 그러다 보면 당연히 같은 뉴스를 중복해서 보게 됩니다. 신문사마다 기자들이나 논설위원들에 따라 같은 사건에 대해서도 다른 관점의 기사를 쓸 수 있습니다. 정치와 사회에 관한 기사는 균형 잡힌 시각을 갖기 위해 여러 매체를 보는 것이 필요할 수도 있지만, 경제뉴스, 특히 경제 전망 뉴스에 매몰되어 맹신하지는 말았으면 합니다.

대표적인 사례가 2016년 미국 대통령 선거입니다. 당시에는 여론조사 결과 힐러리가 대통령이 될 것 같은 분위기였습니다. 만약 트럼프가 당선되면 주식시장이 떨어지고 달러 환율이 오를 거라는달러 가치가 떨어질 거라는 예측이 많았습니다. 그런데 트럼프가 대통령에 당선되자 그날은 정말 주식시장이 급락하고 환율이 뛰었지만, 딱 하루만 그랬고, 다음 날부터 주가는 계속 올라가고 달러 환율은 떨어졌습니다. 당시의 뉴스 기사를 보면 '국제금융시장 대반전'이라는 표현을 볼 수 있습니다. 만약 그날 가지고 있던 주식을 팔고 달러를 샀다면 손해를 많이 봤을 것입니다.

당시 트럼프가 대통령이 되어서 주식시장이 오른 것이라고 볼 수는 없습니다. 그의 지지자들은 트럼프가 당선되어 주식시장이 상승한 것이라고 생각할 수도 있었겠지만 말입니다. **주가가 오르고 내리는 데는 수많은 요인들이 작용하기에, 어느 한 가지 변수를 가지고 주가의 등락을 예측하는 것은 불가능하기 때문입니다.**

[여의도 통신] 미 대선 트럼프 당선 후 국제금융시장 '대반전'

… 트럼프가 모두의 예상을 깨고 미국 제25대 대통령에 당선되면서 금융시장이 요동치고 있다. 당선 직후에는 트럼프의 과격한 언행으로 인한 정책 불확실성 증대로 전 세계 투자자금이 금과 은, 채권 등 안전자산으로 몰려들었다. 하지만 10여 일이 지난 지금 금융시장에서는 안전자산 가격이 일제히 하락하

트럼프 대통령 당선 후 미국 S&P500지수 추이 출처 : 하나금융투자

는 반면 주식 등 위험자산 선호 현상이 더욱 강해졌다.

- MK뉴스 2016년 11월 24일

정리하면, 투자에서 심리의 위험을 제거하기 위해서는 남을 따라 하지 말고, 시장을 섣불리 예측하지 않아야 합니다. 대신 투자원칙을 제대로 배우고 지키면서 본업에 집중하고, 수입이 늘어남에 따라 투자 금액을 늘리다 보면 언젠가 큰 자산을 만들 수 있습니다.

특히 **적립식 투자를 하면 투자에서 심리의 위험을 피할 수 있습니다.** 보통 주가가 올라갔을 때는 욕심이 생겨서 더 사고 싶어지고, 저렴할 때는 공포심에 사고 싶지 않습니다. 하지만 자동이체를 걸어 투자하면 저렴할 때도 자동으로 사게 되므로 이러한 심리의 위험을 피할 수 있는 것입니다.

또한 예측의 위험도 피할 수 있습니다. 거치식으로 투자하면 예측을 잘해서 시장이 오르기 시작할 때 사고, 떨어질 때는 사지 않아야 하지만, 그 예측이 맞는다는 보장이 없기 때문에 손실의 위험이 있습니다. 하지만 적립식으로 투자하면 미래를 예측하려고 할 필요가 별로 없습니다. 어차피 떨어지면 더 많이 사면 되니까요. 그래서 적립식으로 투자할 경우에는 주가의 등락을 크게 신경쓸 필요가 없습니다.

정보가 위험하다

'주식투자에 성공하려면 좋은 정보를 빨리 얻어야 한다'고 생각하는 사람들이 많습니다. 하지만 정보를 쫓아다니는 투자방법은 오히려 손실을 키우는 경우가 많습니다. **주식투자에 성공하기 위해서는 정보가 아니라 투자원칙을 배워야** 합니다.

투자를 하다 보면 수많은 정보를 접하게 됩니다. 어떤 기업이 신제품을 개발한다거나, 앞으로 어떤 분야가 유망하다거나, 어떤 주식이 급등할 거라거나 하는 식의 정보들이 넘쳐납니다. 정말 대박이 날 것 같은 솔깃한 정보들도 많습니다. 사람들은 그런 정보를 찾아다니는 데 시간과 에너지를 씁니다. 하지만 그런 정보는 어쩌다 잘 맞아서 수익을 거두게 할 때도 있지만, 많은 경우 잘못된 정보여서 큰 손해를 보게 될 수도 있습니다.

정보를 쫓다 보면 어떤 세력이 이익을 챙기기 위해 공모해 주가를 크게 올려놓은 작전주에 당할 수도 있습니다. **내가 증권가의 전문가가 아닌데, 나한테까지 기막힌 정보가 들어왔다면 그것은 폭탄 돌리기의 마**

지막 순서라고 생각해야 합니다. 실제로 그런 작전주에 잘못 물리면 연속 하한가를 맞기도 하고, 심지어 거래정지나 상장폐지를 당하기도 합니다.

작전주와 비슷한 사례로, 신라젠이라는 항암바이러스 치료제를 개발하는 회사가 있습니다. 2016년 12월 6일에 1만 3,500원으로 상장된 신라젠의 주가는 2017년 11월에 15만 2,300원까지 올랐습니다. 불과 1년 만에 주가가 10배 이상 오른 것입니다. 항암치료제가 출시되면 주가가 20만 원이 될 거라는 소문까지 돌았습니다. 이 주식을 15만 원대에 샀던 사람들은 아마도 그런 정보를 믿고 매수했을 것입니다.

하지만 신라젠의 주가는 2019년 8월에 3일 연속 하한가를 맞으면서 1만 5,300원까지 떨어졌습니다. 고점 대비 무려 10분의 1토막이 난 것입니다. 이 회사는 한국거래소에 상장된 후 대주주와 임원이 2,515억 원어치의 주식을 팔았다가 대표가 구속되고, 결국 2020년 5월 4일에는 1만 2,100원을 마지막으로 거래정지가 됐습니다.

신라젠은 창업 이후 영업이익이 줄곧 적자였습니다. 영업이익률만 확인했어도 이런 주식은 사지 않았을 것인데, 주식투자를 할 때 소문에만 의존하면 매우 위험하다는 사실을 보여주는 예입니다.

테마주 투자도 위험하긴 마찬가지입니다. 테마주란 어떤 이슈가 생길 때, 실질적인 이익 증가 효과가 없는데도 불구하고 주가가 덩달아 뛰는 주식을 말합니다. 한때는 대북주가 크게 올랐고, 선거철에는 정치인 테마주가, 코로나19 사태로 바이오 테마주가 크게 뛰었습니다.

테마주는 그 테마로 인해 실제로 이익이 늘어나는 종목은 주가가 꾸준히 오르지만, 그렇지 않고 비슷한 테마라는 이유로 덩달아 오른 종목들은 급등했다가 급락하는 경우가 많아 매매 타이밍을 잘못 잡으면 큰 손해를 봅니다.

우리사주의 세 가지 함정

그러면 내부정보를 얻어서 주식을 사면 되지 않느냐는 사람들이 있습니다. 대표적인 예가 우리사주입니다. 우리사주를 사는 사람들은 그 회사 내부 직원들이고, 이들은 자신들이 외부 사람들보다 더 정확한 정보를 한 발 먼저 얻을 수 있다고 생각하기 쉽습니다. 하지만 **우리사주를 사는 것이 바람직한 투자가 아닌 경우가 종종 있습니다.**

첫 번째 이유는 **수입과 자산의 분산투자가 되지 않기 때문**입니다. A라는 회사에 다니는 사람의 수입은 A회사에서 나오는데, 우리사주의 경우 그 수입으로 A회사 주식을 사는 것입니다. 그런데 만약 A회사가 망하면 실직해 수입이 사라지고 주식도 휴지조각이 됩니다. 회사랑 같이 망하는 것입니다. 다른 회사 주식을 샀다면 수입이 없어져도 자산은 남아 있겠죠. 다시 말해 **주식만 분산투자가 필요한 게 아니라 수입과 자산의 분산도 필요**합니다.

두 번째 이유는 **내부 직원의 정보라 해도 정확하지 않을 수 있다는** 것입니다. 내부 직원이라고 해서 반드시 외부 사람들보다 더 정확한 정보를 얻는 것은 아닙니다. 보통 상장회사는 직원이 적어도 수백 명에서 수만 명 이상인데, 핵심 정보는 소수의 경영진이나 핵심 부서의 직원 몇 명만 알고 있을 가능성이 높습니다. 만약 **어떤 회사가 분식회계를**

하여 허위 정보를 공시한다면 직원들에게도 허위 정보를 알려줄 것입니다. 진짜 정보는 CEO와 CFO최고재무책임자, 그리고 그들의 직속 핵심 부서 직원들 정도만 알고 있을 것이고 입단속도 시킬 것입니다. 따라서 내부 직원이라고 해도 진짜 정보를 얻기 어려울 수 있습니다.

세 번째 이유는 **내부 직원들이 오히려 외부인보다 자신의 회사를 객관적으로 보지 못한다**는 것입니다. 일반적으로 경영진은 직원들에게 회사에 대한 부정적인 정보보다는 긍정적인 정보를 공개할 가능성이 높습니다. 그래서 대체로 직원들은 자기 회사를 낙관적으로 평가하는 경향이 있습니다. 본인이 좋은 회사라고 생각해서 입사한 데다가, 입사 후에도 좋은 얘기만 들으니 그렇게 되는 것입니다. 그러다 보니 선뜻 우리사주를 사게 되고, 대출까지 받아 사는 경우도 많습니다. 또한 주가가 마이너스가 되어도 손절매를 못하고 낙관적인 희망으로 계속 갖고 있으면서 손실을 키우기도 합니다.

특히 분식회계를 하는 회사일수록 그럴 가능성이 높습니다. 엔론은 한때 미국 재계 7위의 에너지기업으로, 세계적인 경제전문지 〈포춘〉에 의해 6년 연속1996~2001년 '미국에서 가장 혁신적인 기업'으로 선정되기도 했습니다. 엔론의 경영진은 분식회계로 부채를 숨기고 회사의 실적이 좋은 것처럼 홍보했습니다. 약 2만 2,000명에 달하는 직원들이 미국의 노후자금 준비 제도인 401K에 엔론 주식을 많이 갖고 있었는데, 2001년 회사가 파산하면서 수입도 없어지고 노후준비도 물거품이 되었습니다. 그 피해가 얼마나 컸는지 엔론 사태 때문에 법이 바뀌어 401K를 통해 자기 회사 주식에 집중투자하는 것이 금지되었습니다.

이 책의 독자들도 **우리사주에 "몰빵"하고 있다면 일부를 파는 걸 고려해보기 바랍니다.** 자기 회사 주식이 더 오를 것 같지만 시장에는 더 좋은 주식이 많이 있습니다. 몰빵한 **우리사주의 일부를 팔아서 글로벌 1등 기업 주식에 분산투자하는 것을 추천**합니다.

정리하면, 주식투자를 할 때 정보에 지나치게 의존하는 것은 좋은 투자방법이 아닙니다. 어떤 투자이든 마찬가지겠지만, 특히 **주식시장은 변동성이 크기 때문에 자기만의 원칙을 세워 투자해야** 합니다. 그렇지 않으면 백전백패하게 되어 있습니다. 자신에게 맞는 투자원칙을 세우는 데는 많은 시행착오와 수업료가 필요합니다. 주식투자법은 헤아릴 수 없을 만큼 많지만 일반인들이 따라 하기 어려운 것들이 대부분입니다. 그래서 저는 이 책에서 초보자도 쉽게 따라 할 수 있고 수익률이 비교적 높으면서도 손실위험이 적은 투자방법을 소개하고자 합니다.

2 주식 자체의 위험을 제거하는 방법

이번에는 주식 자체의 위험에 대해 살펴보겠습니다. 주식 자체의 위험에는 두 가지가 있습니다. 하나는 **기업 부도의 위험**입니다. 내가 산 회사가 망하면 그 주식은 휴지조각이 됩니다. 다른 하나는 **주가 하락의 위험**입니다. 아무리 우량기업이라고 해도 주가는 때때로 등락을 반복하기에, 비쌀 때 사서 쌀 때 팔면 손해 볼 수밖에 없습니다. 이 두 가지 위험을 가능한 제거하는 방법을 알아보죠.

기업 부도의 위험 제거 방법

기업 부도의 위험을 가능한 제거하는 방법은 바로 분산투자입니다. 한 기업에만 몰빵할 경우 그 회사가 망하면 투자금액 전체가 사라져버립니다. 인터넷이나 유튜브 같은 것을 보면 삼성전자만 사서 성공한 사람들의 사례가 나오기도 합니다. 또한 삼성전자 주식만 사라고 권유하는 사람들도 많습니다. 다시 말해 분산투자를 하면 수익률이 떨어지니, 가장 좋은 주식 하나를 골라서 집중투자를 해야 수익률이 높아진다는 것입니다.

삼성전자는 약 20년 전에 비해 주가가 100배 올랐습니다. 약 20년 전에 1억 원으로 삼성전자 주식을 사서 계속 보유하고 있다면 지금쯤 100억 원이 됐을 것입니다. 삼성전자의 시가총액은 보통주와 우선주를 합치면 2020년 말 기준으로 544조 원으로, 코스피시장 전체 시가총액의 28%를 차지하는 명실상부한 우리나라 1등기업입니다.

부동산도 "똘똘한 한 채만 갖고 있는 게 낫다"는 말이 있습니다. 여러 채를 갖고 있으면 다주택자로 양도세 중과 대상이 되고, 그중에는 안 오르는 주택도 있어 전체적인 수익률이 떨어진다는 것입니다. 그래서 다 팔아 강남 아파트 하나만 사라는 이야기들도 나옵니다.

하지만 주식투자에 이런 식의 집중투자법을 적용하면 위험합니다. 부동산은 적어도 가치가 제로가 되지는 않습니다. 가격이 떨어질 수는 있어도 시간이 지나면 다시 오르기도 하지요. 하지만 주식은 한 종목에 몰빵했다가 그 회사가 망하면 아예 가치가 제로가 됩니다.

약 20년 전에 삼성전자에 몰빵했으면 대박이 났을 거라고 하는 것은, 현재 시점에서 1등기업의 과거를 거슬러 올라갔기 때문에 할 수 있는 말입니다. 과거에 한때 국내 시가총액 1위였던 한국전력이나 SK텔레콤은 지금은 주가가 최고가 대비 많이 떨어졌습니다. SK텔레콤은 2000년에 최고가가 50만 7,000원이었는데 2020년 말에 23만 8,000원으로 53%가 떨어졌습니다. 또한 한국전력은 2016년 최고가가 6만

삼성전자 주가 차트

출처 : 하나금융투자

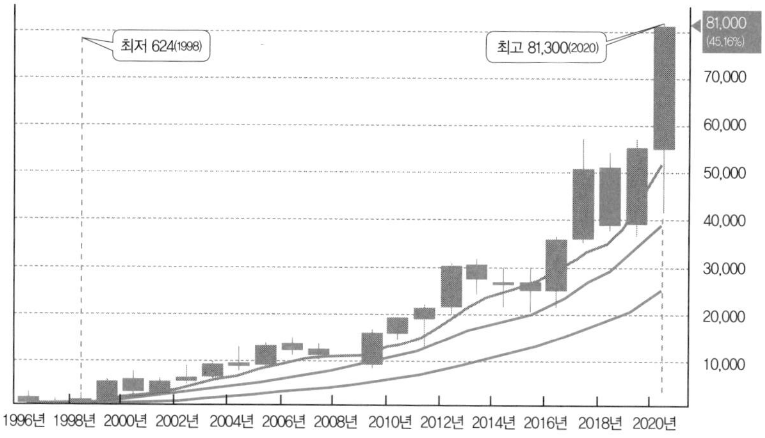

3,700원이었는데 2020년 말에 2만 7,400원으로 57%가 떨어졌습니다. 삼성전자가 현재 1등기업이지만, 앞으로도 주가가 계속 올라 시가총액 1위를 유지할지, 아니면 떨어질지는 누구도 장담할 수 없을 것입니다.

미국의 다우존스지수이하 다우지수는 1884년 〈월스트리트 저널〉의 편집장인 찰스 다우가 만들었는데, 처음에는 12개 종목으로 시작했지만 지금은 미국 주식시장에 상장된 주식 중에서 각 업종을 대표하는 30개 종목으로 지수를 산출합니다. 다우지수는 1885년에 39포인트였던 것이 2020년에 30,606포인트까지 상승했습니다. 처음에 다우지수에 들어 있던 원년 멤버 중에 지금도 이 지수에 남아 있는 종목은 몇 개 정도 될까요?

정답은 "하나도 없다"입니다. 100년 이상 장수하는 기업들도 있지만, 기업의 수명은 생각보다 길지 않습니다. 자본주의 선진국인 미국에조차 100년 넘게 1등기업의 자리를 지키고 있는 기업이 거의 없습니다.

다우지수 116년 차트 출처 : macrotrends

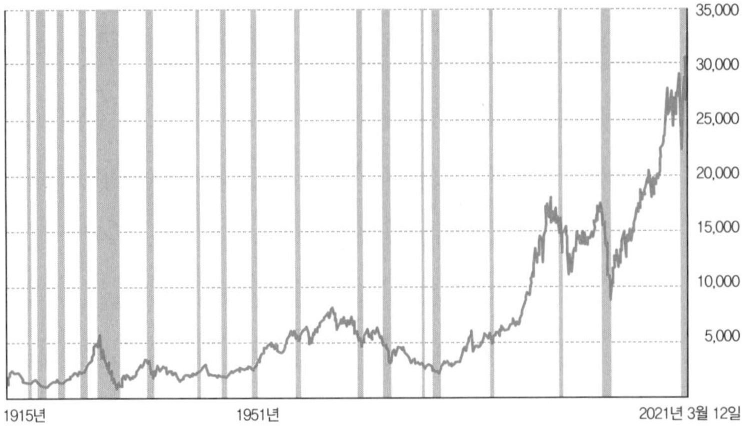

다우지수 원년 멤버, 그 후

1884년 다우지수에 최초로 편입된 12개 종목은 다음과 같습니다. 위키피디아 자료를 토대로 살펴보겠습니다.

- 아메리칸 코튼 오일American Cotton Oil Company : 1901년에 다우지수에서 빠졌으며, 후에 유니레버에 인수되었다.
- 아메리칸 슈가American Sugar Company : 1930년에 다우지수에서 빠졌으며, 아메리칸 슈가 리파이닝American Sugar Refining에 인수되었다.
- 아메리칸 토바코American Tobacco Company : 반독점법으로 인해 분리되었으며, 1985년 다우지수에서 제외되었다.
- 시카고 가스Chicago Gas Company : 인터그리즈 에너지Integrys Energy 그룹에 인수되었으며, 1915년 다우지수에서 빠졌다.
- 디스틸링앤드캐틀피딩컴퍼니Distilling & Cattle Feeding Company : 회사명이 밀레니엄케미컬로 바뀌었으며, 1899년 다우지수에서 제외되었다.

- 제너럴 일렉트릭GE : 1892년 에디슨이 만든 미국 최대 제조업체. 전력, 가스, 항공 등을 포괄하는 거대 다국적기업으로, 2018년에 다우지수에서 빠졌다.
- 라클레드 가스회사Laclede Gas Company : 미국 미주리주에서 가장 큰 천연가스 유통회사로 1899년 다우지수에서 빠졌다.
- 내셔널 리드 컴퍼니National Lead Company : 납 제련회사로 회사명이 NL인더스트리로 바뀌었으며, 1916년 다우지수에서 제외되었다.
- 노스 아메리칸 컴퍼니North American Company : 공공 유틸리티와 철도회사로 1930년 다우지수에서 빠졌으며, 1946년에 파산하여 역사의 뒤안길로 사라졌다.
- 테네시 석탄·철·철도회사Tennessee Coal, Iron and Railroad Company : US스틸에 인수되었으며, 1907년 다우지수에서 제외되었다.
- U.S. 레더 컴퍼니U.S. Leather Company : 가죽 제조회사로 1928년 다우지수에서 빠졌으며, 1952년 청산 절차를 밟고 사라졌다.
- 유나티드스테이츠 러버 컴퍼니United States Rubber Company : 1928년 다우지수에서 제외되었으며, 프랑스 타이어업체인 미쉐린에 인수되었다.

출처 : 위키피디아

이 회사들은 모두 중간에 망하거나 다른 기업에 합병되어 없어지거나 실적 악화로 다우지수에서 퇴출당했습니다. 유일하게 장수한 기업이 제너럴 일렉트릭인데, 발명왕 에디슨이 만든 이 회사는 1990년대만 해도 잭 웰치가 CEO로 있으면서 혁신의 대명사로 불리며 세계 시가총액 1위를 하기도 했지만, 2018년에 실적 악화로 결국 다우지수에서 퇴출당했습니다.

만약 누군가가 **다우지수 종목 중 하나에 전 재산을 투자했다면, 중간에 큰 손실을 보았을 것입니다.**

주가지수가 꾸준히 상승하는 또 하나의 이유

하지만 길게 보면, 거의 대부분의 주식시장에서 주가지수들은 꾸준히 상승해왔습니다. 그 이유는 도산하거나 부실해진 기업은 그 주식시장 자체에서 퇴출되거나, 코스피200, 다우지수30개 종목, S&P500지수 등을 산출할 때 더 우량한 기업으로 계속 교체하기 때문입니다.

물론 집중투자는 잘하면 분산투자보다 수익률이 높을 수 있습니다. 우량기업을 찾아 상승 전에 매수해서 가지고 있다가 하락하기 시작하면 팔면 됩니다. 하지만 그런 투자는 누구나 할 수 있는 투자가 아닙니다. 그렇게 할 수 있으려면 공부를 많이 해야 하고, 항상 투자한 기업의 동향을 신경써야 합니다. 또한 항상 성공하는 것도 아닙니다. 무엇보다 본업이 따로 있는 일반인에게는 쉽지 않은 일입니다.

이 책에서 추구하는 투자방법은 수익률을 높이기 위한 투자가 아니라 **손실의 위험을 줄이는 투자입니다. 손실의 위험만 제거하면 수익률은 자동으로 따라옵니다.** 그리고 손실의 위험을 제거하려면 분산투자를 해야 합니다.

앞에서 말했듯, 분산투자를 한다고 투자 종목을 10개, 20개씩 나눠서 투자를 하는 사람들도 있는데 그렇게 하면 일일이 관리하는 게 쉽지 않습니다. 한 종목에 신경쓰기도 힘든데 그 많은 종목들을 날마다 분석하고 매매 타이밍을 결정한다는 것은 전업투자자가 아닌 한

불가능합니다. 본업이 바빠서 잠깐 신경을 못 쓴 사이에 매도 시기를 놓쳐서 수익 낼 기회를 놓치기 일쑤입니다.

일반인들이 신경쓰지 않고 분산투자를 할 수 있는 방법은 펀드로 투자하는 것입니다. 펀드는 많은 사람들의 돈을 모아 펀드매니저가 보통 50~100개 정도 종목에 분산투자를 해줍니다. 모든 펀드가 수익률이 좋은 것은 아니므로 펀드도 잘 선택해야 합니다. 좋은 펀드를 고르는 방법은 뒤에서 설명하겠습니다.

앞에서 말했듯, 1등기업의 주식을 많이 포함하는 주가지수는 장기적으로 연평균 10% 정도의 수익을 냅니다. 그런데 직접투자를 할 경우 기업분석을 하고 매수와 매도 타이밍을 결정하는 데 많은 시간과 에너지가 듭니다. 그렇기 때문에 **직접투자를 했을 때는 수익률이 주가지수 수익률의 두 배 정도는 나야** 의미가 있습니다. 아니면 최소한 주가지수 이상의 수익률은 나야 합니다. **본인의 직접투자 수익률이 주가지수 수익률보다 못하다면** 펀드로 간접투자를 하는 것이 훨씬 낫습니다. 그리고 직접투자를 하는 데 드는 시간은 자기계발을 하거나 가족들과 함께하는 데 쓰는 것이 인생을 더 풍요롭게 사는 길입니다.

주가 하락의 위험 제거 방법

주가 하락의 위험을 제거하는 방법은 '장기투자'입니다.

"주식은 장기투자를 해야 한다"는 말을 많이 들어보았을 텐데 이는 반은 맞고 반은 틀린 말입니다.

직접투자를 할 때는 장기투자가 아니라 단기투자를 해야 합니다.

장기투자는 펀드로 간접투자를 할 때 해당되는 말입니다. 직접투자는 주가가 상승 추세일 때만 갖고 있어야 수익이 납니다. 손실이 난 주식을 장기투자한다면서 5년, 10년 갖고 있는다고 꼭 수익이 나는 것은 아닙니다. 개별 주식은 장기투자를 하다가 손실만 더 키우는 경우도 많습니다. 잘못하면 상장폐지되거나 회사가 망해 전액을 날리기도 합니다.

손실이 많이 난 주식을 '장기투자를 하다 보면 언젠가는 수익이 나겠지' 하는 생각으로 갖고 있으면 손실만 키우게 됩니다. 설사 20년 정도 기다렸다가 원금이 되어 팔았다 해도, 물가상승률을 감안하면 실질수익률이 마이너스일 것이며, 그 사이에 글로벌 1등기업 주식에 투자했다면 수익이 더 났을 것입니다.

2010년 코스피시장 상위 10위 기업, 그후

그래도 '우량주는 오래 갖고 있다 보면 오르더라'면서 장기투자를 계속하는 사람들도 있습니다. 그래서 2010년 코스피시장에서 시가총액 상위 10위 안에 들었던 종목들이 10년 후인 2020년에 어떻게 됐는지 분석해보았습니다.

결과는 처참합니다. 2010년 말 당시 시가총액 10위 안에 든 종목은 삼성전자, 포스코, 현대차, 현대모비스, LG화학, 신한지주, KB금융, 기아차, 삼성생명, 한국전력 등입니다(현대중공업은 시가총액이 4위였지만 현대중공업지주로 바뀌면서 당시와 주가를 비교하는 것이 불가능해 제외했습니다). 이중에서 10년 전보다 주가가 오른 종목은 삼성전자, 현대차, LG화학, 기아차 넷밖에 없습니다. 다른 종목들은 주가가 모두 10년 전보다 떨어졌습니다.

주가가 오른 회사들도 면면을 뜯어보면, LG화학은 주가가 9년 동안 거의 제자리거나 하락했다가 2020년 6월 이후에 급등한 경우이고, 현대차와 기아차는 2020년 10월까지도 마이너스였다가 그해 11월에 상승해 겨우 10년 전보다 상승한 경우입니다. 10년 동안 꾸준히 오른 종목은 삼성전자 하나밖에 없습니다.

물론 우량주라서 앞으로 오를 거라는 확실한 정보가 있는데, 현재 수익률이 마이너스라면 추가매수를 해서 평균 매수 단가를 낮추고 원금 이상이 됐을 때 팔면 됩니다.

2010년 말 코스피시장 시가총액 상위 10위 기업의 10년 주가상승률 출처 : 하나금융투자

순위	국내 시가총액 상위 10위	2010년 말	2020년 말	주가상승률
1	삼성전자	18,979 원	81,000 원	326.79%
2	포스코	487,000 원	272,000 원	-44.15%
3	현대차	173,500 원	192,000 원	10.66%
4	현대모비스	284,500원	255,500 원	-10.19%
5	LG화학	391,000 원	824,000 원	110.74%
6	신한지주	52,900 원	32,050 원	-39.41%
7	KB금융	60,000원	43,400 원	-27.67%
8	기아차	50,600 원	62,400 원	23.32%
9	삼성생명	102,500 원	79,100 원	-22.83%
10	한국전력	30,200 원	27,400 원	-9.27%
	코스피지수	2,051.00	2,873.47	40.10%

하지만 투자의 세계에는 예측하기 힘든 변수가 매우 많습니다. 한 번 우량주가 평생 우량주는 아닙니다. 기업의 수명은 생각보다 짧고, 산업의 트렌드도 자주 바뀝니다. 많은 사람들이 큰 손실이 났는데 장기간 그대로 갖고 있는 주식들을 보면, 매수할 당시에는 우량주였던 경우가 많습니다.

2020년 말 현재, 코스피시장에서 시가총액 상위 10개 종목은 삼성전자, SK하이닉스, LG화학, 삼성바이오로직스, 셀트리온, 네이버, 삼성SDI, 현대차, 카카오, 삼성물산 등으로 10년 전과 많이 달라졌습니다. **2010년에 시가총액 상위 10위 안에 있던 종목 중 2020년에 10위 안에 남아 있는 기업은 삼성전자, LG화학, 현대차 셋밖에 없습니다.** 기아차는 주가가 10년 전보다 올랐지만 시가총액 10위 밖으로 밀려났습니다.

반면 코스피지수는 2010년 말 2,051였던 것이 2020년 말에는 2,873포인트가 되어 40% 상승했습니다. 코스피지수 안에 있는 개별 종목들은 상승과 하락을 반복하지만, 부실해진 기업들의 주가가 떨어지는 대신 새로운 우량기업들의 주가는 올라서 전체적인 주가지수는 장기적으로 높아진 것입니다.

글로벌 시가총액 상위 기업들의 경우

그러면 '글로벌 시가총액 상위 기업들은 좀 다르지 않을까' 하고 생각할 수도 있습니다. 2010년 당시 세계 시가총액 상위 10위 기업은 엑슨모빌, 페트로차이나, 애플, 마이크로소프트, 중국공상은행, BHP그룹, 중국건설은행, 페트로브라스, 차이나모바일, 로열더치쉘 등입니다. 그런데 우리나라와 마찬가지로 세계 시가총액 10위 기업들도 변화가 많았습니다. **2020년 말 현재 시가총액 10위 안에 남아 있는 기업은 고작 애플과 마이크로소프트뿐**입니다. 겨우 10년 만에 나머지 기업들은 모두 교체되었습니다. 우리나라와 별반 다르지 않은 것입니다.

좀더 자세히 살펴보면, 2010년에는 고유가로 석유 기업들이 세계 시가총액 톱 10 안에 4개나 들어 있었습니다. **엑슨모빌**미국, **페트로차이나**중국, **페트로브라스**브라질, **로열더치쉘**영국, 네덜란드 말입니다. 하지만 1997년 교토의정서에 이어 2015년 파리협약 등에 의해 지구온난화를 막기 위한 탄소제로 정책이 추진되는 등의 이유로 국제유가가 하락해 현재는 모두 큰 폭으로 떨어졌습니다. 엑슨모빌은 록펠러가 1882년에 설립한 미국 최대의 석유 기업으로 2006년부터 2011년까지 세계 시가총액 1위였지만, 국제유가가 크게 하락하면서 주가도 2014년에 최고가 104.76달러에 비해 2020년 말에 41.22달러로 61% 하락했습니다.

엑슨모빌 주가 차트 출처 : 하나금융투자

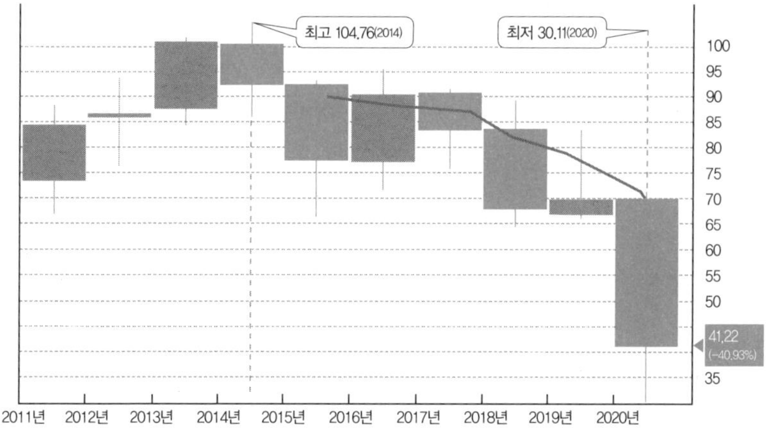

GE 주가 차트 출처 : Investing.com

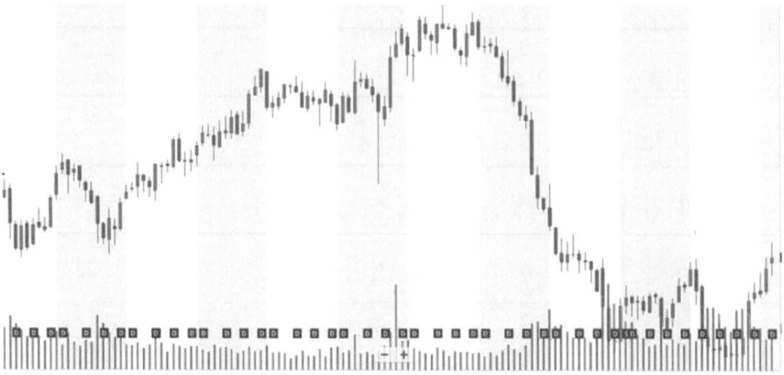

엑슨모빌 전에는 미국의 대표 제조업체인 GE가 1990년대부터 2005년까지 장기간 세계 시가총액 1위였지만, 2000년에 주가가 최고가 58달러였다가 2020년에 10달러로 떨어졌습니다.

현재 시가총액 세계 1위인 애플은 2012년부터 1위를 유지하고 있습니다. 앞의 사례를 보면 애플도 10년 후에 어떻게 될지 모른다는 얘기입니다. 미래를 알 수 있는 사람은 아무도 없습니다. 따라서 종목에 직접 장기투자를 하는 것은 위험한 일이라고 할 수 있습니다.

직접투자와 간접투자의 투자기간, 얼마 동안이 좋을까?

워런 버핏 같은 투자의 달인이라면 직접 장기투자를 해도 괜찮습니다. 워런 버핏은 "10년 이상 보유할 종목이 아니면 아예 사지 않는다"고 말한 바 있습니다. 그만큼 기업을 철저히 분석해 장기적으로 상승할 수 있는 주식을 저렴할 때 사기 때문에 직접투자로 장기투자하면서도 주가지수에 비해 높은 수익률을 낸 것입니다. 하지만 일반인이 워런 버핏과 같은 안목을 가질 수는 없습니다. 따라서 **워런 버핏만큼 혜안을 갖지 못한 사람이라면 직접투자는 단기로 해야** 합니다.

그러면 직접투자를 단기로 하라는 것은 얼마 동안 투자하라는 뜻일까요?

정해진 답은 없지만 상승 추세일 동안만 갖고 있으면 됩니다. 투자 스타일이나 종목에 따라 하루가 단기일 수도 있고, 일주일이나 한 달, 1년 혹은 몇 년일 수도 있습니다. **투자기간을 어떻게 잡든 직접투자는 상승 추세 중일 때만 갖고 있다 파는 것이 좋습니다.** 종목마다 상승 추세가 유지되는 기간이 다릅니다. 아무래도 우량주일수록 상승 추세 기간이 길 것입니다. 하락 추세로 바뀌었는데 계속 갖고 있으면서 언젠가 오르기를 기다리는 것은 어리석은 일입니다.

간혹 보면 직접투자를 하면서 "어떤 주식을 사서 평생 갖고 가겠다" 혹은 "자녀나 손주한테까지 물려주겠다"는 사람들도 있는데요. 이런 투자 방법은 위험합니다.

반면에 펀드로 간접투자를 할 때는 장기투자를 해야 합니다. 펀드는 펀드매니저가 종목을 교체해가면서 투자하기 때문입니다. 펀드매니저마다 스타일의 차이는 있겠지만, 일반적인 펀드라면 주가가 오를 것 같은 종목은 사고, 떨어질 것 같은 종목은 팔면서 수익률을 관리합니다.

그러면 역시 간접투자로 장기투자를 하라는 것은 얼마 동안 하라는 것일까요?

펀드도 어떤 나라에 투자하는 펀드인지, 어떤 업종에 투자하는 펀드인지, 어떤 스타일의 펀드인지에 따라 수익률의 차이가 큽니다. 그래서 장기투자를 한다고 모든 펀드가 다 수익률이 잘 나는 것은 아닙니다. 따라서 **펀드로 장기투자를 할 때도 글로벌 1등기업에 투자하는 펀드를 선택하는 것이 좋습니다.** 글로벌 1등기업들의 주가는 그렇지 않은 기업들의 주가에 비해 상대적으로 더 많이 오르고, 상승 추세 기간도 더 긴 경향이 있습니다. 따라서 글로벌 1등기업에 투자하는 펀드는 장기투자를 해도 괜찮습니다. 바꿔 말하면 **글로벌 1등기업에 투자하는 펀드는 장기투자를 할수록 수익이 더 많이 납니다.**

이제부터 글로벌 1등기업들이 많이 들어 있는 주가지수를 분석해 보겠습니다.

3 글로벌 1등기업 지수 분석 ① - S&P500지수

전 세계적으로 글로벌 1등기업이 가장 많은 나라는 미국이므로, 먼저 미국의 주가지수를 분석해보겠습니다.

미국 주식시장에는 크게 뉴욕증권거래소NYSE와 나스닥NASDAQ 시장이 있는데 우리나라 주식시장의 구성과는 좀 다릅니다. 우리나라에는 한국거래소KOSPI, 코스피와 코스닥KOSDAQ 시장이 있는데, 거래소시장은 메이저리그, 코스닥시장은 마이너리그처럼 인식돼 있습니다. 그래서 대기업들은 주로 거래소시장에 상장되어 있고, 코스닥시장에는 중소기업, 특히 벤처기업들이 많지요. 처음에 코스닥시장에 등록했다가 회사가 커지면 거래소시장으로 옮겨가는 경우가 많습니다. 그 결과 **코스닥시장에는 중소기업들만 남아 지수가 꾸준히 오르지 않고 급등과 급락을 반복**하는 특징이 있습니다.

미국은 그렇지 않습니다. 뉴욕증권거래소는 원래부터 있던 시장이라 전통적인 대기업들이 많고, **나스닥시장은 나중에 생겨서 IT 분야 벤처 기업들이 많습니다.** 하지만 나스닥시장에 상장된 기업들이 커졌다고 뉴욕증권거래소로 옮겨가지는 않습니다. 그래서 애플, 마이크로소프트, 아마존닷컴, 알파벳, 페이스북 같은 IT 분야 우량기업들이 나스닥시장에 그대로 남아 있습니다.

우리나라 대표 주가지수에는 시장별로 코스피지수거래소시장, 코스닥지수코스닥시장가 있는데, 미국에는 대표 3대 주가지수로 다우지수, S&P500지수, 나스닥지수가 있습니다. 나스닥지수는 나스닥시장에 상장된 기업들의 주가지수이고, 다우지수와 S&P500지수는 뉴욕증권거래소와 나스닥시장을 합쳐 우량기업을 골라 만든 지수입니다.

S&P500지수 투자, 손실 안 보는 투자기간은?

S&P500지수는 뉴욕증권거래소와 나스닥시장을 통틀어 시가총액 상위 500개 기업을 기준으로 주가지수를 산출합니다. 다우지수가 30개 종목만을 대상으로 하는 데 비해, S&P500지수는 500개 종목을 대상으로 하기 때문에 **실질적으로 미국 주식시장을 대표하는 주가지수**로 인정받고 있습니다. 시가총액이 500등 안에 들어간다고 무조건 S&P500지수에 들어가는 것은 아니고, 미국에 본사가 있어야 하고, 최근 4분기 연속 흑자가 나야 한다는 조건이 있습니다.

글로벌 1등기업 주식에 투자하는 펀드에 장기투자를 하는 것이 좋다는 사실을 이해했더라도, 최소한의 장기투자기간은 알아야 할 것입니다. 그래서 대표적으로 글로벌 1등기업들이 가장 많이 포함되는 주가지수인 미국의 S&P500지수를 분석해보겠습니다.

S&P500지수에는 글로벌 1등기업들이 많이 상장되어 있습니다. 애플, 마이크로소프트, 아마존닷컴, 알파벳, 페이스북, 워런 버핏의 버크셔 해서웨이, 보잉, 코카콜라, 골드만삭스, IBM, 존슨앤드존슨, 맥도날드, 넷플릭스, 나이키, 화이자, 퀄컴, 스타벅스, 월마트, 월트디즈니, 3M 같은 우리가 이름만 들어도 알 만한 기업들이 많습니다. 물론 이 지수에는 유럽이나 아시아 기업들은 포함되어 있지 않습니다.

176쪽의 표에서 S&P500지수의 연도별 수익률 데이터를 보면, '배당금 포함 수익률'은 주식을 보유하면 받는 배당금을 포함한 수익률을 말합니다. 펀드에 가입하면 배당금이 펀드 잔고에 합산되어 재투자되기에 펀드 가입자는 배당금 포함 수익률이 난다고 보면 됩니다.

'1970년 1월 1일에 1달러를 투자한 경우' 항목은 배당금을 포함한 수익률로 계산하면 이 돈이 얼마가 되는지 보여줍니다.

'5년 연평균 수익률' 항목은 5년 동안 연속해서 투자했을 때의 연평균 수익률을 보여줍니다. 예를 들어 1974년의 '5년 연평균 수익률'이 -2.35%라는 것은 1970년부터 1974년까지 5년 동안 연속해서 투자했을 때의 연평균 수익률이라는 의미입니다. 같은 항목에서 1975년의 3.21%는 1971년부터 1975년까지 5년 동안 연속 투자했을 때의 연평균 수익률을 보여줍니다. 이런 식으로 10년, 15년, 20년, 25년의 연평균 수익률이 나옵니다.

맨 아래쪽에 수익률이 최고인 해와 최저인 해를 보면, 1970년 이후로 S&P500지수의 배당금 포함 수익률이 가장 높은 해는 37.58%, 가

S&P500지수의 연도별 수익률

출처 : 위키피디아

연도	등락률	배당금 포함 수익률	1970년 1월 1일 1달러를 투자한 경우	5년 연평균 수익률	10년 연평균 수익률	15년 연평균 수익률	20년 연평균 수익률	25년 연평균 수익률
1970년	0.10%	4.01%	1.04달러	-	-	-	-	-
1971년	10.79%	14.31%	1.19달러	-	-	-	-	-
1972년	15.63%	18.98%	1.41달러	-	-	-	-	-
1973년	-17.37%	-14.66%	1.21달러	-	-	-	-	-
1974년	-29.72%	-26.47%	0.89달러	-2.35%	-	-	-	-
1975년	31.55%	37.20%	1.22달러	3.21%	-	-	-	-
1976년	19.15%	23.84%	1.51달러	4.87%	-	-	-	-
1977년	-11.50%	-7.18%	1.4달러	-0.21%	-	-	-	-
1978년	1.06%	6.56%	1.49달러	4.32%	-	-	-	-
1979년	12.31%	18.44%	1.77달러	14.76%	5.86%	-	-	-
1980년	25.77%	32.50%	2.34달러	13.96%	8.45%	-	-	-
1981년	-9.73%	-4.92%	2.23달러	8.10%	6.47%	-	-	-
1982년	14.76%	21.55%	2.71달러	14.09%	6.70%	-	-	-
1983년	17.27%	22.56%	3.32달러	17.32%	10.63%	-	-	-
1984년	1.40%	6.27%	3.52달러	14.81%	14.78%	8.76%	-	-
1985년	26.33%	31.73%	4.64달러	14.67%	14.32%	10.49%	-	-
1986년	14.62%	18.67%	5.51달러	19.87%	13.83%	10.76%	-	-
1987년	2.03%	5.25%	5.8달러	16.47%	15.27%	9.86%	-	-
1988년	12.40%	16.61%	6.76달러	15.31%	16.31%	12.17%	-	-
1989년	27.25%	31.69%	8.9달러	20.37%	17.55%	16.61%	11.55%	-
1990년	-6.56%	-3.10%	8.63달러	13.20%	13.93%	13.94%	11.16%	-
1991년	26.31%	30.47%	11.26달러	15.36%	17.59%	14.34%	11.90%	-
1992년	4.46%	7.62%	12.11달러	15.88%	16.17%	15.47%	11.34%	-
1993년	7.06%	10.08%	13.33달러	14.55%	14.93%	15.72%	12.76%	-
1994년	-1.54%	1.32%	13.51달러	8.70%	14.38%	14.52%	14.58%	10.98%
1995년	34.11%	37.58%	18.59달러	16.59%	14.88%	14.81%	14.60%	12.22%
1996년	20.26%	22.96%	22.86달러	15.22%	15.29%	16.80%	14.56%	12.55%
1997년	31.01%	33.36%	30.48달러	20.27%	18.05%	17.52%	16.65%	13.07%
1998년	26.67%	28.58%	39.19달러	24.06%	19.21%	17.90%	17.75%	14.94%
1999년	19.53%	21.04%	47.44달러	28.56%	18.21%	18.93%	17.88%	17.25%
2000년	-10.14%	-9.10%	43.12달러	18.33%	17.46%	16.02%	15.68%	15.34%
2001년	-13.04%	-11.89%	37.99달러	10.70%	12.94%	13.74%	15.24%	13.78%
2002년	-23.37%	-22.10%	29.6달러	-0.59%	9.34%	11.48%	12.71%	12.98%
2003년	26.38%	28.68%	38.09달러	-0.57%	11.07%	12.22%	12.98%	13.84%
2004년	8.99%	10.88%	42.23달러	-2.30%	12.07%	10.94%	13.22%	13.54%
2005년	3.00%	4.91%	44.3달러	0.54%	9.07%	11.52%	11.94%	12.48%
2006년	13.62%	15.79%	51.3달러	6.19%	8.42%	10.64%	11.80%	13.37%
2007년	3.53%	5.49%	54.12달러	12.83%	5.91%	10.49%	11.82%	12.73%
2008년	-38.49%	-37.00%	34.09달러	-2.19%	-1.38%	6.46%	8.43%	9.77%
2009년	23.45%	26.46%	43.11달러	0.41%	-0.95%	8.04%	8.21%	10.54%
2010년	12.78%	15.06%	49.61달러	2.29%	1.41%	6.76%	9.14%	9.94%
2011년	0.00%	2.11%	50.65달러	-0.25%	2.92%	5.45%	7.81%	9.28%
2012년	13.41%	16.00%	58.76달러	1.66%	7.10%	4.47%	8.22%	9.71%
2013년	29.60%	32.39%	77.79달러	17.94%	7.40%	4.68%	9.22%	10.26%
2014년	11.39%	13.69%	88.44달러	15.45%	7.67%	4.24%	9.85%	9.62%
2015년	-0.73%	1.38%	89.66달러	12.57%	7.30%	5.00%	8.19%	9.82%
2016년	9.54%	11.96%	100.38달러	14.66%	6.94%	6.69%	7.68%	9.15%
2017년	19.42%	21.83%	122.3달러	15.79%	8.49%	9.92%	7.19%	9.69%
2018년	-6.24%	-4.38%	116.94달러	8.49%	13.12%	7.77%	5.62%	9.07%
2019년	28.88%	31.49%	153.76달러	11.70%	13.56%	9.00%	6.06%	10.22%
2020년	16.26%	18.40%	182.06달러	15.22%	13.89%	9.88%	7.47%	9.56%
최고	34.11%	37.58%	---	28.56%	19.21%	18.93%	17.88%	17.25%
최저	-38.49%	-37.00%	---	-2.35%	-1.38%	4.24%	5.62%	9.07%
중위값	12.31%	15.06%	---	13.96%	12.50%	10.76%	11.68%	10.98%

장 낮은 해는 -37.00%였음을 알 수 있습니다. 5년 연평균 수익률은 가장 높은 해가 28.56%, 가장 낮은 해가 -2.35%입니다. 10년 연평균 수익률은 가장 높은 해가 19.21%, 가장 낮은 해가 -1.38%로 편차가 줄어드는 것을 볼 수 있습니다.

또한 S&P500지수의 15년 연평균 수익률은 가장 높은 해가 18.93%, 가장 낮은 해가 4.24%로 플러스로 전환되었습니다. 다시 말해 S&P500지수에 15년 이상 투자했다면 지난 50년 동안 한 번도 마이너스가 나지 않았다는 것입니다. 이것은 S&P500지수에 꼭지일 때 투자를 시작해 상투를 잡았더라도 15년 이상 투자했다면 수익이 플러스가 됐다는 뜻입니다.

S&P500지수는 지난 50년 동안 5년 평균수익률이 마이너스가 된 적은 일곱 번, 10년 평균수익률이 마이너스 난 것은 두 번 있었습니다. 연속으로 마이너스로 떨어진 것은 1973년과 1974년 오일쇼크 때로 2년간 하락했고, 1974년에는 20% 넘게 떨어졌습니다. 또한 2000년부터 2002년까지는 3년 연속 마이너스가 났습니다. 닷컴 버블 붕괴와 9·11테러가 겹쳐서 크게 하락한 것입니다. 2002년에도 역시 20% 넘게 마이너스가 되었습니다. 그리고 2008년에는 미국발 금융위기로 -37%라는 최악의 하락을 기록했습니다.

S&P500지수의 10년 평균수익률은 이런 큰 하락을 겪고도 단 두 번 마이너스였고, 15년 평균수익률은 마이너스 없이 가장 낮은 해도 플러스 4.24%의 수익률을 보였습니다.

결과적으로 **S&P500지수를 볼 때 손실 위험을 제거하려면 15년은**

투자해야 한다는 것을 알 수 있습니다. 물론 대세 상승기에는 투자를 2~3년만 해도 수익이 많이 나기도 합니다. 15년은 최악의 경우를 가정한 것입니다.

15년 장기투자하면 모든 주가지수가 손실이 안 날까?

여기서 주의할 것은 15년 이상 장기투자를 하면, 모든 주가지수가 손실이 나지 않는다는 뜻이 아니라는 것입니다. **S&P500지수에는 글로벌 1등기업들이 많이 포함돼 있는 까닭에, 15년 이상 장기투자했을 때 손실이 나지 않은 것입니다.**

많은 주가지수가 15년이 아니라 20년 동안 장기투자를 해도 손실을 보는 경우가 있었습니다. 유럽의 50대기업으로 만든 유로스톡스50지수도 지난 20년 수익률이 마이너스였습니다. 또한 일본의 니케이225지수도 마이너스였습니다. 한편 중국의 상해종합지수는 20년 전에 비해서는 올랐지만, 사상 최고치였던 2007년 말의 지수에 비해서는 아직도 -43% 수준입니다. 다시 말해 **해당 주가지수에 글로벌 1등기업이 얼마나 포함돼 있느냐가 수익률에 영향을 미치는 것입니다.**

S&P500지수의 20년 연평균 수익률은 가장 낮은 해가 5.62%, 25년 연평균 수익률은 가장 낮은 해가 9.07%입니다. 투자기간을 길게 할수록 최고 수익률은 낮아지고, 최저 수익률은 올라오면서 평균에 수렴하는 것입니다. 동전을 던질 때 처음 몇 번 던지면 앞면만 나오거나 뒷면만 나올 수도 있지만, 던지는 횟수가 많아질수록 확률이 반반이 되는 것과 같은 원리입니다.

S&P500지수의 연평균 수익률

그러면 S&P500지수의 연평균 수익률은 얼마일까요?

만약 누군가가 S&P500지수에 1970년 1월 1일에 1달러를 투자했다면, 2020년 말에는 배당금 포함 수익률로 182.05달러가 됐을 것입니다. 만약 우리나라의 누군가가 1970년 초에 1억 원을 넣고 그냥 두었다면 51년 만에 182억 원이 된 것입니다. 누적수익률은 무려 18,205%입니다. 엑셀에서 RATE라는 함수로 계산해보면 연복리수익률을 계산할 수 있습니다.

연복리 수익률 = RATE(기간, 월 납입액, 현재가치,−미래가치, 주기)

= RATE(51,1,−182.05,1)

= 10.74%

여기에 51년, 1달러, 182.05달러, 납입 시점은 연초(1)를 대입하면 10.74%가 나옵니다.

앞에서 평범한 직장인이 한 달에 100만 원씩 연 10% 수익률로 30년을 투자하면 22억 원이 되고, 맞벌이 부부가 한 달에 200만 원씩 연 10% 수익률로 30년을 투자하면 45억 원이 된다고 했습니다. 이처럼 연 10%의 수익률은 어마어마한 수익률이므로, 재테크 공부를 엄청나게 많이 하고, 늘 신경을 써야 할 것이라고 생각하는 사람들이 많습니다.

하지만 실제로는 그렇지 않습니다. S&P500지수에 투자하면, 날마다 경제 뉴스를 보면서 앞으로의 경제성장률과 물가상승률, 환율과 기름값이 어떻게 될지 예측하고, 어디서 전쟁이 나는지 살피고, 누가 대통령이 될지 예측해서 맞추거나 유망 산업의 트렌드를 조사하고,

경쟁력 있는 기업을 발굴해서 재무제표를 분석하며, CEO가 어떤 사람인지 알아보고, 언제 매수하거나 매도할지 타이밍을 계산하며, 좋은 펀드를 골라 가입하고, 안 좋은 펀드는 갈아타는 등의 노력을 하지 않고, 즉 그저 **S&P500지수에 묻어놓기만 해도 연 10.74%의 수익률이 났습니다**S&P500지수의 51년 연복리 수익률은 연 10.74%, 20년 연복리 수익률은 최고 17.88%에서 최저 5.26% 사이다.

주식지수 투자로 7년마다 원금이 두 배 되는 마법

연평균 수익률 10.74%로 투자하는 것을 72의 법칙에 대입해보면, 약 7년마다 원금이 두 배가 되는 것입니다. 그러면 14년 후에는 4배, 21년 후에는 8배, 28년 후에는 16배가 됩니다.

S&P500지수도 이 51년 사이에는 1970년대 초반 오일쇼크로 2년 연속 하락한 적도 있었고, 2000년대 초 닷컴버블 붕괴로 3년 연속 떨어진 적도 있었으며, 2008년 미국발 금융위기로 37% 폭락한 적도 있었습니다. 그런데도 연 10.74% 수익률이 난 것입니다.

물론 커다란 경제위기 때 타이밍을 잘 잡아 주가가 떨어지기 전에 팔고, 쌀 때 다시 샀다면 수익률은 훨씬 더 높아졌을 것입니다. 하지만 앞에서 말했듯, 그렇게 하는 데는 엄청난 노력과 시간이 필요해 누구나 쓸 수 있는 방법이 아닙니다.

하지만 나는 재테크를 잘할 수 있는 머리도 안 되고, 날마다 신경 쓸 시간도 없으니까 적금만 하겠다고 지레 포기할 필요는 없습니다. 연 **10% 정도의 수익률은 신경을 많이 쓰지 않아도 날 수 있는 것입니다.** 단,

글로벌 1등기업 주식에 분산투자 한다면 말입니다.

물론 연 20% 정도의 수익률을 낼 수 있다면 훨씬 더 빨리 큰돈을 만들어 부자가 될 수 있고, 조기 은퇴를 할 수도 있겠지요. 하지만 연 20%의 수익률은 아무나 낼 수 있는 수익률이 아닙니다워런 버핏의 버크셔 해서웨이 주가가 1965년부터 2020년까지 56년 동안 연평균 20% 상승했습니다.

연 20% 수익률을 내려면 S&P500지수 같은 데만 투자해서는 안 되고, 그중에서도 더 오를 만한 주식을 선택해 타이밍도 잘 잡아가면서 직접투자를 해야 합니다. 그렇게 하려면 대신 다른 곳에 쓸 수 있는 많은 시간과 에너지를 포기해야 합니다. 그런 투자를 할 수 있는 능력도 있고, 손해도 안 보면서 즐기면서 할 수 있는 분들은 해보는 것도 나쁘지 않습니다. 대신 너무 큰 욕심을 부리지는 마시기 바랍니다. 욕심을 부리다 보면 판단력이 흐려져서 원칙을 깨트리고 투자하다가 큰 손해를 볼 수 있기 때문입니다.

워런 버핏이 아내에게 S&P500지수에 투자하라 한 이유

저는 **투자할 때 가장 중요한 것은 일단 투자한 후에는 신경쓰지 않는 것**이라고 생각합니다. 본업에 충실해야 하는데, 직접투자를 한다고 늘 신경쓰면서 짧은 인생을 보내는 것처럼 안타까운 일도 없습니다.

그보다 저는 이런 대안을 권합니다. 더 높은 수익률을 올리기 위해 신경 쓸 시간에 자격증을 따든가 실력을 쌓아서 연봉을 높이는 것입니다. 그래서 한 달에 수입을 50만 원만 늘리는 것입니다. 그다음에 소비를 한 달에 50만 원만 줄여보는 것입니다. 그러면 100만 원씩 더 투자할 수 있습니다. 맞벌이 부부가 월 200만 원씩 연 10%로 30년 투자하면 45억 원이 되지만 월 300만 원씩 하면 68억 원이 됩니다. 불확실한 수익률을 높이기 위해 신경쓰는 것보다 신경쓰지 않고도 23억 원의 수익을 더 거두면 그 편이 더 낫지 않을까요?

워런 버핏도 자기 아내를 위해 미리 준비한 유언장에 "**재산의 90%는 S&P500 인덱스펀드에 투자하고, 나머지 10%는 미국 단기국채에 투자하라**"고 썼다고 합니다. 자신처럼 직접투자해 S&P500지수보다 높은 수익률을 낼 수 있으면 좋지만, 그렇지 않은 일반인이라면 그냥 S&P500지수만큼의 수익률만 내도 충분하다는 뜻입니다.

앞으로도 연평균 10% 수익률로 오를까?

여기에서 'S&P500지수가 지난 51년 동안 대략 연 10% 정도씩 올랐다고 해도, 앞으로도 그럴 것이라고 볼 수는 없지 않냐?'는 의구심을 가질 수 있습니다.

저도 그렇게 생각합니다. 미래는 과거와 똑같을 수 없고, 저도 당장 1년 후, 10년 후 혹은 50년 후의 주가지수를 맞출 수 없습니다. 지난 51년 동안 국제유가의 폭등과 폭락, 베트남전·이라크전 같은 전쟁, 9·11 테러, 닷컴버블 붕괴, 글로벌 금융위기, 유럽의 재정위기, 코로나19 사태와 같이 당시로서는 상상하기 어려운 사건들이 일어났습니다. 앞으로도 우리 인류가 한번도 겪어보지 못한 새로운 위기들이 또 닥칠 것입니다.

그래도 어느 정도 예측할 수 있는 것이 있습니다. 예를 들면 자본

S&P500지수 차트 출처 : 하나금융투자

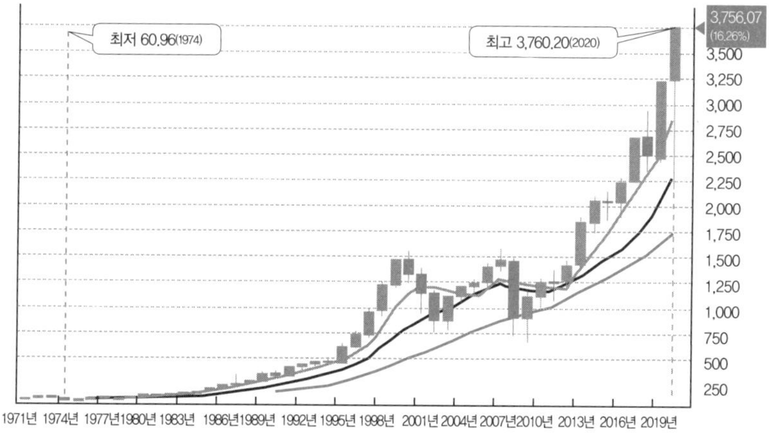

주의 시장경제와 주식회사 시스템이 유지될 것이고, 시장에서 기업들의 빈익빈부익부 현상은 갈수록 심화할 것이며, 사라지는 기업도 있겠지만 **S&P500지수 안의 종목은 생존한 기업으로 계속 교체될 것**이라는 점이 그것입니다.

그리고 과거 5년이나 10년 데이터를 가지고 미래의 50년을 추측한다면 오차가 크겠지만, 우리가 확인한 데이터는 50년 치입니다. 통계적으로도 표본의 수가 많을수록 오차의 범위가 줄어들므로, **앞으로의 수익률도 장기적으로는 연평균 10%와 비슷한 수치를 기록하는 것이 가능**할 것이라고 생각합니다.

저성장 시대에도 예전처럼 오를까?

또한 지난 50년 치 데이터를 보면, '1970년대, 1980년대, 1990년대는 고도성장기였고, 지금은 저성장 시대인데, 오래전 데이터를 참고하는 게 의

미가 있을까?' 하는 의문이 생길 수 있습니다.

물론 시대의 변화에 따라 주식시장의 상승률도 변화합니다. 하지만 주가지수가 꼭 경제성장률이 높은 나라나 시대에만 오르는 것은 아닙니다.

주식시장에 상장된 기업들은 전체 기업이 아니라 소수의 상위권 기업들입니다. 전체 상장기업 중에서도 S&P500지수처럼 상위 500대 기업은 더 소수의 상위권입니다. 경제성장률이 떨어진다고 해서 모든 기업들의 실적이 나빠지는 것은 아닙니다. 경제가 성숙기로 접어들면 경쟁에서 살아남은 소수의 기업들이 시장을 독과점하게 됩니다. 그러면 그런 소수의 기업들이 대부분의 이익을 차지하고, 주가도 많이 오르게 되는 것이지요.

또한 경제성장률이 떨어져 저금리 시대가 될 경우, 20%의 영업이익률은 상대적으로 굉장히 높은 수준입니다. 은행에 넣어 놓으면 이자가 겨우 연 1% 정도인데, 주식에 투자하면 배당금만 해도 은행이자보다 높다면 투자를 안 할 이유가 없는 것입니다.

금리가 낮아지면 돈이 주식이나 부동산 같은 투자자산에 더 몰립니다. 세계 및 미국의 경제성장률은 2~3% 수준이지만, 1등기업들의 주가는 연평균 20%씩 오르는 이유가 여기에 있습니다.

4 글로벌 1등기업 지수 분석 ② - 다우지수

다우지수는 지수 산출 방식이나 종목수 때문에 S&P500지수만큼 투자대상으로 활용되지 못하고 있습니다.

다우지수에 주목하는 이유

대부분의 주가지수들은 시가총액을 기준으로 종목별 가중치를 반영해서 지수를 산출하는데, **다우지수는 현재 주가를 평균하여 산출한다는** 점이 다릅니다. 그래서 주가가 높은 종목은 가중치가 많이 반영되고, 주가가 낮은 종목은 비중이 줄어드는 문제가 생깁니다.

시가총액 세계 1위인 애플도 다우지수에 들어 있는데, 2020년에 5분의 1로 주식분할을 해서 주가가 낮아지니, 애플의 주가 변동이 다우지수의 변동에 미치는 영향력이 5분의 1로 줄어들었습니다. 이런 점에서 다우지수는 시장의 흐름을 제대로 반영하지 못한다는 비판을 받기도 합니다. 또한 표본 종목 수가 30개밖에 되지 않아 미국 전체 주식 시장을 대표하지 못한다는 지적도 있습니다.

그런데도 다우지수는 **역사가 오래된 지수인 까닭에 제1차, 2차 세계대전, 대공황 때의 주가지수 흐름까지 알 수 있어 참고할 만한 가치가 있습니다.**

제1차, 2차 세계대전 때의 다우지수 흐름을 보면, 전쟁 시작 시점보다 끝날 때 큰 폭으로 상승했습니다. 미국이 승전국이고 본토에 피해가 별로 없었기에 주가가 상승했다고 볼 수도 있습니다.

하지만 전쟁이 일어난다고 모든 기업이 망하는 것은 아니고, 전쟁 때문에 피해를 보는 업종이나 기업도 있지만 수혜를 입는 업종이나 기업도 있기 때문에, **전쟁이 주가에 꼭 악영향만 미치는 것**은 아니라는 것을 알 수 있습니다.

다우지수 3년 연속 하락 후

다우지수가 3년 이상 연속 하락한 경우를 정리한 등락률 표를 보면187, 188쪽 참조, 1885년부터 2019년까지 135년 동안 3년 이상 연속으로 하락한 적이 4번밖에 없다는 것을 알 수 있습니다.

1929년 대공황 때는 4년 연속 하락했는데 무려 80.02% 급락했습니다. 5분의 1토막이 난 것입니다. 이때 많은 기업들이 망하고 주식투자에 실패해 자살하는 사람들도 상당수였습니다. 하지만 그 뒤로는 4년 연속 상승해서 200.18%까지 올랐습니다.

다우지수는 대공황 때 말고, 나머지 세 번은 3년 연속 하락했습니다.

1885~2020년 다우지수의 연도별 등락률

출처 : 위키피디아

연도	연말 지수	지수 변화율	연도	연말 지수	지수 변화율	연도	연말 지수	지수 변화율
1885년	39.29	38.05%	1931년	77.9	-52.67%	1977년	831.17	-17.27%
1886년	41.03	4.43%	1932년	59.93	-23.07%	1978년	805.01	-3.15%
1887년	37.58	-8.41%	1933년	99.9	66.69%	1979년	838.74	4.19%
1888년	39.39	4.82%	1934년	104.04	4.14%	1980년	963.99	14.93%
1889년	41.56	5.51%	1935년	144.13	38.53%	1981년	875	-9.23%
1890년	35.68	-14.15%	1936년	179.9	24.82%	1982년	1,046.54	19.6%
1891년	41.97	17.63%	1937년	120.85	-32.82%	1983년	1,258.64	20.27%
1892년	39.21	6.58%	1938년	154.76	28.06%	1984년	1,211.57	-3.74%
1893년	29.57	-24.59%	1939년	150.24	-2.92%	1985년	1,546.67	27.66%
1894년	29.4	-0.57%	1940년	131.13	-12.72%	1986년	1,895.95	22.58%
1895년	30.07	2.28%	1941년	110.96	-15.38%	1987년	1,938.83	2.26%
1896년	29.56	-1.70%	1942년	119.4	7.61%	1988년	2,168.57	11.85%
1897년	36.07	22.02%	1943년	135.89	13.81%	1989년	2,753.20	26.96%
1898년	44.18	22.48%	1944년	152.32	12.09%	1990년	2,633.66	-4.34%
1899년	48.24	9.19%	1945년	192.91	26.65%	1991년	3,168.83	20.32%
1900년	51.62	7.01%	1946년	177.2	-8.14%	1992년	3,301.11	4.17%
1901년	47.13	-8.70%	1947년	181.16	2.23%	1993년	3,754.09	13.72%
1902년	46.93	-0.42%	1948년	177.3	-2.13%	1994년	3,834.44	2.14%
1903년	35.85	-23.61%	1949년	200.13	12.88%	1995년	5,117.12	33.45%
1904년	50.82	41.76%	1950년	235.41	17.63%	1996년	6,448.27	26.01%
1905년	70.23	38.19%	1951년	269.23	14.37%	1997년	7,908.25	22.64%
1906년	68.88	-1.92%	1952년	291.9	8.42%	1998년	9,181.43	16.1%
1907년	42.89	-37.73%	1953년	280.9	-3.77%	1999년	11,497.12	25.22%
1908년	62.89	46.63%	1954년	404.39	43.96%	2000년	10,786.85	-6.18%
1909년	72.31	14.98%	1955년	488.4	20.77%	2001년	10,021.50	-7.10%
1910년	59.4	-17.85%	1956년	499.47	2.27%	2002년	8,341.63	-16.76%
1911년	59.63	0.39%	1957년	435.69	-12.77%	2003년	10,453.92	25.32%
1912년	64.15	7.58%	1958년	583.65	33.96%	2004년	10,783.01	3.15%
1913년	57.51	-10.35%	1959년	679.36	16.4%	2005년	10,717.50	-0.61%
1914년	54.58	-5.09%	1960년	615.89	-9.34%	2006년	12,463.15	16.29%
1915년	99.15	81.66%	1961년	731.14	18.71%	2007년	13,264.82	6.43%
1916년	95	-4.19%	1962년	652.1	-10.81%	2008년	8,776.39	-33.84%
1917년	74.38	-21.71%	1963년	762.95	17%	2009년	10,428.05	18.82%
1918년	82.2	10.51%	1964년	874.13	14.57%	2010년	11,577.51	11.02%
1919년	107.23	30.45%	1965년	969.26	10.88%	2011년	12,217.56	5.53%
1920년	71.95	-32.90%	1966년	785.69	-18.94%	2012년	13,104.14	7.26%
1921년	81.1	12.72%	1967년	905.11	15.2%	2013년	16,576.66	26.5%
1922년	98.73	21.74%	1968년	943.75	4.27%	2014년	17,823.07	7.52%
1923년	95.52	-3.25%	1969년	800.36	-15.19%	2015년	17,425.03	-2.23%
1924년	120.51	26.16%	1970년	838.92	4.82%	2016년	19,762.60	13.42%
1925년	156.66	30%	1971년	890.2	6.11%	2017년	24,719.22	25.08%
1926년	157.2	0.34%	1972년	1,020.02	14.58%	2018년	23,327.46	-5.63%
1927년	202.4	28.75%	1973년	850.86	-16.58%	2019년	28,538.44	22.34%
1928년	300	48.22%	1974년	616.24	-27.57%	2020년	30,606.48	7.25%
1929년	248.48	-17.17%	1975년	852.41	38.32%			
1930년	164.58	-33.77%	1976년	1,004.65	17.86%			

다우지수가 3년 이상 연속 하락한 경우

연도	연말 지수	지수 변화율	3년 연속 하락시
1900년	51.62	7.01%	
1901년	47.13	-8.70%	
1902년	46.93	-0.42%	
1903년	35.85	-23.61%	-30.55%
1904년	50.82	41.76%	
1905년	70.23	38.19%	95.90%
1928년	300	48.22%	
1929년	248.48	-17.17%	
1930년	164.58	-33.77%	
1931년	77.9	-52.67%	
1932년	59.93	-23.07%	-80.02%
1933년	99.9	66.69%	
1934년	104.04	4.14%	
1935년	144.13	38.53%	
1936년	179.9	24.82%	200.18%
1938년	154.76	28.06%	
1939년	150.24	-2.92%	
1940년	131.13	-12.72%	
1941년	110.96	-15.38%	-28.30%
1942년	119.4	7.61%	
1943년	135.89	13.81%	
1944년	152.32	12.09%	
1945년	192.91	26.65%	73.86%
1999년	11,497.12	25.22%	
2000년	10,786.85	-6.18%	
2001년	10,021.50	-7.10%	
2002년	8,341.63	-16.76%	-27.45%
2003년	10,453.92	25.32%	
2004년	10,783.01	3.15%	29.97%

1901년부터 3년 동안 30.55% 하락했지만, 그 뒤로 2년 동안 무려 95.9%나 급등했습니다.

1939년부터 3년 동안 28.3% 떨어졌지만, 그 뒤로 4년 동안 73.86% 올랐습니다. 2000년부터 3년 동안 27.45% 하락했지만, 그 뒤로 2년 동안 29.97% 상승했습니다.

역사를 돌이켜보면, 큰 하락장 뒤에는 다시 큰 상승장이 왔다는 것을 알 수 있습니다.

그래서 일반적으로 어떤 사람이 자기 평생에서 **주가가 3년 연속 혹은 4년 연속 하락했다면, 그때는 평생에 몇 번 오기 힘든 절호의 투자기회**라고 생각하면 됩니다.

5

글로벌 1등기업에 '장기'투자하라

일반적으로는 주식형 펀드에 투자할 때는 적립식으로 최소한 3년 이상을 권합니다. 하지만 저는 좀 더 보수적으로 최소한 5년 이상, 되도록 10년 이상 투자하는 것을 권합니다. 내가 투자를 시작한 뒤로 3년 연속 마이너스가 될 수도 있기 때문입니다. 하지만 3년 연속 마이너스가 되더라도, 내가 투자하는 것이 글로벌 1등기업 주식이라면 걱정할 필요가 없습니다. 골이 깊을수록 더 높은 산에 오를 것이니까요. 글로벌 1등기업 주식에 투자할 때는 처음부터 장기투자를 한다는 생각으로 느긋하게 해야 합니다.

큰돈을 모아야 할수록 장기투자

주가가 오르내리는 것을 보면서 초조하고 불안하게 시간을 보내고 싶지 않다면, 3년 안에 찾아 써야 하는 돈은 투자하지 않는 것이 낫습

뉴욕증권거래소의 모습

니다. **큰돈을 모아야 해서 오래 묻어둘 수 있는 돈, 먼 미래에 필요한 돈만 글로벌 1등기업 주식에 투자해야** 합니다. 70대 이상의 어르신들이 아니면 대부분의 사람들이 10년 이상 경제활동을 할 것이고, 그렇다면 장기자금이 필요할 것입니다.

60세의 은퇴자라고 해도, 은퇴자금으로 모아놓은 돈이 있다면 길어진 수명을 고려해 그 돈을 최소한 20년 이상에서 40년 정도까지 쓸 생각을 해야 합니다. 그렇다면 **은퇴자금 중 일부는 단기자금이지만, 상당 부분은 장기자금이 됩니다. 이 장기자금은 글로벌 1등기업 주식에 투자해도 좋다**는 것입니다.

또한 장기로 투자해야 수익을 많이 낼 수 있습니다. 연평균 10%의 수익률이 나는 투자대상이 있다면, 1년 투자한 사람은 10%의 수익을 보고 끝나지만, **10년 투자한 사람은 복리로 계산하면 159%의** 수익을 거

'장기투자가 아니라 평생투자' 마인드가 중요하다.

둡니다.

돈을 모을 때 모을 수 있는 돈의 크기는 세 가지 함수에 의해 결정됩니다. 바로 원금, 수익률, 시간입니다. **다른 두 변수가 같다면, 원금이 클수록, 수익률이 높을수록, 시간이 길수록 큰돈이 만들어집니다.**

그런데 투자하는 원금의 크기를 무한정 키울 수는 없습니다. 수입에 한계가 있고 생활비가 필요하므로 전부 투자할 수는 없기 때문입니다. 또한 시장의 수익률은 내가 통제할 수 없기에 상대적으로 수익률이 높은 자산을 선택할 수는 있지만, 지나치게 수익률을 높이려고 하다 보면 위험도 커지므로, 일반인들은 시장 전체의 평균적인 수익률을 따라갈 수밖에 없습니다.

원금과 수익률이 동일한데 큰돈을 모아야 한다면, 오랜 기간 투자하는 것이 유일한 방법입니다. 시간은 개인이 통제할 수 있습니다. 투자기간을 늘리고 싶다면 일찍 시작하면 됩니다.

장기투자를 하라고 하면 '10년 후, 20년 후에 세상이 어떻게 될지도 모르는데 불확실성이 커서 불안하다'는 사람이 있습니다.

하지만 팩트를 확인해보면 그 반대임을 알 수 있습니다. 역사상 주가지수 기록을 보면, 오히려 **단기투자는 불확실성이 크지만, 장기로 할수록 평균수익률에 수렴하기 때문에 불확실성이 줄어들고 수익도 더 많이 났습니다.**

장기투자가 아니라 평생투자

생각을 조금만 바꿔 이제부터는 아예 '장기투자가 아니라 평생투자'를 한다고 생각하기 바랍니다. 수명은 길어졌고 금리는 낮아져 어차피 평생투자를 할 수밖에 없습니다. 이렇게 생각하면 10년도 오히려 짧다는 생각이 들고 마음이 편해집니다.

장기투자자인 워런 버핏은 90세에도 새로운 주식을 샀습니다. 설사 **자신이 나이가 들어 죽더라도 글로벌 1등기업 주식은 계속 상승할 것이므로 후손에게 물려주면 됩니다.**

글로벌 1등기업들은 자본주의 시장경제의 최고 정점에 있습니다. 물론 그런 기업들에도 흥망성쇠가 있지만, 그런 기업들에 분산투자를 하면서 교체하는 펀드라면 10년만 투자하고 그만둘 필요가 없습니다. 자본주의의 주식회사 시스템이 존재하는 한 계속 상승할 가능성이 높기 때문입니다.

정리하면, **글로벌 1등기업 주식에 투자하는 것은 장기투자가 아니라**

평생투자를 해야 합니다. 돈이 필요하면 중간에 일부 찾아 쓰더라도 투자를 계속해야 합니다. 내가 투자하든 하지 않든 글로벌 1등기업 주식은 꾸준히 상승할 가능성이 매우 높기 때문입니다. 나이 들어 은퇴한 경우에도 노후자금을 그런 펀드로 갖고 있으면서 찾아 쓰면 됩니다.

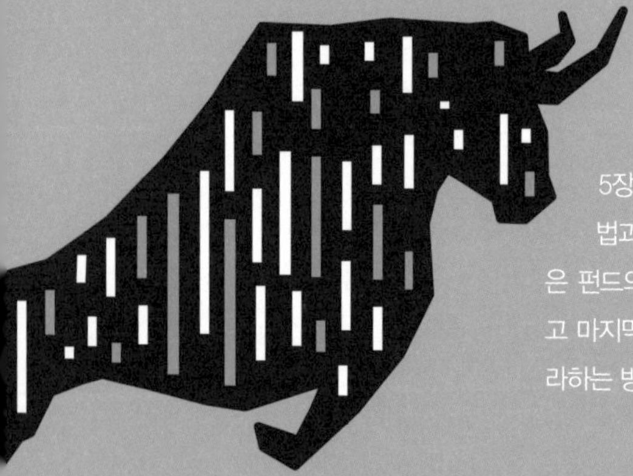

5장에서는 글로벌 1등기업에 실제로 투자하는 방법과 인덱스펀드, ETF, 액티브펀드의 장단점, 좋은 펀드의 선택 기준, 펀드 평가 사이트 활용법, 그리고 마지막으로 글로벌 1등기업 주식형 펀드 투자를 따라하는 방법에 대해 알아보겠습니다.

5장

글로벌 1등기업 주식투자법

직접 매매를 선호하고, 타이밍을 잘 잡아 매매 주문을 할 수 있고, 주가지수만큼의 수익률에 만족하는 사람이면, 비용이 저렴한 ETF를 사면 됩니다. 반면 직접 매매보다 신경을 덜 쓰고 싶고 주가지수만큼의 수익률에 만족한다면, 인덱스펀드에 가입하면 됩니다. 마찬가지로 신경을 덜 쓰면서 주가지수보다 높은 수익률을 원한다면, 상대적으로 주가지수보다 수익률이 높은 액티브펀드를 찾아 가입하면 됩니다.

1 글로벌 1등기업에 직접투자하는 방법

앞에서도 말한 것처럼 저는 직접투자는 권장하지 않습니다. 아무리 글로벌 1등기업이라고 해도 직접투자를 하면 소수의 기업에 투자가 집중되는데, 기업의 수명이 생각보다 길지 않아 장기투자를 하는 것이 적합하지 않기 때문입니다.

주식에 직접투자를 하는 사람들의 투자방법은 셀 수 없을 정도로 다양하지만, **글로벌 1등기업에 적합한 주식투자 방법은 다릅니다.** 우리나라 주식들, 특히 코스닥시장과 같은 중소기업 주식에 투자하는 방법을 적용하면 잘 맞지 않을 수 있습니다.

가장 큰 차이점은 글로벌 1등기업의 주식은 떨어질 때 적게 떨어지고 오를 때 많이 오른다는 것입니다. 변동성이 적고 장기적으로 보면 많이 오르기에 다른 주식들보다 상대적으로 더 안전합니다. 그렇다고 해서 아무렇게나 투자해도 무조건 수익이 나는 것은 아닙니다. 적합한 투자원칙을 찾고 그 원칙을 철저하게 지키는 것이 중요합니다.

지금부터 직접투자를 할 수 있는 시간적인 여유가 있는 사람들을 위해 전체 투자금액 중 일부를 글로벌 1등기업 주식들에 직접투자한다는 전제하에, 직접투자로 수익을 내는 방법을 소개하겠습니다.

글로벌 1등기업 종목 선정하기

먼저 매수할 종목을 선정해야 하는데, 앞에서도 말했지만 일단 각 분야별로 글로벌 1등기업에 한해 종목을 선정합니다. 분야를 나누는 기준은 수백 가지도 될 수 있겠지만, 모든 산업 분야의 글로벌 1등기업을 찾아내 투자하는 것은 시간도 많이 걸리고 쉽지 않은 일입니다.

❶ 일반인이 가장 쉽게 할 수 있는 방법은 **세계 시가총액 상위기업에서 고르는 것**입니다. 수십 가지 산업을 분류한다 해도 사양산업도 있고 정체된 산업도 있으므로, 그런 분야에서 글로벌 1등이라고 해도 주가가 오르기는 쉽지 않기 때문입니다.

❷ 직접투자를 할 때는 종목 수가 많으면 관리가 어렵기 때문에, 최대 5개 이내가 좋고, 되도록 3개에서 5개 사이 정도에 투자하는 것을 권장합니다. **그렇다면 세계 시가총액 순으로 상위 10위 이내에서만 골라도 충분합니다.**

❸ 이 중에서 같은 업종의 기업이 있으면 하위 기업은 제외하고 1등기업만 고르면 됩니다.

2020년 말 기준으로 세계 시가총액 상위 10개 종목은 다음

세계 시가총액 상위 10개 종목

기준 : 2020년 말 | 출처 : 하나금융투자

순위	종목명	시가총액	시가총액 (원화 환산)	주력사업
1	애플	2조 2,560억 달러	2,454조 원	스마트폰
2	마이크로소프트	1조 6,816억 달러	1,830 조 원	소프트웨어
3	아마존닷컴	1조 6,342억 달러	1,778 조 원	온라인쇼핑
4	알파벳	1조 1,048억 달러	1,202 조 원	검색광고
5	텐센트	6,918억 달러	753 조 원	게임
6	테슬라	6,689억 달러	728 조 원	전기차
7	페이스북	6,567억 달러	714조 원	SNS광고
8	알리바바홀딩스	6,297억 달러	685 조 원	온라인쇼핑
9	TSMC	5,655억 달러	615조 원	반도체
10	버크셔 해서웨이	5,437억 달러	592 조 원	투자회사

* 시가총액 달러 기준은 억 달러, 원화 환산은 조 원 이하에서 반올림
** 사우디아라비아의 국영석유기업 아람코가 시가총액으로 세계 10위 안에 들기는 하지만, 국내 투자자들이 직접투자할 수 없는 까닭에 제외합니다.

표와 같습니다. 애플, 마이크로소프트, 알파벳, 페이스북, TSMC 같은 기업들은 넓게 보면 다 IT기업입니다. 하지만 세부적인 사업 분야는 서로 다릅니다. 주력 사업 분야를 보면 애플은 스마트폰, 마이크로소프트는 소프트웨어, 알파벳은 검색, 페이스북은 SNS, TSMC는 반도체 등입니다. 그래서 이 기업들은 그대로 둡니다.

세계 시가총액 상위 10위 중에서 텐센트는 알파벳이나 페이스북과 사업영역이 많이 겹치고, 알리바바홀딩스는 아마존닷컴과 같

은 유통업으로 보면 2위 기업이므로 제외합니다. 그리고 나머지 8개 기업을 일단 후보로 올려둡니다.

❹ 이 중에서 영업이익률이 20% 이상인 기업을 기준으로 고르거나, 영업이익증가율이 높은 기업을 기준으로 3개에서 5개 정도를 선택합니다.

글로벌 1등기업 주식 매수 시 유의점

글로벌 1등기업 주식을 매수할 때는 목표 매수가격을 정하면 안 됩니다. 보통 글로벌 1등기업들은 주가가 떨어질 때는 적게 떨어지고 오를 때는 많이 오릅니다. 그래서 **'주가가 얼마까지 떨어지면 사야지' 하고 기다려서는 안 됩니다. 기다리는 가격까지 내려가지 않을 수 있기 때문입니다.**

❶ 목돈으로 투자를 한다면, 먼저 전체 투자금의 3분의 1로 3~5개 종목을 똑같은 비중으로 매수합니다.

글로벌 1등기업 주식이라도 한 번에 다 사지 않는 것이 좋습니다. 분명히 오를 것 같아도 언제 떨어질지 알 수 없습니다. 투자금을 한 번에 모두 써버렸는데, 주가가 떨어지면 쌀 때 더 살 수가 없으니 처음에는 3분의 1만 투자해야 합니다.

종목마다 주가가 다르니 살 수 있는 주식 수는 다를 것입니다. 만약 1,000만 원으로 투자한다면 처음에 330만 원으로 나눠 사면 됩니다. 아마존닷컴은 한 주에 300만 원이 넘고, 알파벳은 200만 원 정도 되므로 소액으로는 매입하기 어렵습니다. 금액이 적을 때는 이런 종목은 제외하고 다른 종목에서 고르는 식으로 하면 됩니다.

❷ 그다음에 **투자금의 3분의 1은 매달 말에 주가가 떨어지면 추가매수**를 합니다. 그리고 **나머지 3분의 1은 다음에 또 주가가 떨어진 달에 추가매수**를 하면 됩니다. 직접투자도 이렇게 적립식처럼 하는 것이 안전합니다.

애플 같은 경우 주가가 2020년 2월과 3월에는 하락했고, 그 뒤로 다섯 달은 상승했다가 9월, 10월에는 떨어졌습니다. 만약 2020년 초부터 투자를 시작했다면 1월 초에 매수하고, 2월 말, 3월 말에 나눠 추가로 사면 되는 것입니다. 6월부터 애플 주식을 매수하기 시작한 사람이라면 그때 3분의 1을 사고, 9월 말, 10월 말에 추가로 사면 되었겠죠.

❸ 그러고 나서 **매달 수입에서 추가로 매수할 여유가 있으면, 절반은 주가랑 상관없이 계속 추가로 매수하고, 나머지 반은 주가가 떨어진 달에 추가로 매수하면 됩니다.**

만약 주식을 매달 100만 원어치씩 살 계획이라면 어떻게 하면 될까요? 먼저 투자금액의 절반인 50만 원으로 종목별로 나눠서 매수하고, 나머지 50만 원은 가지고 있다 주가가 떨어진 달에 추가로 더 매수하면 됩니다.

❹ **글로벌 1등기업 주식은 자주 쳐다보지 않는 것이 좋습니다.** 보통 직접투자를 하는 사람들은 날마다 주가를 확인하는 경우가 많습니다. 그런데 주식 시세를 자주 확인한다고 해서 수익이 더 나거나 덜 나는 것은 아닙니다.

수익은 시장이 만들어주는 것입니다. 자주 쳐다보면 조바심과 공포심의 영향을 받아 샀다 팔았다 하게 됩니다. 그러면 작은 수익은 거둘 수 있어도 큰 수익은 좀처럼 거둘 수 없지요.

글로벌 1등기업 주식 매도 시 유의점

주가가 급등했을 때 매도하고, 매도한 뒤에 주가가 다시 떨어지는 것처럼 환상적인 일은 글로벌 1등기업의 주식에는 해당되지 않습니다. 오히려 주가가 많이 오른 것 같아서 팔았는데 계속 오르는 경우가 많습니다.

따라서 **글로벌 1등기업 주식투자의 경우에는 목표수익률을 정하는 것도 좋은 방법이 아닙니다.** 목표수익률을 30%로 정하고 달성해 팔았는데 주가가 더 올라가면 다시 더 높은 가격에 매입해야 합니다. 또한 더 높은 주가에 다시 매수하기 싫어 매도한 가격보다 내려오면 사려고 기다리다 보면 영영 못 살 수도 있습니다. 글로벌 1등기업들은 전 세계 자본주의 경제의 최고 정점에 있는 기업들이므로 주가가 갑자기 폭락하지는 않습니다.

글로벌 1등기업 주식은 예외적인 경우가 아니면 팔지 않는다고 생각해야 합니다. 단기적인 주가 등락에는 신경쓰지 말고 장기투자를 하라는 것입니다.

그러면 예외적으로 팔아야 한다면 그때가 언제일까요?

개인적으로 돈이 필요하다면 어쩔 수 없이 팔아야 할 것입니다. 그럴 때는 보유한 종목들을 비슷한 비중으로 팔면 됩니다.

그렇지 않고 특정 종목을 팔아야 할 때는 **내가 보유한 종목이 세계 시가총액 상위 10위 밖으로 밀려났을 때**, 아니면 **영업이익률이 정한 기준 밑으로 떨어졌을 때**입니다.

시가총액은 날마다 바뀔 수 있지만 매일 확인할 필요는 없습니다. 한 달에 한 번 정도만 확인해도 충분합니다. 영업이익률은 분기별로 공시하기 때문에 3개월에 한 번씩만 확인하면 됩니다. 보통 분기가 끝나고 한 달 정도 뒤에 발표합니다. 그러니까 4월 말, 7월 말, 10월 말, 1월 말쯤 실적 발표를 하니 그때 확인하면 됩니다.

또한 **더 이상 글로벌 1등기업이 아닐 때**, 즉 해당 분야에서 2등으로 떨어졌을 때 매도하면 됩니다. 1등과 2등을 구분하는 기준은 매출액, 영업이익액, 영업이익률 등 많은 지표가 있지만 단순하게 시가총액 순위로 보면 됩니다. 이런 것들을 확인하면서 투자하는 것이 어렵고, 연평균 10% 정도의 수익률도 충분하다고 생각하는 사람은 펀드로 간접투자를 하면 됩니다.

2 글로벌 1등기업에 간접투자하는 방법

간접투자로 할 수 있는 펀드에는 크게 인덱스펀드, ETF, 액티브펀드가 있습니다.

주가지수를 따라가는 인덱스펀드

인덱스펀드는 주가지수Index의 등락폭만큼 수익률을 내기 위한 펀드로, 그 주가지수에 포함된 주식 종목들을 시가총액 비중만큼 보유해 지수가 오르는 만큼 오르고 떨어지는 만큼 떨어지게 만듭니다.

예를 들어 S&P500 인덱스펀드라면 S&P500지수에 포함되는 종목들을 시가총액 비중만큼 매수하여 지수가 오르내리는 만큼 수익률이 변동하게 됩니다. 인덱스펀드는 나라별로 대부분의 주가지수마다 있습니다. 우리나라에도 코스피지수를 따라가는 인덱스펀드들이 있습니다.

그런데 아쉽게도 글로벌 1등기업 주식으로만 만들어진 주가지수는 없으며, 이에 따라 글로벌 1등기업 주식에만 투자하는 인덱스펀드도 없습니다. **대안으로 글로벌 1등기업 주식이 가장 많이 포함된 지수를 찾자면**, 선진국 23개국의 주가지수인 MSCI선진국지수나 미국의 주가지수인 S&P500지수S&P500 Index, 나스닥100지수Nasdaq100 Index가 있습니다. 글로벌 1등기업에 간접투자를 하려면 이런 지수에 투자하는 인덱스펀드를 사면 됩니다.

인덱스펀드는 펀드 이름에 해당 지수 이름과 인덱스라는 단어가 들어 있습니다. 따라서 이름에 **MSCI선진국이나 S&P500, 나스닥100 같은 단어가 들어 있는 펀드를 고르면 됩니다.**

상장지수펀드 ETF

ETFExchange Traded Fund는 인덱스펀드를 주식처럼 매매할 수 있게 만든 펀드인데 우리말로 '상장지수펀드'라고 합니다. 다시 말해 주가지수에 투자하는 인덱스펀드를 상장시켜 주식처럼 실시간으로 매매할 수 있게 한 것입니다. 대부분의 주가지수마다 그 지수에 투자하는 ETF가 있습니다.

ETF도 인덱스펀드처럼, 글로벌 1등기업에만 투자하는 주가지수가 없기 때문에, 차선책으로 MSCI선진국지수나 S&P500지수, 다우지수, 나스닥100지수를 따라가는 ETF를 찾으면 됩니다. 미국 주식시장에 상장된 ETF 중에서 S&P500지수를 따라가는 ETF로는 SPY, IVV, VOO가 있고, 다우지수를 따라가는 ETF로는 DIA가 있고, 나스닥100지수를 따라가는 ETF로는 QQQ가 있습니다. 이런 ETF들은 미국 시장에서 직접 매수해야 합니다.

우리나라 증권거래소에도 MSCI선진국지수나 S&P500지수, 다우지수나, 나스닥100지수에 투자하는 ETF가 상장돼 있는데, 이름에 MSCI선진국이나 S&P500, 다우, 나스닥100이 들어 있는 ETF를 고르면 됩니다.

미국 주식시장을 추종하는 ETF

주가지수	미국 주식시장에 상장된 ETF
S&P500지수	SPY, IVV, VOO
다우지수	DIA
나스닥100지수	QQQ

펀드매니저가 운용하는 액티브펀드

액티브펀드는 **인덱스펀드와 ETF가 아닌 모든 펀드**를 말합니다. 사실 우리가 알고 있는 대부분의 펀드가 액티브펀드인데, 이름에 인덱스라는 말이 없는 펀드는 모두 액티브펀드라고 보면 됩니다. 액티브펀드는 펀드매니저가 나름대로 운용철학과 투자전략을 세워 매매하기 때문에 펀드매니저의 판단과 역량에 따라 수익률이 차이가 많이 납니다.

액티브펀드 중에서 글로벌 1등기업 위주로 투자하는 펀드를 잘 선택해 투자하면, 인덱스펀드나 ETF보다 높은 수익률을 얻을 수도 있습니다. 이에 대해서는 뒤에서 좀 더 상세히 설명하겠습니다.

3 인덱스펀드, ETF, 액티브펀드의 장단점

인덱스펀드와 ETF, 그리고 일반적인 액티브펀드의 차이점과 장단점을 알아보겠습니다. 이들은 각각 장단점이 있는 것이지 어느 것이 더 좋고 나쁜 것은 아닙니다. 차이점을 정확하게 알고 자기에게 맞는 펀드에 투자하면 됩니다. 인덱스펀드와 ETF, 액티브펀드의 차이점을 표로 정리하면 208쪽의 표와 같습니다.

주가지수를 기준으로 한 목표수익률

인덱스펀드와 ETF는 주가지수 상승률만큼의 수익률을 목표로 하고, 일반적인 액티브펀드들은 주가지수 상승률보다 높은 수익률을 목표로 합니다. 그래서 인덱스펀드나 ETF는 주가지수와의 오차가 적을수록 좋은 펀드이고, 액티브펀드는 주가지수 상승률보다 수익률이 높을수록 좋은 펀드입니다.

인덱스펀드, ETF, 액티브펀드 비교

구분	인덱스펀드	ETF	액티브펀드
목표수익률	지수 수익률	지수 수익률	지수 초과수익률
투자방식	패시브	패시브	액티브
연보수	연 1% 내외	연 0.5% 내외	연 1.5~2% 내외
배당금	적립금에 재투자	현금 지급	적립금에 재투자
세금(양도차익)	배당소득세 15.4%	양도소득세 22%	배당소득세 15.4%
세금(배당금)	배당소득세 15.4%	배당소득세 15.4%	배당소득세 15.4%
매수방식	자동이체/직접주문	직접주문	자동이체/직접주문

예를 들어 S&P500지수를 기준으로 보면 51년 연평균 상승률이 10.74%이므로, S&P500 인덱스펀드에 가입했다면 10.74%만큼의 수익률이 났을 것입니다. 이 정도의 수익률도 괜찮다고 생각하면 인덱스펀드에 가입하면 됩니다.

S&P500지수는 미국 500개 기업의 주가를 비중대로 반영해 지수를 만들기에, 인덱스펀드라고 해도 실제로는 500개 전체에 투자하기는 어렵고 시가총액 비중이 작은 하위 종목들은 제외하고 비중이 큰 종목 위주로 담게 됩니다. 따라서 S&P500 인덱스펀드나 ETF는 S&P500지수와 수익률이 완벽하게 똑같지는 않습니다.

인덱스펀드나 ETF의 수익률과 주가지수의 수익률의 차이를 '추적오차'라고 합니다. 같은 S&P500지수에 투자하는 인덱스펀드나 ETF끼리도 운용사에 따라 수익률이 약간씩 차이가 납니다. 하루에도 0.5%

정도까지 오차가 나기도 하고 연간으로는 2~3%까지 차이가 생기기도 합니다. **좋은 인덱스펀드나 ETF는 수익률이 높은 것이 아니라 지수와의 오차가 적은 것**이라고 할 수 있습니다.

액티브펀드의 경우에는 주가지수 상승률보다 높은 수익률이 나는 것이 좋은 펀드입니다. S&P500지수에 투자하는 액티브펀드라면, 펀드매니저가 판단해 500개 기업 중 주가가 오를 만한 주식은 더 사고, 떨어질 것 같은 주식은 팔면서 수익률을 관리합니다. 실력 있는 펀드매니저가 관리하는 액티브펀드의 수익률은 S&P500지수 상승률보다 더 높아지고, 그렇지 않은 펀드들은 수익률이 떨어집니다. 액티브펀드들 사이에서 수익률의 차이가 크게 벌어지는 것입니다.

액티브펀드가 수익률이 좋을까, 인덱스펀드가 좋을까?

그것은 펀드마다 다릅니다. 액티브펀드는 같은 주가지수에 투자해도 펀드매니저가 어느 종목을 사느냐에 따라, 같은 종목이라도 매수나 매도하는 타이밍에 따라 수익률이 차이가 많이 납니다. 액티브펀드의 경우 같은 S&P500 기업들에 투자하는 펀드끼리 연간 수익률이 10% 이상 차이가 나기도 합니다. 그런데 **액티브펀드는 평균적으로 인덱스펀드보다 수익률이 높지 않습니다.** 주식 전문가라고 해도 예측한 대로 되지 않는 경우가 많기 때문입니다.

인덱스지수보다 높은 수익률이 나는 액티브펀드를 찾는 방법은?

펀드들마다 '벤치마크BM'라는 것이 있는데 '비교지수'라고도 합니다.

그 펀드가 어떤 주식에 주로 투자하는지에 따라 벤치마크가 정해집니다. 예를 들어 우리나라의 코스피시장에 상장된 종목에 투자하는 펀드라면 벤치마크가 코스피200지수가 됩니다. 또한 미국 주식시장에 투자하는 펀드라면 벤치마크가 S&P500지수가 되겠죠. 전 세계의 선진국 주식에 주로 투자하는 펀드는 MSCI선진국지수를 벤치마크로 설정합니다.

액티브펀드가 벤치마크보다 높은 초과 수익이 났다면 펀드매니저가 운용을 잘한 것이지만, 수익이 낮다면 그렇지 못한 것입니다. 펀드에 가입했는데 수익률이 플러스라고 그냥 "괜찮네!"라고 하면 안 됩니다. 국내 주식형 펀드에 투자해 수익률이 10% 났다고 좋아했는데, 코스피지수가 15%가 올랐다면 좋은 펀드가 아닌 것입니다. 이런 시기에도 코스피지수보다 높은 수익률이 난 펀드도 있겠죠? 그런 펀드에 투자했다면 더 높은 수익이 났을 것입니다.

따라서 액티브펀드를 선택할 때는 수익률이 벤치마크의 수익률보다 높은지를 보면 됩니다. 벤치마크보다 수익률이 높다면 인덱스펀드보다 수익률이 높은 펀드라는 뜻입니다.

한 해만 높은 것이 아니라 되도록 **꾸준히 벤치마크보다 수익률이 높은 펀드**가 좋은 펀드입니다. 어떤 해에는 벤치마크보다 수익률이 높다가 다음 해에는 낮은 펀드라면, 펀드매니저의 실력이 들쭉날쭉한 것이기 때문에 앞으로도 꾸준히 좋은 수익률이 난다고 장담할 수 없습니다.

펀드의 투자설명서나 운용보고서는 그 펀드의 벤치마크가 어떤 지수이고, 벤치마크 대비 몇 퍼센트의 초과수익률이 났는지를 보여줍니다. **글로벌 1등기업 주식펀드에 투자한다면 벤치마크가 MSCI선진국지수나 S&P500지수, 나스닥100지수이고, 이들 지수보다 초과수익률이 나는 펀드를 찾으면 됩니다.**

패시브펀드 VS 액티브펀드

인덱스펀드나 ETF는 수동적으로 투자한다고 해서 '패시브passive 펀드'라고 하고, 일반적인 펀드는 펀드매니저가 적극적으로 투자할 종목을 분석해 고르고 매수, 매도하기 때문에 '액티브펀드'라고 합니다.

인덱스펀드나 ETF는 펀드매니저가 판단해 어떤 종목을 새로 사거나 팔지 못합니다. 투자대상 지수에 없는 종목을 사는 것이 불가능하고, 비중도 더 사거나 덜 사지도 않고 시가총액 비중만큼만 삽니다.

하지만 **액티브펀드는 펀드매니저가 판단해 오를 만한 종목 위주로 삽니다.** S&P500지수를 벤치마크로 하는 액티브펀드라면 500개 종목 중에서 50~100개 정도의 종목을 골라 투자합니다. 따라서 S&P500지수에서 아마존닷컴의 시가총액 비중이 3%라 해도 펀드매니저가 판단해 그 종목이 더 오를 것 같으면 더 살 수 있습니다.

수수료 구조의 차이

펀드 수수료에는 매매수수료와 연보수 두 가지가 있습니다. 매매수수료는 매수나 매도할 때 내는 수수료이고, 연보수는 매년 평가금액에서 일정 비율을 떼는 것입니다.

ETF는 매매수수료가 있지만 인덱스펀드와 액티브펀드는 매매수수료가 없습니다. 인덱스펀드나 액티브펀드도 그 안에서 주식을 매매할 때 수수료가 발생하지만, 그 비용은 펀드 수익률에 포함돼 있어 고객 계좌에서 따로 빠지지 않습니다. ETF는 매매수수료가 계좌에서 추가로 빠집니다.

연보수는 ETF가 가장 저렴하고, 인덱스펀드가 그다음, 그리고 액티브펀드 순입니다. 일반적으로 주식형 펀드를 기준으로 보면 ETF는 연보수가 0.5% 내외이고, 인덱스펀드는 1% 내외, 액티브펀드는 1.5~2% 정도입니다.

ETF, 인덱스펀드, 액티브펀드의 매매수수료와 연보수

	매매수수료	연보수	환전수수료	종합
ETF	O	0.5% 내외	O	제일 낮음
인덱스펀드	X (펀드 수익률에 포함)	1% 내외	X (펀드 수익률에 포함)	중간
액티브펀드	X (펀드 수익률에 포함)	1.5~2%	X (펀드 수익률에 포함)	제일 높음

글로벌 1등기업 주식에 투자하려면 해외ETF나 펀드에 가입해야 하는데, **미국 시장에서 ETF를 직접 사려면 환전수수료가 추가로 듭니다.** 인덱스펀드나 액티브펀드는 환전수수료가 수익률에 포함돼 있습니다.

정리하면 수수료 측면에서 보면 ETF가 가장 저렴하고, 그 다음은 인덱스펀드입니다. 이들은 주가지수만 따라가면 되므로 어느 종목을 얼마만큼 사는지 정해져 있고, 펀드매니저의 역할이 작기 때문에 인건비가 적게 들고, 자동화가 가능하기에 수수료가 저렴합니다. 반면 액티브펀드는 종목들을 분석해 선택하기 때문에 펀드매니저의 역할이 크고 따라서 비용이 더 듭니다.

인덱스펀드나 액티브펀드를 수수료가 저렴하게 가입하고 싶다면 온라인용 펀드에 가입하면 됩니다. 펀드 이름 끝에 'e' 자가 붙은 펀드는 온라인용 펀드입니다. 판매수수료나 판매보수가 오프라인용의 절반으로 저렴합니다. 펀드의 총비용은 판매회사가 가져가는 판매수수료와 판매보수, 운용사가 가져가는 운용보수, 수탁회사가 가져가는 수탁보수 등으로 구성되는데, 'e클래스펀드'는 이 중에서 판매회사가 가져가는 판매수수료나 판매보수가 절반인 펀드입니다. 운용사나 수탁사 보수는 온라인, 오프라인 모두 똑같습니다. 기존에 'e' 자가 없는 펀드는 오프라인용으로 직접 금융회사에 찾아가 가입해야 합니다.

펀드에는 이름 끝에 A, C와 같은 코드가 붙습니다. A는 선취판매수수료가 있는 대신 연보수가 낮은 펀드이고, C는 선취판매수수료가 없는 대신 연보수가 높은 펀드입니다. 온라인용 펀드는 선취판매수수료와 연보수가 절반입니다. 예를 들어 A클래스의 선취판매수수료가 1%라면 Ae클래스 펀드는 0.5%이고, C클래스로 연간 판매보수가 1%라면 Ce클래스 펀드는 0.5%입니다. 펀드마다 다르지만 e클래스 펀드는 총수수료가 0.2%에서 0.5% 정도 저렴하다고 보면 됩니다.

소비자 입장에서 수수료는 작을수록 유리합니다. 하지만 수수료를 생각할 때는 금액 자체보다 순수익률을 생각해야 합니다. 순수익률이란 수수료를 제외하고 나한테 실제로 들어오는 수익률을 말합니다. 수수료가 아예 없는 상품을 찾는다면 적금을 해야 합니다. 일반적으로 수익률이 높은 상품일수록 수수료도 비싸므로, **투자상품을 고를 때는 수수료를 제하고 난 순수익률이 높은 상품을 선택**해야 합니다.

인덱스펀드나 ETF, 액티브펀드의 경우에도 **순수익률을 비교해 장기 수익률이 가장 높은 펀드를 선택**하는 것이 좋습니다. 예를 들면 수수료가 0.5%인데 순수익률이 8% 나는 상품과 수수료가 1%인데 순수익률이 9%가 나는 상품, 수수료가 1.5%인데 순수익률이 10% 나는 상품이 있다면, 소비자 입장에서는 순수익률이 10% 나는 상품이 가장 유리하다는 것이죠.

변액보험을 해본 사람들은 펀드 수익률을 보면서 수수료를 궁금해하기도 합니다. **보험사에서 판매하는 변액보험은 판매수수료를 떼기 전의 수익률을 보여줍니다.** 판매수수료를 뗀 후의 순수익률은 '환급률'이라고 합니다. 하지만 **증권사에서 판매하는 펀드나 ETF는 이미 수수료를 제외한 순수익률을 알려줍니다.** 따라서 펀드나 ETF는 따로 순수익률을 계산할 필요가 없습니다.

배당금을 연금처럼 받을까, 재투자할까?

주식회사들은 이익이 나면 배당을 하기도 하는데, 일반적으로 이익을 많이 내는 회사들이 배당금을 많이 줍니다. 사업이 초기 단계라 투자를 많이 해야 할 때는 이익이 나도 배당을 하지 않고 계속 회사에 현금을 쌓아두지만, 사업이 성장 단계를 지나 새로운 투자가 많이 필요하지 않으면 주주들이 이익 배당을 요구합니다. 즉 성숙 단계에 있는 기업들이 배당을 많이 해주는 것입니다.

미국에는 배당을 목적으로 주식을 사는 사람들이 많아 전반적으로 배당수익률이 높습니다. 주당배당금을 주가로 나눈 것이 배당수익률인데, **미국에는 배당수익률이 6%가 넘는 기업들이 많고, 10%가 넘는 기업들도 꽤 있습니다.** 우리나라는 아직 배당을 많이 주는 기업이 적은 편으로 6%가 넘는 기업들도 몇십 개밖에 되지 않습니다.

펀드 투자자는 그 펀드가 보유한 주식들에 대한 배당을 받는데, 배당금이 들어오면 펀드의 기준 가격에 반영되어 그만큼 수익률이 올라갑니다. 그런데 ETF는 배당금이 들어오면 기준 가격에 반영하지 않고 분배금이라는 형태로 투자자에게 현금으로 지급합니다. 주식을 사서 배당금을 현금으로 받는 것과 마찬가지죠. 배당금으로 다시 ETF를 산다면 인덱스펀드와 수익률이 같아지겠지만, 배당금을 재투자하지 않으면 ETF는 인덱스펀드보다 수익률이 낮아집니다. 그래서 **배당금을 현금으로 수령해 연금처럼 은퇴자금으로 활용하고 싶은 사람에겐 ETF가 적합하고, 펀드에 배당금을 쌓아 계속 재투자를 원하는 사람은 인덱스펀드나 액티브펀드를 하는 것이 좋습니다.**

글로벌 1등기업 ETF, 펀드투자자가 꼭 알아야 할 세금

간접투자를 할 때 내는 세금에는 양도소득세와 배당소득세가 있습니다. 국내 상장 주식은 대주주가 아니면 양도차익에 세금을 부과하지 않지만, 해외 주식의 경우에는 양도소득세를 내야 합니다.

글로벌 1등기업 주식은 해외 주식이므로 양도소득세를 내야 하는데 세율은 22%입니다. 해외ETF에도 해외 주식과 같이 양도소득세가 적용됩

니다. 양도소득은 해외 주식과 해외ETF를 모두 합쳐 연간 250만 원까지는 면세되고, 250만 원을 초과한 금액에 대해서는 내야 합니다.

해외 주식에 투자하는 인덱스펀드나 액티브펀드는 수익금에 배당소득세 15.4%가 적용됩니다. 세율은 ETF보다 인덱스펀드와 액티브펀드가 유리합니다.

그런데 만약 S&P500지수에 투자하는 ETF를 국내 주식시장에 상장된 ETF로 사면, 펀드처럼 양도소득세가 아니라 연 단위로 배당소득세를 적용합니다.

ETF에서 주식 배당금을 현금으로 받는 분배금에 대해서는 배당소득세 15.4%가 적용됩니다. 인덱스펀드와 액티브펀드도 배당금에 대해서는 배당소득세가 적용되므로 결국 똑같다고 할 수 있습니다.

배당소득세는 연간 2,000만 원이 넘으면 다른 소득과 합산해 금융소득종합과세 대상이 됩니다. 단, 양도소득세는 세율이 높은 대신 분리과세여서 연간 2,000만 원이 넘어도 금융소득종합과세에 합산되지 않습니다.

전체적으로 금융소득이 커서 종합과세에 해당하는 사람은 양도소득세로 22%를 내는 것이 더 유리할 것이고, 금융소득이 많지 않아 종합과세에 해당하지 않으면 배당소득세가 더 유리할 것입니다.

세금을 떼는 시기는 해외ETF의 경우 매도해 이익을 실현할 때입니다. 해외ETF를 보유하고 있는 동안에는 세금이 부과되지 않습니다. 인덱스펀드와 액티브펀드의 경우에는 세금이 연 단위로 부과됩니다. 수익이 난 해에는 세금을 떼고, 수익이 나지 않은 해에는 떼지 않습니다.

자동이체 혹은 직접 주문하는 매수방식

인덱스펀드나 액티브펀드는 자동이체를 걸어 매수할 수 있고, 수시로 매수할 수도 있습니다. 반면 ETF는 주식에 직접투자를 할 때처럼 매수하고 싶을 때마다 직접 주문해야 합니다. 자동이체로 매수하면 쌀 때든 비쌀 때든 상관없이 자동이체를 걸어놓은 날에 매수하게 됩니다 ETF는 한 달 중에 가격이 떨어진 날 살 수 있으면 직접 주문하는 것이 자동이체로 매수하는 것보다 유리합니다.

하지만 실제로 미국 ETF를 직접 주문하는 것은 생각보다 쉽지 않습니다. 일단 해외 주식계좌를 개설하고, 매수할 금액을 환전해 넣어놓고, 밤에 매수 주문을 해야 합니다. 그런데 매수 주문을 하다 보면 마음이 바뀔 수 있습니다. 즉 지금 사는 것보다 내일 더 싸게 살 수 있을 것 같아 미뤘다가, 다음 날 가격이 오르면 후회하면서 더 높은 가격에 살 수도 있습니다. 또한 타이밍을 놓쳐 한두 달 건너뛰기도 합니다.

그런데 매달 100만 원씩 적립식으로 부어 1년에 수익률이 10%가 나면 1년 뒤 1,256만 원이 되는데, 한 달만 건너뛰어 안 넣어도 1,147만 원이 됩니다. 원금 대비 수익률로는 둘 다 10%이지만 결과적으로 불린 돈은 차이가 많이 납니다.

자동이체를 걸어 투자하면 이런 심리의 영향을 받지 않습니다. 그런데 **장기적으로 하다 보면 자동이체를 걸어 매수하는 것과 직접 싸게 살 수 있는 타이밍을 노려 매수 주문하는 것의 수익률 차이가 크지 않습니다.** 10년 동안 투자하다 보면 더 비싸게 산 달도 있고, 싸게 산 달도 있어 평균적으로는 별 차이가 없어집니다. 자동이체로 하는 것이 오히려 수익률이 더 좋을 수도 있습니다.

앞에서 강조했지만, 투자할 때 가장 중요한 것 중 하나가 신경을 덜 쓰는 것입니다. 그러려면 인덱스펀드나 액티브펀드 등으로 자동이체를 거는 것이 편하고, 직접 주문하는 것이 더 좋은 사람은 ETF를 할 것을 추천합니다.

펀드와 ETF는 매수가격이 다른데, 펀드는 보유 주식의 하루 사이의 가격 변동은 무시하고 그날의 종가를 기준으로 가격을 정합니다. 다시 말하면 **펀드로 투자하면 종가를 기준으로 사고파는 것**입니다. 반면에 **ETF는 장이 열려 있는 시간 중에 실시간으로 변하는 가격을 보며 사고팔 수 있습니다.** 이는 장점이 될 수도 있고 단점이 될 수도 있습니다. 직접 매수한 가격보다 종가가 떨어진 채로 장이 마감되면 종가보다 더 높은 가격에 산 것이 되고, 매수가격보다 종가가 오른 상태로 끝나면 더 싸게 산 것이 되기 때문입니다.

펀드와 ETF는 가격이 적용되는 시점도 다릅니다. **펀드는 매수 신청을 하면 국내 펀드는 다음 날, 해외펀드는 이틀 후의 기준가격을 적용**합니다. 오후 5시 이후에 신청하면 다음 날 신청한 것으로 처리돼 하루가 더 걸립니다. 반면에 **ETF는 주식처럼 실시간으로 체결되는 가격에 매수**하게 됩니다. 마찬가지로 ETF로 지금 산 가격보다 이틀이나 사흘 뒤에 주가가 떨어지면 인덱스펀드가 더 유리한 것이고, 주가가 오르면 ETF가 더 유리하므로 이는 장점도 되고 단점도 될 수 있는 것입니다.

글로벌 1등기업 주식에 투자하는 ETF는 해외 주식이기 때문에, 미국 시장에서 실시간으로 매수하려면 밤에 해야 합니다. 그런데 밤에 미국 주식시장에서 ETF를 주문하는 것이 쉬운 일이 아닙니다. 다만 국내 주식시장이 열리는 낮에는 어차피 본업을 하느라 바빠서 주문을 못하는 사람은 밤에 하는 것이 더 좋을 수도 있습니다.

우리나라 주식시장에 상장된 S&P500 ETF를 매수하려면, 우리나라 증권사 홈트레이딩 시스템HTS에서 낮에 주식 매수 화면에서 이름에 S&P500이 포함된 ETF를 골라 사면 됩니다.

ETF의 기준가격은 보유한 주식들의 가격 변동에 따라 실시간으로 변하지만, 매수와 매도 주문 수량에 따라 호가가 변하면서 가격의 등락이 생기기도 합니다. 예를 들어 어떤 ETF의 보유 종목들의 주가가 반영된 기준가격이 1만 원인데, 매수 주문이 몰리면 실제 매수가격은 1만 100원이 될 수도 있고, 반대로 매도 주문이 몰리면 9,900원으로 떨어질 수도 있습니다. 이렇게 실제 체결가격과 기준가격과의 차이를 '괴리율'이라고 하는데, **규모가 작고 거래대금이 작은 ETF가 괴리율이 큽니다. 괴리율이 큰 것은 좋은 ETF가 아닙니다.**

미국 주식시장에 상장된 S&P500 ETF들은 거래규모가 하루에 수조 원이나 되므로 괴리율이 작은데, 우리나라에 상장된 S&P500 ETF는 거래규모가 하루 몇십 억원 수준이어서 괴리율이 큰 편입니다. 따라서 **괴리율이 작은 ETF를 매수하려면 미국 주식시장에서 매수해야** 합니다.

여기까지 살펴본 내용을 종합하면, 직접 매매를 선호하고, 타이밍을 잘 잡아 매매 주문을 할 수 있고, 주가지수만큼의 수익률에 만족하는 사람이면, 비용이 저렴한 ETF를 사면 됩니다. 반면 직접 매매보다 신경을 덜 쓰고 싶고 주가지수만큼의 수익률에 만족한다면, 인덱스펀드에 가입하면 됩니다. 마찬가지로 신경을 덜 쓰면서 주가지수보다 높은 수익률을 원한다면, 상대적으로 주가지수보다 수익률이 높은 액티브펀드를 찾아 가입하면 됩니다.

4 좋은 글로벌 1등기업 펀드의 선택 기준

우리나라에서 가입할 수 있는 펀드의 수는 2만 개가 넘습니다. 코스피 시장과 코스닥시장에 상장된 종목 수를 합치면 약 2,000개인데, 종목 수보다 10배나 많습니다. 직접투자를 위해 종목을 고르는 것도 쉽지 않지만, 간접투자를 하는 펀드를 고르는 것도 쉽지 않습니다. 그래서 보통 금융회사에 가서 상담사들이 권해주는 펀드에 무턱대고 가입하는 경우가 많습니다.

상담사가 좋은 펀드를 골라주면 다행이지만, 그렇지 않은 경우라면 낭패를 볼 수도 있습니다. "정말 좋은 거 맞나요?"라고 물었는데 상담원이 당당한 표정으로 그렇다고 하면 이내 서명해버리는 사람들도 있습니다. **소비자 입장에서 정말 좋은 건지 아닌지 확인할 수 있는 기준이 무엇인지 모르기 때문**입니다. 보통 사람들은 상담사가 좋다고 추천하는 것이 소비자에게 좋은 것인지, 금융회사에 좋은 것인지도 잘 모릅니다. 여기에서는 객관적으로 좋은 펀드를 판별하는 기준을 설명하겠습니다. 이 기준만 잘 알아두면 금융회사의 '호갱'이 되지 않을 수 있습니다.

장기수익률이 높은 펀드

보통 금융회사에 가서 펀드를 추천해달라고 하면, 상담원들이 수익률이 높다면서 권하는 펀드들이 있습니다. 물론 수익률이 낮은 펀드보다 높은 펀드가 좋습니다. 하지만 상담원들이 좋다고 보여주는 수익률은 대부분 최근 1년의 수익률인 경우가 많습니다. 은행이나 증권회사 홈페이지 역시 1개월, 3개월, 6개월, 1년 수익률을 보여줍니다. 상담원들도 최근 1년 수익률이 예금보다 몇십 배나 높다든가, 다른 펀드들보다 훨씬 높다는 말로 권하는 경우가 많습니다.

여기에서 조심할 것은 **단기수익률이 아니라 장기수익률을 봐야** 한다는 것입니다. 어차피 주식형 펀드는 장기투자를 해야 하기 때문에 장기수익률을 봐야 하는 것입니다 미래의 수익률을 알 수는 없지요. 그래서 펀드 상품설명서를 보면 '과거의 수익률은 미래의 수익률과 다를 수 있으니 참고만 하라'고 적혀 있습니다.

최근 1년의 수익률만 보면 특정 지역이나 분야에 어떤 이슈가 있어 수익률이 높은 펀드들이 있습니다. 그 수익률이 앞으로도 계속 이어질지, 아니면 고꾸라질지는 아무도 알 수 없습니다. 또한 신생 펀드인 경우에는 최근 1년의 수익률 데이터밖에 없을 수도 있습니다.

한편 금융회사들이 적극적인 마케팅을 통해 이른바 많이 미는 펀드들이 있습니다. 또한 금융회사들에서 가입을 권하는 펀드들 중에는 다음과 같은 펀드들도 많습니다. AI로 운용하는 펀드라든지, 요즘 핫한 2차전지나 바이오 분야에 투자하는 펀드, 새로운 핀테크 투자기법을 적용한 펀드, 유명한 펀드매니저가 만든 펀드, 여러 가지 화려한 홍보 문구가 붙은 펀드들을 전략적으로 판매하는 경우가 많습니다. 그래서 판매량이 단기적으로 몰려 펀드 수탁고가 급증하는 펀드들도 있습니다. 요즘 인기 있는 펀드라고 권하면 이런 게 대세라고 생각하고 가입하는 사람들이 많습니다.

하지만 아무리 좋아 보이고, 실제로 출시된 지 1년 만에 높은 수익률이 나왔고, 상대적으로도 상위권의 수익률을 올린 펀드라고 해도, **출시된 지 얼마 안 된 펀드는 피하는 것이 좋습니다.** 앞으로도 계속 수익률이 좋을지 아직 검증되지 않았기 때문입니다.

따라서 최근 1년 수익률이 아니라 **최소한 5년, 아니면 10년 수익률이 높은 펀드를 선택해야 합니다.** 펀드 수익률의 검증 기간은 최소한 5년 이상입니다. 달리 말하면 나온 지 5년이 안 된 펀드는 쳐다보지 말라는 것입니다. 5년 이상 됐고, 최근 5년간 수익률이 상대적으로 높았다면 이런 펀드가 바로 좋은 펀드입니다. 그리고 10년 수익률 데이터가 있다면 그걸 우선적으로 봐야 합니다. 어차피 주식형 펀드로 장기투자를 하다 보면 몇십 년 이상 투자할 수도 있기 때문에 장기적으로 꾸준히 수익률이 나는 펀드가 좋은 펀드입니다.

최근 5년 수익률 데이터는 펀드를 판매하는 금융회사 홈페이지나 일반적인 홍보물에서는 찾아보기 힘들고, **운용사에서 작성하는 투자설**

명서나 운용보고서에서 볼 수 있습니다. 보통 펀드에 가입할 때 투자설명서를 제공하도록 되어 있는데, 투자설명서는 50쪽 안팎으로 내용도 많고 용어도 어려운 것이 많아 다 읽기가 쉽지 않습니다. 그래서 **5쪽 내외로 핵심만 요약한 간이투자설명서**를 많이 보여줍니다. 물론 금융 초보자에게는 간이투자설명서도 어려울 수 있지만 최소한 그 정도라도 보고 가입할 것을 권합니다.

변동성이 작은 펀드

좋은 펀드를 고를 때 수익률과 함께 꼭 확인해야 하는 것이 변동성입니다. **같은 수익률이라면 변동성이 작은 펀드가 좋은 펀드**입니다. 수익률이 높아도 변동성이 크다면 길게 보면 수익률이 좋지 않을 가능성이 큽니다. **변동성을 객관적으로 보여주는 지표가 바로 표준편차**입니다. **같은 수익률이라면, 표준편차가 낮은 펀드가 좋은 펀드**라고 할 수 있습니다.

보통 금융회사들의 펀드 홍보자료에는 표준편차는 잘 나와 있지 않고, 대부분 수익률 데이터만 보여줍니다. **표준편차 데이터를 보려면 역시 투자설명서를 봐야 합니다.** 투자설명서에 '수익률 변동성%'이라고 되어 있는 것이 바로 표준편차입니다.

그런데 표준편차 숫자가 예를 들어 21.35%라고 되어 있다면, 높은 걸까요? 일반인들이 이 점을 손쉽게 확인할 수 있도록 투자설명서 첫 페이지 맨 윗부분의 왼쪽 잘 보이는 곳에 그 펀드의 **투자위험 등급이 표시**되어 있는데, 그것이 바로 표준편차가 높은지 혹은 낮은지를 말해 줍니다. 투자위험 등급은 총 6개 등급으로 나뉘는데 3등급인 펀드에는 다음과 같이 표시됩니다.

투자위험 3등급(다소 높은 위험)의 위험 표시 예

1등급	2등급	3등급	4등급	5등급	6등급
매우 높은 위험	높은 위험	다소 높은 위험	보통 위험	낮은 위험	매우 낮은 위험

* 1등급에 가까울수록 표준편차와 변동성이 커서 위험합니다.

투자위험 1등급매우 높은 위험은 표준편차가 가장 크고, 6등급매우 낮은 위험으로 갈수록 표준편차가 작아집니다. 각 등급을 나누는 표준편차의 기준은 다음과 같습니다.

투자위험 등급 분류 기준(연 환산 표준편차 기준)

등급	1등급 (고위험)	2등급	3등급	4등급	5등급	6등급 (저위험)
표준편차	25% 초과	25% 이하	15% 이하	10% 이하	5% 이하	0.5% 이하

연 환산 표준편차가 25%를 초과하면 투자위험이 1등급이며, 15% 초과 25% 이하이면 2등급, 10% 초과 15% 이하이면 3등급, 5% 초과 10% 이하이면 4등급, 그리고 0.5% 초과 5% 이하이면 5등급, 0.5% 이하이면 6등급입니다.

주식형 펀드는 투자위험 등급이 대부분 1, 2, 3등급 이내이며, 혼합형 펀드나 해외 채권형 펀드들은 대부분 4, 5등급입니다. 국내 채권형 펀드들은 5, 6등급에 해당됩니다.

수익률이 같을 때는 표준편차가 낮은 펀드가 좋은 것이므로, 주식형

펀드는 위험등급이 3등급인 펀드가 좋은 것입니다. 혼합형 펀드나 해외 채권형 펀드는 투자위험 등급이 5등급, 국내 채권형 펀드는 6등급이 좋은 펀드라고 할 수 있습니다.

물론 이것은 절대적인 기준은 아닙니다. 주가가 많이 상승할 때는 펀드의 표준편차도 커지기 때문에, 위에서 제시한 투자위험 등급 기준에서 약간 경계에 걸쳐 있으면 괜찮다고 볼 수 있습니다.

지역, 업종이 분산된 펀드

일반적으로 특정 지역에만 투자하는 펀드는 표준편차가 높고, 지역분산이 된 펀드들은 표준편차가 낮습니다. 예를 들어 중국펀드, 베트남펀드, 인도펀드같이 특정 국가에 투자하는 펀드보다 글로벌 펀드가 표준편차가 낮습니다.

특정 국가에 투자하는 주식형 펀드는 위험등급이 1, 2등급이 많고, 글로벌 주식형 펀드는 3등급이 많습니다. 앞에서 말했다시피 위험등급은 1등급이 가장 변동성이 큰 것이고 6등급이 가장 낮은데, 주식형 펀드는 3등급이 가장 낮은 것입니다.

또한 **특정 업종에만 투자하는 펀드들은 표준편차가 높고, 다양한 업종에 분산투자를 하는 펀드들은 표준편차가 낮습니다.** 예를 들어 헬스케어펀드, 4차산업펀드, 친환경 에너지같이 특정 업종에만 투자하는 펀드들은 표준편차가 높습니다. 다시 말해 이런 펀드들은 수익률이 높을 때는 아주 높지만 떨어질 때는 그만큼 많이 떨어집니다. 이런 펀드를 떨어졌을 때 샀다가 수익이 많이 났을 때 팔면 좋겠지만, 그렇게 하려면 산업의 트렌드를 잘 분석하고 타이밍도 제대로 맞춰야 합니다. 누구나 할 수 있는 투자가 아니라는 뜻입니다. 이런 펀드들은 장기투자할 경우 오히려 수익이 많이 안 날 수도 있습니다. 저는 장기투자를 하면서 별 신경을 쓰지 않고도 수익을 거둘 수 있는 투자를 권하기 때문에 특정 분야나 국가에만 투자하는 펀드는 제외합니다.

단, 특정 국가에만 투자하는 펀드 중에서 한 가지 예외로, 미국 주식형 펀드에는 투자해도 좋습니다. 전 세계 글로벌 1등기업의 반 이상이 미국에 있기 때문에, **미국 주식형 펀드는 대체로 장기수익률도 높고 표준편차도 낮은 편입니다.**

5 펀드 평가 사이트 활용법

보통 은행이나 증권사 홈페이지에서 검색해보면, 펀드의 1년이나 3년 수익률 정도만 소개하고, 표준편차는 아예 찾아볼 수 없습니다. 그러면 운용사 홈페이지에서 투자설명서나 운용보고서를 일일이 찾아 5년 이상의 장기수익률과 표준편차를 비교해봐야 하는데, 수많은 펀드들을 이렇게 조사해 분석하는 것은 쉬운 일이 아닙니다.

그런데 누구나 쉽게 좋은 펀드를 찾을 수 있는 방법이 바로 펀드 평가 사이트를 이용하는 것입니다. 국가나 기업이나 개인의 신용등급을 평가하는 회사가 있는 것처럼, 펀드도 등급을 매겨주는 회사가 있습니다. 대표적인 펀드 평가회사는 펀드닥터와 모닝스타입니다. 펀드닥터www.funddoctor.co.kr는 한국 회사이고, 모닝스타www.morningstar.co.kr는 미국 회사인데, 모닝스타는 한국에서 판매하는 펀드들도 등급을 매겨줍니다.

펀드 평가 등급

펀드닥터와 모닝스타는 펀드를 5단계로 평가하는데, 펀드닥터는 태극마크로 하나부터 다섯 개까지, 모닝스타는 별 하나부터 다섯 개까지 등급을 매기고, 둘 다 5개가 가장 우수한 등급입니다.

FUND DOCTOR MORNINGSTAR®

펀드닥터나 모닝스타는 **수익률과 표준편차를 상대 비교해 등급을 매깁니다.** 3년, 5년, 10년을 기준으로 수익률이 상대적으로 높으면서 표준편차가 상대적으로 낮을수록 높은 등급을 줍니다.

이들 사이트에서 **5년, 또는 10년 등급이 태극마크 5개나 별 5개인 펀드를 선택**하면 됩니다. 두 사이트의 평가기준이 비슷하기 때문에, 펀드닥터에서 태극마크 5개인 펀드는 대부분 모닝스타에서도 별 5개 등급을 받습니다. 그러므로 양쪽을 다 확인할 필요는 없고, 둘 중 한 곳에서만 검색해보면 됩니다.

모닝스타를 기준으로 설명하면, '모닝스타 위험조정수익률'을 기준으로 스타 등급을 매깁니다. 상위 10%는 별 5개, 다음 22.5%는 별 4개, 중간 35%는 별 3개, 다음 22.5%는 별 2개, 하위 10%는 별 1개입니다.

모닝스타에서는 3년, 5년, 10년, 전체 운영기간에 대한 등급을 보여주는데, 이 중에서 5년 또는 10년 등급을 기준으로 보는 것이 좋습니다. 5년 등급이 나온 펀드라면 출시된 지 5년이 지난 펀드입니다.

3년, 5년, 10년, 그리고 전체 기간 등급이 모두 별 5개이면 최고의 펀드라고 보면 되고, 최소한 5년, 10년 등급이 별 5개인 펀드를 고를 것을 추천합니다. 이 경우 상위 10% 안에 드는 펀드이기 때문에 평균수익률이 더 높고 표준편차는 더 낮습니다.

주의할 점은 평가등급은 계속 유지되는 것이 아니라 **평가 주기마다 바뀔 수 있다**는 것입니다. 예를 들어 별 5개 등급을 받은 펀드라 가입했는데 나중에 별 4개로 바뀔 수도 있습니다. 평가등급은 상대비교이므로, 다른 펀드들보다 수익률이 떨어지거나 표준편차가 커지면 등급이 떨어집니다. 이럴 경우 같은 유형의 펀드라면 등급이 더 좋은 펀드로 갈아타야 합니다.

펀드 평가등급을 수시로 확인할 필요는 없습니다. 보통 주나 월 단위로 업데이트되므로 매일 확인할 필요도 없고, 5년 평가등급은 최근 5년 수익률을 기준으로 나온 것이기 때문에 갑자기 바뀌지도 않습니다. 그래도 **1년에 한 번 정도씩은 중간 점검을 해서** 지금 투자하고 있는 펀드가 별 5개에서 별 4개로 떨어지거나, 같은 별 5개 등급 안에서도 장기수익률이 더 좋은 펀드가 있다면 갈아탈 필요가 있습니다. 그렇지 않고 몇 년씩 방치하면, 어느 새 펀드의 수익률이 떨어질 수도 있기 때문입니다.

글로벌 1등기업 펀드 검색하기

실제로 글로벌 1등기업 주식에 투자하는 펀드 중 수익률이 좋고 표준편차가 낮은 펀드를 찾아 투자하는 과정을 살펴보겠습니다. 펀드닥터는 유료이고 모닝스타는 무료이므로, 모닝스타에서 검색해보겠습니다.

❶ 먼저 모닝스타코리아www.morningstar.co.kr 사이트에 접속해 상단 중간에 있는 [펀드검색툴]을 클릭합니다.

❷ 그런 다음 중간에 있는 펀드 검색 메뉴에서 모닝스타 툴 밑에 있는 Fund Screener를 누릅니다.

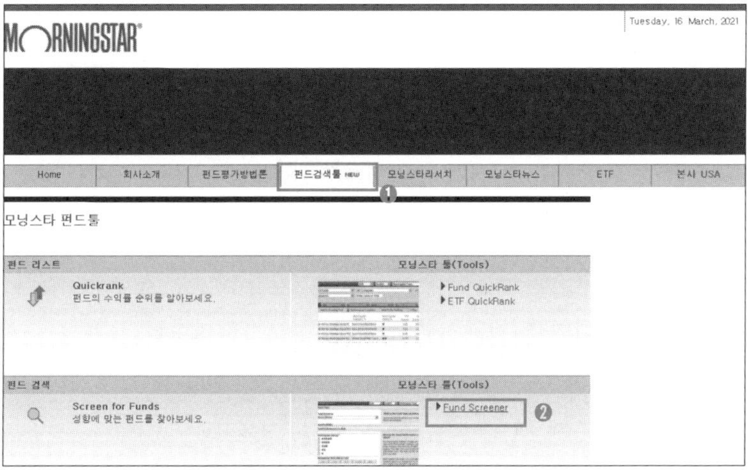

❸ Fund Screener 화면이 열리면, '펀드 유형' 항목에서 [모닝스타 펀드분류]의 목록단추를 누르세요. 그러면 다양한 펀드 유형 목록이 나옵니다. 글로벌 1등기업에 투자하는 펀드를 고르려면 이 중에서 **[글로벌 주식]**을 선택하면 됩니다. 글로벌 주식은 특정 국가나 지역이 아니라 여러 나라에 분산투자를 하는 펀드입니다.

글로벌 1등기업들이 미국에 가장 많이 있기 때문에, 만약 미국 주식에만 투자하고 싶다면 펀드 분류에서 **[미국 주식]**을 선택하면 됩니다. 글로벌 주식을 선택하면 전체 펀드 수가 줄어든 것을 볼 수 있습니다.

❹ 다음으로 **'모닝스타 등급'**에서 **별 5개에 체크**합니다. 이렇게 하면 글로벌 주식에 투자하는 펀드 중 별 5개 등급의 펀드만 남습니다. 별 5개 등급은 장기수익률과 표준편차를 기준으로 상위 10% 안에 드는 펀드입니다.

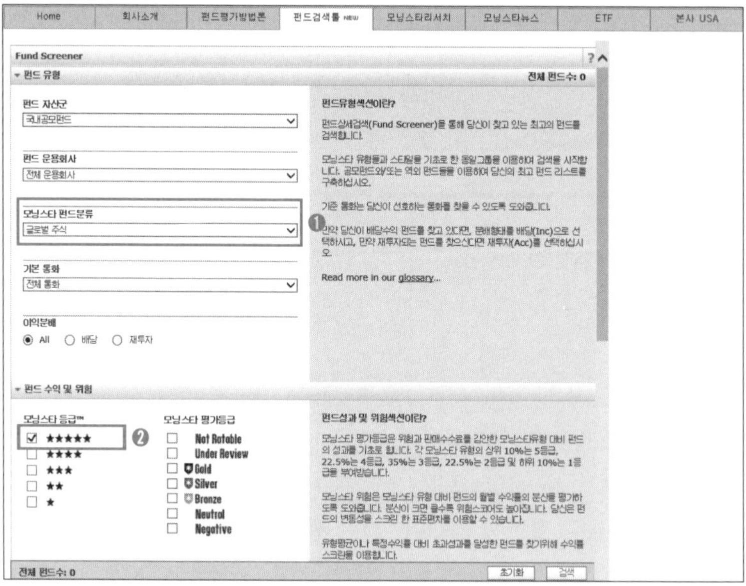

❺ 이제 스크롤 막대를 아래로 내려 화면 하단의 오른쪽에 있는 〈검색〉 단추를 클릭합니다. 그러면 글로벌 주식에 투자하면서 별 5개 등급을 받은 펀드의 리스트가 나옵니다. 이 리스트에 있는 펀드에 투자하면 글로벌 1등기업에 투자하면서도 상대적으로 우수한 펀드에 투

자할 수 있는 것입니다.

펀드명	펀드유형	스타평가	연초이후수익률	Ongoing Charge	기준가
피델리티월드Big4 자 [주식-재간접] S-PRS	글로벌 주식	★★★★★	8.99	-	1,807.48 KRW
피델리티월드Big4 자 [주식-재간접] S	글로벌 주식	★★★★★	8.98	-	1,804.65 KRW
피델리티월드Big4 자 [주식-재간접] A	글로벌 주식	★★★★★	8.82	-	1,773.37 KRW
피델리티월드Big4 자 [주식-재간접] C3	글로벌 주식	★★★★★	8.76	-	1,751.57 KRW
피델리티월드Big4 자 [주식-재간접] C2	글로벌 주식	★★★★★	8.73	-	1,744.32 KRW
피델리티월드Big4 자 [주식-재간접] C1	글로벌 주식	★★★★★	8.71	-	1,737.01 KRW
한국투자웰링턴글로벌퀄리티 자 (UH)[주식] S-P	글로벌 주식	★★★★★	5.86	-	1,626.01 KRW
한국투자웰링턴글로벌퀄리티 자 (UH)[주식] C-Re	글로벌 주식	★★★★★	5.83	-	1,621.55 KRW
한국투자웰링턴글로벌퀄리티 자 (UH)[주식] C-Pe	글로벌 주식	★★★★★	5.83	-	1,851.70 KRW
한국투자웰링턴글로벌퀄리티 자 (UH)[주식] A-e	글로벌 주식	★★★★★	5.82	-	1,607.00 KRW
한국투자웰링턴글로벌퀄리티 자 (UH)[주식] S	글로벌 주식	★★★★★	5.82	-	1,645.50 KRW
한국투자웰링턴글로벌퀄리티 자 (UH)[주식] C-e	글로벌 주식	★★★★★	5.79	-	1,847.85 KRW
한국투자웰링턴글로벌퀄리티 자 (UH)[주식] C-R	글로벌 주식	★★★★★	5.77	-	1,863.17 KRW
한국투자웰링턴글로벌퀄리티 자 (UH)[주식] C-P	글로벌 주식	★★★★★	5.77	-	1,899.24 KRW
한국투자웰링턴글로벌퀄리티 자 (UH)[주식] A	글로벌 주식	★★★★★	5.75	-	1,830.39 KRW
한국투자웰링턴글로벌퀄리티 자 (UH)[주식] C2	글로벌 주식	★★★★★	5.66	-	1,698.76 KRW
한국투자웰링턴글로벌퀄리티 자 (UH)[주식] C	글로벌 주식	★★★★★	5.64	-	1,787.49 KRW
에셋플러스글로벌리치투게더연금 자 1[주식] S-P	글로벌 주식	★★★★★	4.90	-	2,118.26 KRW
에셋플러스글로벌리치투게더재형 자 1[주식]	글로벌 주식	★★★★★	4.90	-	2,221.43 KRW
에셋플러스글로벌리치투게더퇴직연금 자 1[주식]...	글로벌 주식	★★★★★	4.87	-	1,738.95 KRW

전체 펀드수: 66 View: 20 per page 1-20 of 66 처음 | 이전 | 다음 | 끝

펀드가격은 매일 거래가 마감된 후 오후11시전까지 업데이트가 됩니다. 성과정보는 대한민국 원화 (KRW)를 기준으로 보여집니다. 펀드수익률은 수정기준가를 기초로 해서 산출됩니다.

❻ 이 중에서도 상대적으로 더 좋은 펀드를 고르려면 **[장기수익률]**을 클릭해 봅니다. 여기에서 **5년 또는 10년 수익률이 상대적으로 높고, 3년 변동성이 상대적으로 낮은 펀드**를 고르면 됩니다. 각 펀드명을 클릭해 보면 연도별 수익률, 위험 및 등급, 실제 투자하고 있는 포트폴리오 등을 볼 수 있는데, 여기서 그 펀드가 글로벌 1등기업들에 투자하고 있는지 확인해 보면 됩니다.

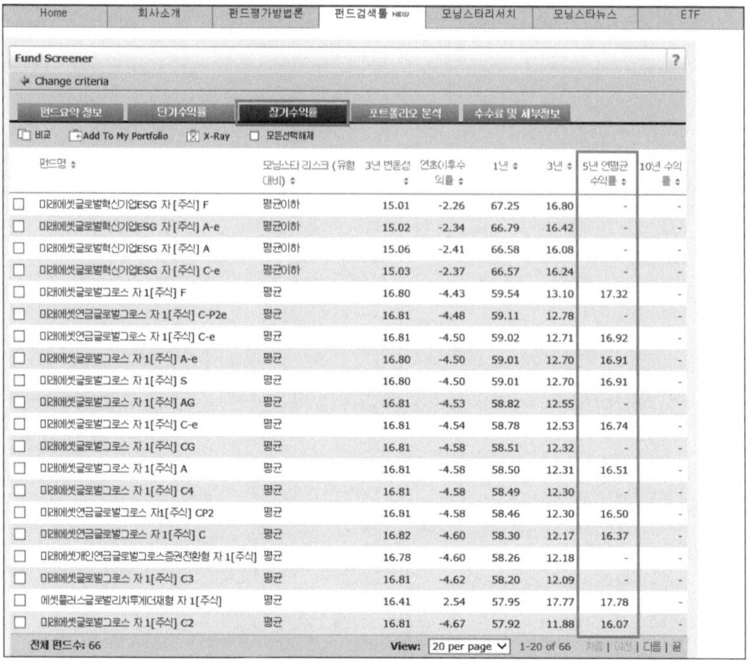

Home	회사소개	펀드평가방법론	펀드검색툴 NEW	모닝스타리서치	모닝스타뉴스	ETF

Fund Screener

Change criteria

펀드요약 정보 | 단기수익률 | 장기수익률 | 포트폴리오 분석 | 수수료 및 세부정보

비교 | Add To My Portfolio | X-Ray | 모든선택해제

펀드명	모닝스타 리스크 (유형대비)	3년 변동성	연초이후수익률	1년	3년	5년 연평균 수익률	10년 수익률
미래에셋글로벌혁신기업ESG 자[주식] F	평균이하	15.01	-2.26	67.25	16.80	-	-
미래에셋글로벌혁신기업ESG 자[주식] A-e	평균이하	15.02	-2.34	66.79	16.42	-	-
미래에셋글로벌혁신기업ESG 자[주식] A	평균이하	15.06	-2.41	66.58	16.08	-	-
미래에셋글로벌혁신기업ESG 자[주식] C-e	평균이하	15.03	-2.37	66.57	16.24	-	-
미래에셋글로벌그로스 자1[주식] F	평균	16.80	-4.43	59.54	13.10	17.32	-
미래에셋연금글로벌그로스 자1[주식] C-P2e	평균	16.81	-4.48	59.11	12.78	-	-
미래에셋연금글로벌그로스 자1[주식] C-e	평균	16.81	-4.50	59.02	12.71	16.92	-
미래에셋글로벌그로스 자1[주식] A-e	평균	16.80	-4.50	59.01	12.70	16.91	-
미래에셋글로벌그로스 자1[주식] S	평균	16.80	-4.50	59.01	12.70	16.91	-
미래에셋글로벌그로스 자1[주식] AG	평균	16.81	-4.53	58.82	12.55	-	-
미래에셋글로벌그로스 자1[주식] C-e	평균	16.81	-4.54	58.78	12.53	16.74	-
미래에셋글로벌그로스 자1[주식] CG	평균	16.81	-4.58	58.51	12.32	-	-
미래에셋글로벌그로스 자1[주식] A	평균	16.81	-4.58	58.50	12.31	16.51	-
미래에셋글로벌그로스 자1[주식] C4	평균	16.81	-4.58	58.49	12.30	-	-
미래에셋연금글로벌그로스 자1[주식] CP2	평균	16.81	-4.58	58.46	12.30	16.50	-
미래에셋연금글로벌그로스 자1[주식] C	평균	16.82	-4.60	58.30	12.17	16.37	-
미래에셋개인연금글로벌그로스증권전환형 자1[주식]	평균	16.78	-4.60	58.26	12.18	-	-
미래에셋글로벌그로스 자1[주식] C3	평균	16.81	-4.62	58.20	12.09	-	-
에셋플러스글로벌리치투게더재형 자1[주식]	평균	16.41	2.54	57.95	17.77	17.78	-
미래에셋글로벌그로스 자1[주식] C2	평균	16.81	-4.67	57.92	11.88	16.07	-

전체 펀드수: 66 View: 20 per page 1-20 of 66 처음 | 이전 | 다음 | 끝

펀드를 골랐다면 이제 증권회사 **앱을 다운받아 비대면으로 계좌를 개설**합니다. 핸드폰 번호 인증과 신분증 촬영 절차를 거치고 ID와 비밀번호를 설정하면 됩니다. 이제 앱에서 가입할 펀드를 검색해 **매수 신청과 자동이체 신청**을 하면 매달 적립식으로 사게 됩니다.

6 글로벌 1등기업 펀드에 목돈으로 투자법

펀드 투자를 시작할 때는 기본적으로 적립식으로 장기투자를 하는 것을 권장합니다. 그런데 이미 큰 목돈이 마련된 상태에서 투자를 시작하는 사람도 있습니다. 부동산을 처분했거나, 적금이나 예금이 만기가 되어 펀드에 투자하려는 사람도 있습니다. 아니면 연금저축이나 IRP Individual Retirement Pension, 개인퇴직연금에 있던 목돈을 펀드로 바꾸고자 하는 사람도 있습니다.

그런데 1억 원 정도의 돈을 펀드에 한꺼번에 넣으면 거치식 투자가 되어 주가가 떨어지면 손실이 커집니다. 그렇다고 1억 원을 한 달에 100만 원씩 나눠서 투자하면 시간이 너무 오래 걸리고, 그 사이에 주가가 많이 올라버리면 수익을 올릴 수 있는 기회를 놓칩니다. 이럴 때는 어떻게 하는 것이 좋을까요?

투자 성향에 따라 세 가지 방법이 있습니다. 물론 이 방법들을 응

용해 절충안을 만들 수도 있습니다.

첫째, 투자 성향이 **공격적인 사람은 자금을 3분의 1로 나눠 투자**합니다. 일단 3분의 1을 한 번에 투자하고, 그다음 3분의 1은 월말에 확인해 주가가 하락했으면 추가매수를 합니다. 나머지 3분의 1도 하락한 달에 추가매수하면 됩니다. 하락한 달이 처음 매수한 가격보다 더 높더라도 상관하지 말고 매수하는 것입니다.

둘째, 투자 성향이 **중간 정도인 사람은 총금액을 10분의 1로 나눠 열 달 동안 자동이체를 걸어 적립식으로 매수**합니다. 그렇게 하다 월 단위로 주가가 하락한 달에는 한 달치를 더 추가매수하는 것이 좋습니다. 대신 자동이체를 일찍 끝내면 되겠죠.

셋째, 투자 성향이 **안정추구형이라면 목돈을 월 지급식 펀드**에 넣습니다. 월 지급식 펀드는 주로 해외채권형 펀드에 투자해 연평균 3~4% 정도의 수익률이 나는데, 가입한 다음달부터 매달 수익금을 배당받을 수 있습니다. 만약 1억 원을 월 지급식 펀드에 넣고 월 지급률이 0.3%라면, 매달 30만 원씩을 현금으로 받게 됩니다. 그러면 이 금액을 자동이체를 걸어 글로벌 1등기업 주식펀드에 적립식으로 투자하면 됩니다. 이렇게 하면 설사 주식형 펀드에서 손실이 나도 원금이 줄어든 것은 아니므로 마음 편하게 꾸준히 투자할 수 있습니다. 월 지급식 펀드를 해외채권형 펀드로 하더라도 수익률에 변동은 있을 수 있습니다. 수익률이 월 지급률보다 떨어지면 잔고가 줄어들고, 수익률이 월 지급률보다 올라가면 잔고가 늘어납니다. 운용사에서 길게 보면 평균수익률과 비슷하도록 월 지급률을 조절합니다.

첫 번째나 두 번째 방법은 글로벌 1등기업 주식펀드에 투자할 경우를 가정한 방법입니다. **글로벌 1등기업 주식펀드가 아니라면 그냥 길게 나눠 적립식으로** 하는 것이 좋습니다. 글로벌 1등기업 주식펀드는 너무 길게 나눠 넣다 보면 그사이에 주가가 많이 올라 수익을 낼 기회를 놓칠 수도 있으므로 이런 방법을 소개하는 것입니다.

글로벌 1등기업 펀드 투자를 시작했다면 수익률을 잘 관리하는 것이 중요합니다. 수익률을 관리하는 방법에는 여러 가지가 있는데 그중에는 누구나 쓸 수 있는 방법도 있고, 그렇지 않은 것도 있습니다. 6장에서는 수익률을 안정적으로 관리하는 방법을 소개하겠습니다.

6장

수익률을 지켜주는 사후 관리법

자산재배분만 잘 활용해도 수익률의 변동성과 손실 위험을 많이 줄일 수 있습니다. 평생 투자를 한다는 생각으로, 자산재배분을 연령대에 따라 효과적으로 조절해야 합니다.

1 추세에 따른 추세 매매법

글로벌 1등기업 주식 펀드에 가입해서 수익률을 좀 더 높이거나 손실 위험을 줄이려면 사후관리를 잘해야 합니다. 사후관리 방법도 여러 가지가 있는데, 자신의 상황에 맞는 것을 선택해서 적용하면 더 좋은 결과를 얻을 수 있을 것입니다. 사후관리 방법을 소개해볼게요.

첫 번째로 추세에 따라 펀드를 바꾸는 방법이 있습니다.

"무릎에서 사고 어깨에서 팔라"는 투자 격언이 있습니다. 발바닥에서 사고 머리 꼭대기에서 팔면 더 좋겠지만, 인간은 바닥과 꼭지를 맞출 수 없으니 대신 무릎에서 사고 어깨에서 팔라는 것입니다. 이를 지금 설명하려고 하는 매매법에 대입하면, 주가 상승기에는 주식에 투자하고, 하락기에는 채권에 투자하라는 말입니다.

그런데 사람에게는 무릎이 오른쪽, 왼쪽 두 개가 있고, 어깨도 오른쪽, 왼쪽 두 개가 있죠? 그렇다면 어느 쪽 무릎에서 사고, 어느 쪽 어깨에서 팔아야 할까요?

주식 차트에서 추세선을 그어보면 **'올라가는 무릎'에서 매수하고, '내려오는 어깨'에서 매도해야** 하는데, 반대로 생각하는 사람들도 있습니다. 즉 주가가 '내려가는 무릎'에서 사고, '올라가는 어깨'에서 팔고 싶어하죠. 이런 사람들은 주가가 오르기 전에 사야 한다는 생각을 갖고 있습니다. 이왕이면 주가가 바닥까지 내려가 쌀 때 사고 싶어 하는데, 바닥인 줄 알고 매수했는데 지하실이 나올 때도 있습니다. 또는 지하실인 줄 알고 더 샀더니 지하 2층이 나오기도 합니다. 그러면 공포심에 큰 손해를 보고 팔기도 하지요. 따라서 바닥에서 사려 하지 말고, **바닥을 찍고 상승 추세로 돌아선 것을 확인하고, 올라가는 무릎에서 사야** 합니다.

팔 때도 마찬가지입니다. 수익이 많이 나 '올라가는 어깨'라고 생각해 팔았는데 더 오를 때가 많습니다. 그러면 후회하고 판 가격보다 더 높은 가격에 다시 샀다 하락하면 손해를 보고 팔아버립니다. 하지만 **올라갈 때도 충분히 기다렸다가, 꼭지를 돌고 하락 추세로 바뀐 것을 확인**

추세 매매법

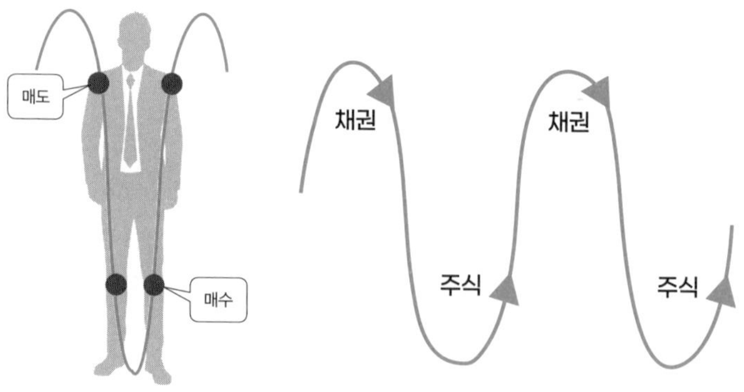

하고 팔아야 합니다.

무릎에서 사고, 어깨에서 파는 투자방법은, 인간은 주식시장을 예측해 맞출 수가 없으니 예측하지 말고 **추세를 확인하고 사고팔라**는 것입니다. 이는 추세만 잘 확인할 수 있으면 괜찮은 투자방법으로 대세 하락기에 큰 손실을 막을 수 있습니다.

코스피지수를 예로 들면 2004~2007년 대세 상승기에 투자했으면 수익이 많이 났을 것입니다. 그리고 2008년 대세 하락기에는 주식을 팔고 채권에 투자했다면 손실이 나지 않았을 것입니다. 또한 2009년부터는 다시 채권을 팔고, 주식에 투자했으면 또 수익이 많이 났을 것입니다.

여기까지만 보면 추세 매매법은 환상적인 투자방법으로 보이지만, 이 방법이 항상 높은 수익을 보장해주는 것은 아닙니다. 왜 그런지는 뒤에서 설명하겠습니다.

2002~2011년 코스피지수 추이

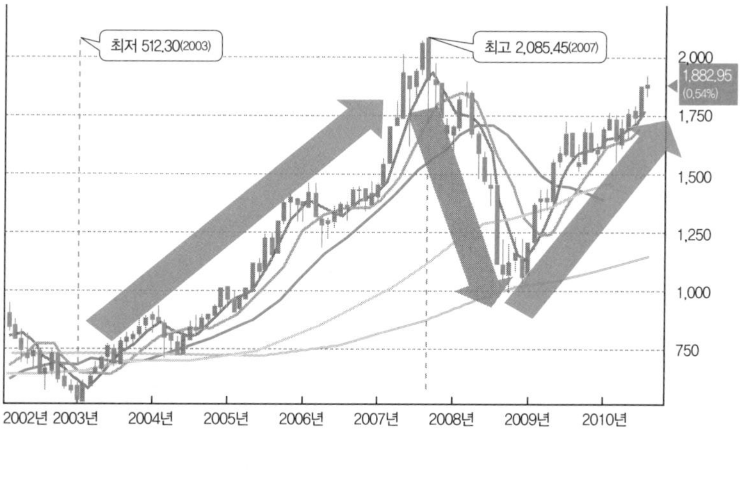

2 목표지수와 수익률에 따른 매매

코스피지수는 2011년부터 2016년까지 1,800포인트에서 2,000포인트 사이에서 오르내리기를 반복했습니다. 이런 구간을 '박스권'이라고 합니다. 이럴 때는 추세에 따라 무릎에서 사고 어깨에서 파는 투자방법이 통하지 않습니다. 주가가 상승 추세로 돌아섰다고 무릎에서 사려고 생각해 매수하면 하락하고, 하락 추세로 바뀌어 내려가는 어깨라고 판단해 매도하면 상승하기 시작합니다. 이럴 때 추세 신호를 따라 매매하면, 계속 비쌀 때 사고 쌀 때 파는 일이 반복돼 손실이 누적됩니다.

주식시장이 박스권에서 오래 머무는 경우, 박스권 하단에서는 채권을 팔고 주식을 사고, 박스권 상단에서는 주식을 팔고 채권을 사면 수익이 잘 납니다. 예를 들어 코스피지수가 1,800선 밑으로 내려오면 주식을 사고, 2,000선을 넘으면 주식을 파는 것입니다. 이렇게 했다면 2011년부터 2016년 사이에 수익을 10% 정도씩 낼 기회가 4번 정도 있었으므로,

2011~2018년 코스피지수 추이

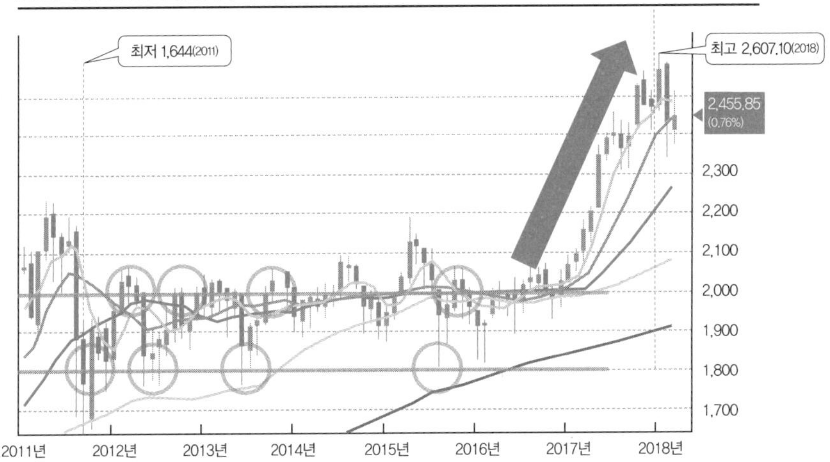

꽤 괜찮은 수익률을 올렸을 것입니다.

그런데 2017년에는 코스피지수가 2,500선 이상으로 크게 올랐습니다. 박스권 상단이라고 생각해 2016년 말에 주식을 팔았다면 2017년에 20% 이상 수익을 낼 기회를 놓쳤을 것입니다. 박스권을 돌파해 다시 대세 상승 추세로 바뀐 것입니다.

문제는 코스피지수가 우리에게 올해 박스권으로 갈지, 대세 상승으로 갈지, 대세 하락으로 갈지 알려주지 않는다는 것입니다. 그런 것은 지나보고 아는 것이지 미리 알 수 없습니다. 그래서 **현실적으로는 추세매매법이나 목표수익률, 목표지수를 설정해 투자하는 방식은 권장하지 않습니다.**

특히 글로벌 1등기업 주식펀드는 하락 추세로 바뀌었다고 해도 생각보다 많이 떨어지지 않고 다시 상승하기에, 매도가격보다 더 비싼 가격에 다시 매수해야 하는 경우도 종종 생깁니다.

또한 **글로벌 1등기업 주식펀드는 목표수익률을 정해놓고 팔아서는 안 됩니다.** 얼마까지 올라갈지 알 수 없기 때문입니다. 자본주의 시장경제에서는 물가가 오르는 한 주식시장은 계속 올라갈 것이고, 그중에서도 글로벌 1등기업들의 주가는 상대적으로 더 올라갈 것입니다. 그러므로 주가가 앞으로 몇 % 더 올라갈지 알 수 없습니다. 아마도 이 책의 독자들이 살아 있는 동안, 아니면 그다음 세대가 살아 있는 동안까지 계속 상승할 수도 있을 것입니다. 따라서 목표수익률을 30%, 50% 등으로 정하고 그에 맞춰 일찍 매도할 필요가 없습니다.

시중에는 내가 펀드를 이렇게 관리해서 수익이 어느 정도 났다고 말하는 사람들이 있습니다. 펀드관리 프로그램을 만들어 '이 프로그램으로 투자했으면 이렇게 수익률이 났을 것'이라고 홍보하는 회사들도 있습니다. 'AI 프로그램을 만들어 좋은 성과를 거뒀다'고 하는 곳들도 있습니다. 하지만 이런 프로그램 같은 것들도 과거의 기록을 가지고 시뮬레이션해 분석한 결과이지, 그 시뮬레이션 결과가 미래에도 항상 들어맞을지는 알 수 없습니다. AI 시스템이라고 해도 사람이 만든 것입니다. 그것을 만든 사람에게도 미래를 항상 맞출 능력은 없기 때문에 이런 프로그램들을 맹신해서는 안 됩니다.

보통 투자결과라고 하는 것도 그 AI 시스템을 만든 후에 실제로 운용해본 결과인지, 백테스팅back testing* 결과인지 확인해봐야 합니다. **그래서 AI가 운용하는 펀드라고 해도 5년은 검증해보고, 평가등급이 우수하게 나올 경우 투자할 것을 권합니다.**

* 백테스트(Back test) : 특정 투자전략을 과거로 돌아가서 실행했을 때 수익률이 얼마인지 시뮬레이션하는 것을 말함

3 위험과 기간 매칭법

3장에서 살펴본 분산투자의 6가지 원칙 중 위험과 기간을 매칭하는 투자원칙이 있습니다. 장기자금은 고위험/고수익형 상품, 중기자금은 중위험/중수익형 상품, 단기자금은 저위험/저수익형 상품으로 분산투자를 하라는 것입니다. 이 원칙은 처음 투자를 시작할 때 단기자금인지, 중기자금인지, 장기자금인지에 따라 분산투자를 하라는 것입니다.

남은 투자기간에 따라 분산투자법이 바뀐다

그런데 이 원칙은 투자를 시작한 이후에도 적용됩니다. 처음에 장기로 계획한 이벤트였어도 시간이 지나면 자연스럽게 중기가 되고, 중기는 단기가 됩니다. **처음에 장기자금이어서 고위험/고수익형인 주식형 펀드로 시작했지만, 시간이 지나서 중기자금이 되면** 계속 주식형으로 갖고 있지 말고 **혼합형 펀드나 해외채권형 펀드 같은 중위험/중수익형 펀드로 바꾸**

라는 것입니다. 그리고 시간이 더 지나 단기자금이 되면 다시 저위험/저수익형인 국내 채권형 펀드로 변경하라는 것입니다.

이렇게만 하면 주식형 펀드로 투자하는 동안 수익도 많이 나고, 나중에 돈이 필요할 때 주식형 펀드의 비중이 줄어 손실 위험 없이 안정적으로 돈을 찾을 수 있습니다. 즉 수익성과 안정성 두 마리 토끼를 다 잡는 투자원칙인 것입니다. 주식형 펀드로 투자를 시작했더라도, 이 원칙을 잘 활용하면 투자수익을 최대한 올리면서 안정적으로 수익을 지킬 수 있습니다.

만약 주식형 펀드로 계속 갖고 있으면 어떻게 될까요?

주가가 중기, 단기가 될 때도 계속 올라간다면 펀드를 해지할 때 수익이 많이 붙을 것입니다. 하지만 주가는 모든 투자자들의 기대나 계획과 상관없이 오르기도 하고 내리기도 합니다. 만약 주가가 계속 오르다가 정작 돈이 필요해 펀드를 해지해야 할 시점이 되었을 때, 30% 폭락한다면 어떻게 될까요? 아마 패닉에 빠질 것입니다. '1년만 일찍 팔걸' 하며 타이밍을 잘 잡지 못한 자신의 무능력을 탓할 수도 있습니다. 그때 그래도 쌓인 수익이 커서 전체적으로는 플러스 상태라면, 아쉽더라도 돈을 찾아 쓸 수도 있지만, 만약 마이너스로 바뀌어 원금마저 손실되었다면 그때 찾기는 너무 아까워 계획한 일을 미루거나 대출을 받아 해결해야 할 수도 있을 것입니다.

적립식 투자도 기간이 늘어나면 관리가 중요하다

적립식으로 주식형 펀드에 투자하면 처음에는 쌓인 금액이 작기 때문에, 주식시장이 오르고 내릴 때 금액의 변동이 크지 않습니다. 하지만 시간이 지나 적립한 금액이 커지면 수익률에 따라 금액의 변동이 커집니다. 적립식 펀드를 시작하여 1,000만 원이 되었을 때 수익률 10%가 변동하면 100만 원이지만, 10억 원이 되었을 때 10%가 변동하면 1억 원이 왔다 갔다 합니다.

따라서 적립식 투자는 초기 몇 년 동안은 수익률 관리가 별 의미가 없지만, 장기투자를 하다 보면 시간이 갈수록 수익을 잘 지키는 것이 중요해집니다. 그럴 때 변동성을 줄이고 수익을 지키려면 앞에서 소개한 투자원칙을 잘 지켜야 합니다.

위험과 기간을 매칭해 투자하는 예

그런데 이 투자원칙을 잘 지키려면 일단 장기, 중기, 단기를 몇 년으로 구분해야 하는지 알아야 합니다. 일반적으로 **장기는 10년 이상, 중기는 3년에서 10년 미만, 단기는 3년 미만**으로 구분하면 됩니다.

어떤 가정에 아이가 태어나 대학등록금 용도로 돈을 모으기로 했다고 하죠. 갓 태어난 아기가 대학 갈 때까지는 20년이라는 시간이 있으니 장기 이벤트입니다. 그러면 수익성을 위해 주식형 펀드로 시작하는 것이 좋습니다.

그런데 10년이 지나서 아이가 10세가 되면, 이제 남은 투자기간은 10년으로 이때부터는 중기 이벤트로 바뀌는 것입니다. 지난 10년 사이에 주식형 펀드에서 수익이 어느 정도 나 있을 것입니다. 그러면 주식형 펀드를 팔고 혼합형 펀드로 바꿉니다. 혼합형 펀드는 주식과 채권이 섞여 있는 펀드이므로 이렇게 하면 수익률의 변동이 줄어듭니다.

이제 아이가 고등학교에 입학해 대학등록금이 필요한 시기가 3년이 남으면 단기자금이 됩니다. 그러면 다시 혼합형 펀드를 팔고 국내 채권형 펀드로 갈아타면 손실 위험이 없이 아이가 대학에 입학할 때 등록금을 해결할 수 있습니다.

누구의 수익률이 가장 높을까?

그런데 중기가 3년에서 10년 사이인데, 언제 주식형 펀드를 혼합형 펀드로 변경해야 하는지 궁금할 것입니다. 중기도 기간이 7년이나 되어 언제 변경하느냐에 따라 수익률이 차이가 많이 날 수 있습니다.

다음 그림에서 A, B, C, D씨 중 누가 수익률이 가장 높을까요? 이들은 모두 적립식으로 주식형 펀드를 하고 있는데, 4년 동안 주가가 이렇게 1년은 오르고 1년은 내리기를 반복했다고 가정하고, A씨는 A부터 A′까지, B씨는 B부터 B′까지, C씨는 C부터 C′까지, D씨는 D부터 D′까지 모두 2년 동안 투자했다면, 누가 수익률이 가장 높을까요?

정답은 바로 C씨입니다. A씨의 2년간 수익률은 -23%이며, B씨는

A,B, C, D씨의 매수 및 매도 시점

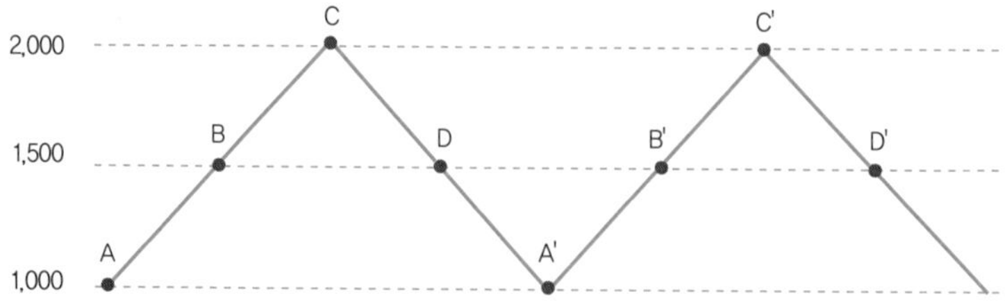

5%, C씨는 33%, 그리고 D씨는 5%입니다.

실제로 강의할 때 물어보면 많은 사람들이 "A씨"라고 답합니다. 그래프를 보면 A씨가 시작한 뒤로 주가가 올랐기 때문에 그렇게 보일 수 있습니다.

하지만 C씨는 투자를 시작하자마자 주가가 떨어졌지만 수익률이 가장 높습니다. 왜 그럴까요?

적립식 투자를 하면 주가가 쌀 때는 많이 사고, 비쌀 때는 적게 사게 되기 때문입니다. 좀 더 자세히 살펴보죠.

A씨의 경우처럼 투자를 시작하자마자 주가가 오르면 기분은 좋을 것입니다. '투자하기를 잘했네! 타이밍을 잘 잡았어!'라고 생각할 수도 있습니다. 1년 동안 주가가 계속 오르면 자신감이 생기는 한편, 잘못하면 교만해지기도 합니다. 그런데 1년 후부터 주가가 떨어지기 시작하면 수익률은 줄어들고, 어느 순간 마이너스로 바뀝니다. 적립식 펀드의 수익률은 그동안 매입한 가격의 평균과 현재 가격을 비교해 결정되기 때문입니다. A씨가 그동안 산 주식가격의 평균은 1,500원입니다. 만약 주가가 1,000원인 A'일 때 팔면 당연히 손실이 나는 것입니다.

한편 C씨는 적립식 투자를 시작하자마자 주가가 떨어지니 수익률이 계속 마이너스인 것처럼 보입니다. 그러면 '괜히 투자를 시작한 게 아닌가' 하는 의구심이 들 수 있습니다. 하지만 시점분산의 원칙을 배웠다면, 오히려 원하던 주식을 싸게 더 많이 살 수 있는 기회라 생각하고 계속 투자할 것입니다. 어차피 주식형 펀드에 대한 투자는 장기 이벤트를 위한 것이므로, 초기에는 신경 쓸 필요 없이 그냥 기다리면 됩니다. 그런데 주가가 다시 상승해 2,000원인 C′에서 보면, 그동안의 평균 매수가격이 1,500원이므로 수익이 나는 것입니다.

만약 A씨도 A′일 때 팔지 않고 기다렸다 C′일 때 팔았다면 수익이 났을 것입니다. 그래서 **적립식으로 투자할 때는 시작할 때가 아니라 끝낼 때가 중요**한 것입니다. A, B, C, D 어디에서 시작했든 C′에서 끝냈다면 수익이 더 많이 났을 것입니다.

상승 및 하락 구간 확인하는 법

주식형 펀드로 장기투자를 하다가 장기 이벤트가 중기 이벤트로 바뀌어 팔고 혼합형 펀드로 갈아탄다면, A′가 아니라 C′일 때 그렇게 하면 됩니다. 그런데 문제는 현실적으로 꼭지점인 C′를 어떻게 알고 그때 파느냐입니다. 인간이 정확히 꼭지일 때 파는 것은 불가능합니다. 하지만 B′부터 D′ 사이에만 팔아도 손실을 피하고 수익을 지킬 수 있습니다. 이를 예측해 맞추라는 것이 아닙니다. 정확한 바닥과 꼭지는 맞출 수 없지만, 지금이 D부터 B′ 사이의 하락 구간인지, B′부터 D′까지의 상승 구간인지는 확인할 수 있습니다. 그렇게 하는 방법은 바로 **최근 1년의 수익률을 보는 것**입니다.

S&P500지수의 장기 평균수익률은 약 10%였습니다. 그렇다면 현 시점에서 최근 1년 수익률이 10%가 안 된다면 지금은 D부터 B′ 사이라고 보면 되고, 10%가 넘는다면 B′부터 D′ 사이라고 보면 됩니다. 이를 날마다 확인할 필요는 없고, 1년에 한 번씩만 연말에 지난 1년을 정리하며 새해 계획을 세울 때 금융자산을 점검하면서 확인해보면 됩

니다.

앞의 사례와 같이 대학등록금이 장기 이벤트였다가 중기 이벤트로 바뀌는 시점은 남은 기간이 10년 이내인, 즉 아이가 10세가 되는 시점입니다. 다시 말해 돈이 필요한 시점이 되기 10년 전부터 주식형 펀드를 1년에 10%씩 팔아 채권형 펀드로 바꿉니다.

그런데 일률적으로 매년 10%씩 파는 것이 아닙니다. 연말에 펀드의 최근 1년 수익률을 확인해보고 평균수익률인 10% 이상 났으면 총 적립금의 10%를 매도해 채권형 펀드로 전환합니다. 만약 평균수익률인 10%보다 낮으면 그 해에는 팔지 말고 다음 해로 넘기고, 다시 연말에 확인해보니 10%보다 높았다면 전년도에 팔지 않은 금액을 합쳐 20%를 매각해 채권형 펀드로 갈아타면 됩니다.

[연습] 수익률이 높으면서도 안정적인 관리법

[사례] P씨가 적립식으로 투자하고 있는 주식형 펀드의 수익률이 아래와 같다고 합시다. 앞에서 소개한 투자방법을 바탕으로 실제로 수익률이 높으면서도 안정적으로 투자하는 방법을 살펴보죠.

P씨의 적립식 펀드 수익률 기준 : 2020년 말 | 출처 : 하나금융투자

구분	2013년	2014년	2015년	2016년	2017년	2018년	2019년
총수익률	28.04%	9.46%	9.23%	4.15%	23.88%	-8.18%	29.47%

❶ P씨가 그동안 투자해온 펀드의 돈을 2023년에 찾아 써야 한다면, 2013년부터 주식형 펀드를 매도하면 됩니다.

❷ 2013년 연말에 확인하니 28.04%의 수익률이 났다면, 전체 적립금의 10%를 매도하고 채권형 펀드로 바꿉니다.

❸ 2014년에는 수익률이 10%가 되지 않았기 때문에 매도하지 않고 그냥 둡니다.

❹ 2015년, 2016년에도 수익률이 10%가 나지 않아 넘어갑니다.

❺ 2017년에는 수익률이 23.88%로 10% 이상 났으므로, 주식형 펀드에서 2014년부터 매도하지 않고 남은 9년 치 중 4년 치인 9분의 4를 매도해 채권형 펀드로 갈아탑니다.

❻ 2018년에는 수익률이 마이너스가 났기 때문에 매도하지 않고 넘어갑니다.

❼ 2019년에는 수익률이 29.47%로 10% 이상 났기 때문에, 남은 5년 치 중 2년 치인 5분의 2를 매도해 채권형 펀드로 바꿉니다.
이처럼 **수익률이 평균보다 높은 해에만 부분 매도**하여 채권형 펀드로 갈아타면, 점차 주식형 비중이 줄어들고 채권형 비중이 커지면서 혼합형이 되어갑니다. 그러다가 **10년이 다 되면 대부분 채권형 펀드로 갈아타게 되어 주가가 폭락해도 큰 영향을 받지 않습니다.**

❽ 물론 이 과정에서 새로 적립식으로 투자하는 금액은 주식형 펀드로 하면 됩니다. 그래야 주가가 떨어졌을 때 싸게 많이 사는 효과가 있기 때문입니다.

❾ 그러다가 마지막 3년 정도가 남았을 때는 새로 투자하는 돈도 채권

형으로 하면 됩니다. 이런 원칙만 지킨다면 그동안 쌓인 수익을 잘 지키면서 손실 위험은 최소화할 수 있습니다.

그런데 최근 1년 수익률을 어떻게 확인할 수 있을까요? 보통 금융회사에서 내 펀드 계좌를 조회하면 총 원금과 현재 평가금액, 수익률을 확인할 수 있습니다. 이때 수익률은 총 원금 대비 누적수익률입니다. 즉 최근 1년 수익률은 여기서 볼 수 없습니다. 최근 1년 수익률을 쉽게 보는 방법은 **그 펀드에 가입한 금융회사 홈페이지에서 조회**하는 것입니다. 상품별 수익률을 조회하면 보통 최근 1개월, 3개월, 6개월, 1년, 3년 수익률 데이터를 볼 수 있는데 모닝스타에서도 조회가 가능합니다.

연금을 펀드로 준비한다면 20대부터 40대처럼 젊을 때는 퇴직이 장기 이벤트이므로 주식형 펀드로 모으다가, 연금 개시 10년 전부터 부분적으로 채권형 펀드로 전환하면 그때 주가가 폭락해도 손실 없이 안정적으로 탈 수 있습니다.

4 예측의 오류를 막아주는 자산재배분

자산재배분은 추세에 따른 변경이나 목표수익률 관리법의 단점을 보완할 수 있는 방법인데 영어로 '리밸런싱Rebalancing'이라고 합니다. 자산재배분은 **미래를 예측해 투자하는 방법이 아니라 예측의 오류를 피할 수 있게 해주는 방법**입니다. 미래의 추세를 맞추는 것은 쉽지 않지만 결과를 확인하고 그에 따라 주식과 채권의 비중을 조정하는 것은 가능하며, 이는 전체 자산 수익률의 변동성을 줄이는 데 효과적입니다.

예를 들어 주식형 펀드와 채권형 펀드의 비중을 50 대 50으로 구성해 투자를 시작했는데 주가가 떨어지면, 주식형 펀드의 비중은 줄어들고 채권형 펀드의 비중은 커집니다. 채권형 펀드는 보통 마이너스가 안 되므로 자연스럽게 비중이 커지는 것입니다. 예를 들어 주식형 펀드와 채권형 펀드의 비중이 40 대 60으로 될 수도 있겠지요.

이런 경우에는 채권형 펀드에서 전체 자산 중 50%만 남겨놓고 매

주가 하락 시 자산재배분 효과

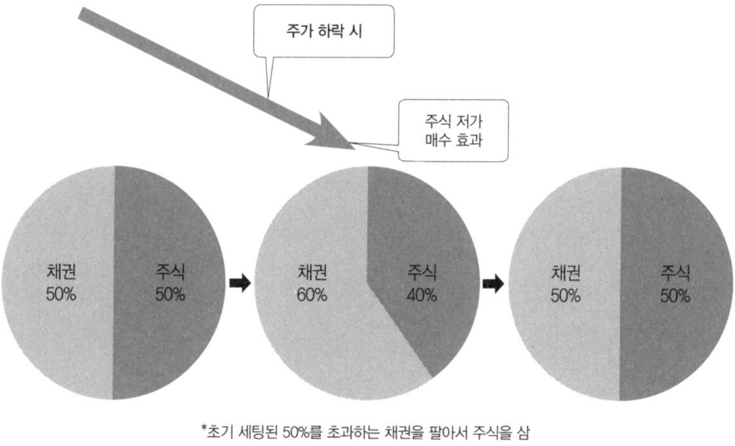

도해 주식형 펀드를 매수하면, 전체 비중이 다시 주식형 50%, 채권형 50%가 되고, 주가가 떨어졌을 때 매입하는 셈이 됩니다.

반대로 주가가 오르면 주식형 펀드의 비중이 커지고, 채권형 펀드의 비중은 작아집니다. 채권형 펀드 수익률이 플러스라 해도 큰 수익은 나지 않기 때문에, 주식형 펀드가 수익이 많이 나면 자연적으로 비중이 줄어듭니다. 그래서 만약 주식형 펀드와 채권형 펀드의 비중이 60 대 40이 됐다면, 주식형 펀드에서 전체 자산의 50%만큼만 남겨놓고 나머지는 매도해 채권형 펀드를 매수하는 것입니다. 결국 주가가 비쌀 때 팔게 되는 것이지요.

자산재배분 시기

자산재배분만 잘 활용해도 수익률의 변동성과 손실 위험을 많이 줄일

주가 상승 시 자산재배분 효과

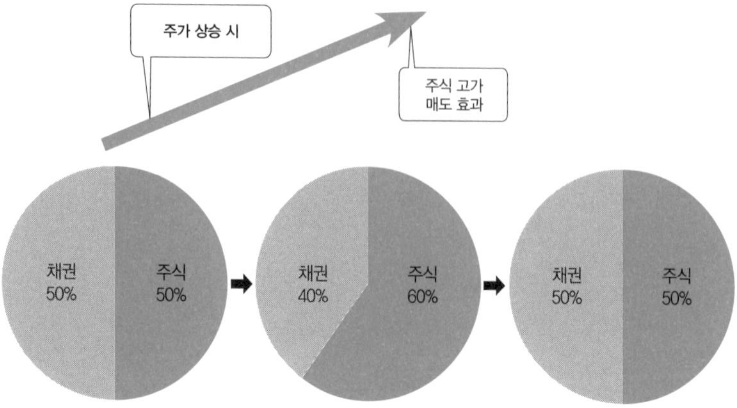

*초기 세팅된 50%를 초과하는 주식을 팔아서 채권을 삼

수 있는데, 너무 자주 할 필요는 없고 보통 1년에 한 번 정도 하는 것을 추천합니다. 본업이 바쁜 일반인들이 매달 혹은 몇 달에 한 번씩 확인하고 매수, 매도하는 것은 쉽지 않습니다. 그리고 그렇게 자주 수익률이 크게 변동하지도 않습니다. 보통 주가가 크게 오르거나 내리는 주기가 1년 정도이므로 1년에 한 번 정도 연말에 하는 것이 좋습니다.

연말 연초는 한 해를 마무리하고, 새해 계획을 세우는 시기라, 그럴 때 한 해의 자산 수익률도 점검할 겸 자산재배분을 하면 기억하기도 편합니다. '산타랠리'라고 보통 연말이 되면 새해에 대한 낙관적인 기대감으로 주가가 오르는 경우가 많은데, 그럴 때 주식 비중을 줄이면 수익률에 도움이 될 수도 있습니다.

기본적으로는 연말에 자산재배분을 하고, 연중에도 주가가 크게 오르거나 크게 내릴 때 한 번 정도씩 하는 것도 좋은 방법입니다. 예를 들어 2020년 3월 말 코로나19 사태로 주식시장이 한 달 만에 20% 이상 급락했을 때도 자산재배분을 해서 주식의 비중을 늘렸다면 수익률에 도움이 되었을 것입니다.

자산재배분 방법

자산재배분을 할 때는 **서로 상관관계가 적은 펀드끼리 하는 것이 변동성을 줄이는 효과**가 있습니다. 이것이 주식형 펀드와 채권형 펀드를 예로 들어 설명한 이유입니다. 두 가지 주식형 펀드끼리 자산재배분을 하거나, 채권형 펀드끼리 할 수도 있지만, 그렇게 하면 변동성이 줄어드는 효과가 별로 없습니다. 보통 주식형 펀드들은 수익률의 차이가 있기는 하지만, 요즘은 경제가 글로벌하게 엮여 서로 영향을 주고받기에 대부분 오를 때 같이 오르고 내릴 때 같이 내리는 경향이 있기 때문입니다. 채권형 펀드들도 수익률의 차이는 있지만, 채권형 펀드 자체가 변동성이 적기 때문에 굳이 자산재배분을 하지 않아도 변동성이 크지 않을 것입니다.

자산재배분은 적립식으로 투자를 시작한 지 얼마 안 됐을 때는 하지 않아도 됩니다. 돈을 불려야 하는 시기에는 주식형 펀드로 해야 수익률이 가장 높기 때문에 굳이 채권형으로 나눠 할 필요가 없습니다. 하지만 투자를 시작한 지 오래되어 쌓인 금액이 커졌을 때는 적당한 관리법입니다. 예를 들면 **경제활동을 할 때는 주식형 펀드로 하다, 목표한 금액을 달성해 더 이상 불리지 않아도 될 때, 또는 은퇴해 그동안 불린 돈을 찾아 써야 할 때 적합**합니다.

자산재배분 효과 백테스팅

포트폴리오비주얼라이저 사이트www.portfoliovisualizer.com/에서 자산재배분 효과를 백테스팅해볼 수 있습니다.

다음의 그래프는 1987년부터 2020년 말까지 미국 주식시장과 미국 채권시장을 기준으로 백테스팅해본 결과입니다. 포트폴리오 1은 주식 비중을 70%, 채권 비중을 30%, 포트폴리오 2는 주식 50%, 채권 50%, 포트폴리오 3은 주식 30%, 채권 70%로 비중을 정해 매해 연말

1987~2020년 미국 주식 및 채권 자산재배분 시나리오 출처 : 포트폴리오비주얼라이저

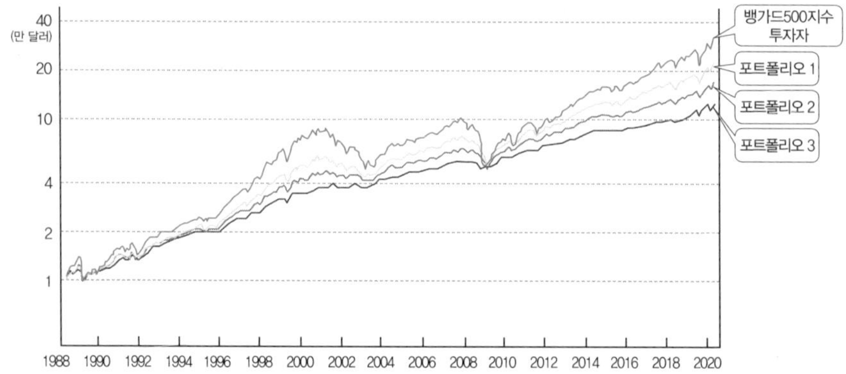

자산 시나리오에 따른 수익률 변화(1987년 1만 달러 투자 시) 기준 : 2020년 말

이름	비중	자산액	연수익률	표준편차	가장 높은 해의 수익률	가장 낮은 해의 수익률
포트폴리오 1	주식 70%, 채권30%	22만 882달러	9.53%	10.89%	30.50%	-24.41%
포트폴리오 2	주식 50%, 채권50%	16만 7,104달러	8.64%	8.04%	26.98%	-15.99%
포트폴리오 3	주식 30%, 채권70%	12만 1,669달러	7.63%	5.47%	23.46%	-7.57%
뱅가드500지수 (S&P 추종)	주식 100%	31만 5,668달러	10.69%	15.15%	37.45%	-37.02%

에 자산재배분했을 경우의 투자결과를 보여줍니다. 비교 대상인 뱅가드500지수는 미국 S&P500지수의 수익률입니다.

만약 1987년에 1만 달러를 투자했고 매해 연말에 자산재배분을 하면서 투자했을 경우, 2020년 말에 포트폴리오 1은 약 20만 달러, 포트폴리오 2는 약 17만 달러, 포트폴리오 3은 약 12만 달러, 주식 비중이 100%인 S&P500지수는 약 32만 달러가 된 것을 볼 수 있습니다. 주식 비중이 클수록 수익률은 높아지지만 표준편차도 커집니다. S&P500지수는 연평균 수익률이 10.69%, 표준편차가 15.15%로 가장 큽니다. 포트폴리오 3은 연평균 수익률이 7.63%, 표준편차가 5.47%로 수익률과 표준편차가 가장 작습니다.

즉 채권 비중이 커질수록 안정적으로 투자할 수 있다는 것을 보여줍니다. 주식 비중이 100%인 경우는 가장 높았던 해의 수익률이 37.45%, 가장 낮았던 해는 -37.02%입니다. 포트폴리오 3은 가장 높았던 해의 수익률이 23.46%, 가장 낮았던 해는 -7.57%입니다. 그렇다면 연령대에 따라 이렇게 적용해볼 수 있습니다.

연령대에 따른 자산재배분

❶ 사회초년생인 20대, 30대 초반은 변동성이 크더라도 자산을 빨리 불려야 하기 때문에 수익률이 가장 높은 주식에 100% 투자합니다.

❷ 그러다가 시간이 지남에 따라 전체 금액이 커질수록 주가의 변동에 따라 적립금의 변동폭도 커지므로 주식 비중을 줄이고 채권 비중을 늘려가면서 안정적으로 관리합니다.

❸ 나이가 들면 은퇴할 때까지 주식 비중 30%, 채권 비중 70% 정도로 주식 비중을 줄이고, 그 뒤부터는 주식 비중을 30% 정도로 유지하면서 자산재배분을 합니다. 그렇게 하면 연평균 7% 정도의 수익률을 유지하면서 안정적으로 자산을 관리할 수 있습니다.

❹ 은퇴 후에 투자금액을 늘리는 것이 아니라 은퇴자금이 필요해 돈을 찾아 써야 한다면, 포트폴리오 3과 같이 하면서 연평균 7% 정도의 수익률이 나도록 합니다. 그러면서 매년 전체 투자금액의 5%를 인출해 생활비로 쓰면, 평균적으로 2%가 남기 때문에 적립금액이 줄어들지 않고 오히려 증가하게 되며, 갈수록 인출할 수 있는 금액도 늘어납니다. 이렇게 하는 이유는 은퇴 후에도 물가상승률을 고려해 생활비가 증가하는 것에 대비하기 위해서입니다.

5 나이에 따른 비중 조정

나이에 따라 주식형을 줄이고 채권형을 늘리는 식으로 비중을 조정하는 관리 방법이 있는데, 이는 매우 고전적이면서 직관적으로 쉽게 적용할 수 있는 방법입니다.

'100－나이'를 계산해 주식형 비중을 정하는데 공식은 이렇습니다.

주식형 투자 비중 = 100 - 나이

예를 들어 나이가 28세이면 100-28=72이니 주식형에 72%, 채권형에 28% 투자하는 것입니다. 만약 현재 55세라면 주식형 비중이 45%, 채권형 비중이 55%가 되겠죠.

젊을수록 주식 비중을 크게 해 공격적으로 투자하고, 나이가 들수록 채권 비중을 늘려 안정적으로 투자합니다. 앞에서 말한 장기, 중기, 단기 이벤트에 따라 주식형에서 점차 채권형 비중을 늘려가는 투자원칙과 일맥상통하는 면이 있습니다.

이 방법은 자산재배분 관리방법에도 똑같이 적용할 수 있습니다. 자산재배분을 할 때 주식형과 채권형을 반드시 50 대 50으로 할 필요는 없습니다. 젊을 때는 주식형과 채권형 비중을 80 대 20이나 70 대 30으로 하다가 나이가 들수록 50 대 50, 그리고 30 대 70과 같은 식으로 채권형 비중을 늘려가면서 자산재배분을 하는 것도 좋은 관리 방법입니다.

'100－나이'를 한다고 해서 비중을 정확하게 한 자릿수까지 관리할 필요는 없고, 10년 단위로만 해도 크게 무리가 없습니다. 20대에는 주식형 비중을 80%로 하고, 30대가 되면 70%와 같은 식으로 하면 됩니다. 10년 단위로만 비중을 바꾸면 되므로 그다지 번거롭지 않습니다.

이 방법을 적용할 때 주식형을 일부 채권형으로 전환할 때는 앞에서 말한 것처럼, **최근 1년 수익률이 평균수익률보다 높은 해에 매도**하면 됩니다.

6 수익 실현 후 재투자

마지막으로 앞에서 말한 투자원칙들을 혼합해 적용하는 방법을 소개합니다. 누구나 따라 할 수 있는, 수익률을 좀 더 잘 관리하는 방법입니다.

적립식 주식투자 3년 후부터 관리하는 법

장기 이벤트를 위해 주식형 펀드로 투자를 시작했을 경우, 중기 이벤트가 될 때까지는 계속 유지하면 되므로 특별히 변경이나 관리를 하지 않아도 됩니다.

애초에 글로벌 1등기업 주식펀드를 골랐다면 장기투자를 하는 동안 자동으로 수익이 날 것입니다. 그런데 주식형 펀드로 투자하는 기간에도 주가가 크게 급등락하는 시기가 분명 있을 것입니다. 이럴 경우에는 주가가 평균보다 많이 오른 해에는 수익금을 매도해 이익을 실현

합니다.

적립식으로 투자를 시작해 처음 3년 정도까지는 쌓인 돈도 작고, 주가가 떨어져도 싸게 많이 사는 시기라고 보고 그냥 놔둬도 무방하지만, 3년이 지나면 금액이 커지기 때문에 이 방법을 적용하면 조금 더 높은 수익률을 거둘 수도 있습니다. 예를 들어 다음과 같이 하는 것입니다.

❶ 주식형 펀드에 적립식으로 투자한 지 3년이 지나고, 최근 1년 수익률이 10%가 넘었다면, 지난 1년 동안 생긴 수익금만 부분 매도합니다S&P500지수 평균수익률이 10.74%였기 때문에 10%를 기준으로 합니다.

❷ 부분 매도해 생긴 수익금은 자동이체 통장에 넣어두고, 그 금액을 12개월로 나눠 적립식으로 다시 넣습니다. 만약 매도해 생긴 금액이 600만 원이라면 12로 나누면 50만 원이죠. 그동안 매달 100만 원씩 자동이체를 하여 투자하고 있었다면, 이때부터는 자동이체 금액을 월 150만 원으로 늘립니다.

❸ 그러다가 월 단위로 주가가 하락한 달에는 50만 원을 추가매수로 더 넣습니다. 주가가 쌀 때 많이 사기 위해서입니다. 또한 코로나19 사태가 터졌던 2020년 3월처럼 주식시장이 -30% 정도로 크게 급락할 때는 나머지 금액을 모두 추가매수합니다.

❹ 부분 매도했던 금액이 다 들어갔으면, 자동이체 금액을 원래대로 100만 원으로 줄입니다.

S&P500지수 10% 초과수익, 다음 해 수익률 분석

연도	지수등락률	다음 해 수익률	연도	지수등락률	다음 해 수익률
1970년	0.10%		1996년	20.26%	10% 이상 상승
1971년	10.79%		1997년	31.01%	10% 이상 상승
1972년	15.63%	10% 이상 상승	1998년	26.67%	10% 이상 상승
1973년	-17.37%	10% 이상 하락	1999년	19.53%	10% 이상 상승
1974년	-29.72%	10% 이상 하락	2000년	-10.14%	10% 이상 하락
1975년	31.55%		2001년	-13.04%	
1976년	19.15%	10% 이상 상승	2002년	-23.37%	
1977년	-11.50%	10% 이상 하락	2003년	26.38%	
1978년	1.06%		2004년	8.99%	10% 미만 상승
1979년	12.31%		2005년	3.00%	
1980년	25.77%	10% 이상 상승	2006년	13.62%	
1981년	-9.73%	10% 미만 하락	2007년	3.53%	10% 미만 상승
1982년	14.76%		2008년	-38.49%	
1983년	17.27%	10% 이상 상승	2009년	23.45%	
1984년	1.40%	10% 미만 하락	2010년	12.78%	10% 이상 상승
1985년	26.33%		2011년	0.00%	
1986년	14.62%	10% 이상 상승	2012년	13.41%	
1987년	2.03%	10% 미만 상승	2013년	29.60%	10% 이상 상승
1988년	12.40%		2014년	11.39%	10% 이상 상승
1989년	27.25%	10% 이상 상승	2015년	-0.73%	10% 미만 하락
1990년	-6.56%	10% 미만 하락	2016년	9.54%	
1991년	26.31%		2017년	19.42%	
1992년	4.46%	10% 미만 상승	2018년	-6.24%	10% 미만 하락
1993년	7.06%		2019년	28.88%	
1994년	-1.54%		2020년	16.26%	10% 이상 상승
1995년	34.11%				

수익 실현 후 재투자 시 주의할 점

수익 실현 후 재투자법을 실전에 적용할 때 주의해야 할 점은, **최근 1년 수익률이 10% 이상 올랐다고 전액을 매도해서 그 돈을 적립식으로 새로 부어서는 안 된다**는 것입니다. 아직 장기 이벤트가 중기 이벤트로 바뀐 것이 아니라 주식형으로 계속 투자할 계획이라면 '수익금만' 매도해야 합니다. 10% 이상 올랐다고 해서 다음 해에 꼭 떨어지는 것은 아니기 때문입니다.

S&P500지수를 보면 1985년부터 2020년까지 10% 넘게 오른 해가 20번 있었습니다. 이 중에서 다음 해에 수익률이 마이너스가 난 경우는 4번이고, 10% 미만의 수익률이 난 적은 4번, 또 10% 이상 수익이 난 적은 10번 있었습니다. 남은 한 번은 2020년이라 2021년이 끝나봐야 알 수 있습니다.

정리하면, 연 수익률 10%를 기준으로 보면 올해 10% 이상 오르고, 다음 해에도 10% 이상 오를 확률은 반반입니다. 그래서 사실 어떻게 하는 것이 수익률이 더 높을지 장담할 수는 없습니다. 하지만 변동성을 줄인다는 측면에서는 계속 주식형으로 가는 것보다 나을 수 있습니다. 이 방법을 실행하기 어렵다면 돈을 모아가는 단계에서는 그냥 주식형으로 계속 보유해도 좋습니다.

이상과 같은 사후 관리방법들을 종합해서 누구나 쉽게 따라할 수 있도록 정리하면 다음과 같습니다.

주식형 투자, 누구나 쉽게 할 수 있는 사후관리법

❶ 평생 투자한다는 가정하에 젊어서 돈을 모으는 단계에서는 주식형에 100% 투자합니다.

❷ 60세에 은퇴한다면 50세까지는 주식형에 투자합니다.

❸ 50세가 되면서부터는 매년 연말에 확인해 최근 1년의 수익률이 10%가 넘을 때마다 전체 적립금의 5%씩을 매도해 채권형 펀드로 바꿉니다.

❹ 60세가 되어 주식형 50%, 채권형 50%가 되면, 이때부터는 1년에 5%씩 인출해 노후 생활비로 사용하면서 연말마다 자산재배분을 합니다. 투자 성향이 안정추구형이면 주식형 비중을 30%까지 낮추면서 자산재배분을 합니다.

투자하다 보면 피할 수 없는 것이 세금입니다. 세금은 순수익률을 깎아먹습니다. 합법적으로 세금을 면세해주거나 줄여주거나 미뤄주는 제도가 있다면 최대한 활용할 필요가 있습니다. 여기서는 합법적으로 세금을 피하는 방법에 대해 알아보겠습니다.

7장

수익률의 최대 적 세금 피하는 법

다른 주식형 펀드라면 오르거나 내리는 등 변동성이 커서 펀드를 교체해야 할 때도 있지만, 글로벌 1등기업 주식에 투자하는 펀드라면 차라리 신경 안 쓰고 오래 놔두는 것이 수익률에 더 도움이 되는 경우가 많습니다.

1 금융소득에 대한 세금

금융소득 관련 세금의 종류

직접투자든 간접투자든 투자를 하다 보면 피할 수 없는 것이 세금입니다. 세금은 순수익률을 깎아먹습니다. 글로벌 1등기업 주식에 투자할 경우 현행법상 직접투자나 ETF로 투자할 경우 수익금에 대해 22%의 양도소득세를 내야 하고, 펀드로 투자하면 15.4%의 배당소득세를 내야 합니다. 만약 연간 10%의 수익이 났다면, 배당소득세15.4%를 제외하면 순수익률은 8.46%가 됩니다.

글로벌 1등기업 투자 유형에 따른 세금

투자 유형	세금 종류
직접투자, ETF	양도소득세(22%)
펀드	배당소득세(15.4%)

납세는 국민의 당연한 의무지만 합법적으로 세금을 면세해주거나 줄여주거나 미뤄주는 제도가 있다면 최대한 활용할 필요가 있습니다.

세금은 점차 강화되는 추세로 선진국으로 갈수록 커질 수밖에 없습니다. 정부로서는 저성장 시대인데다가 고령화로 사회복지비용이 늘어나고 그 위에 커져가는 살림을 감당하려면 세금을 더 걷어야 합니다.

금융투자와 관련된 세금으로는 이자소득세, 배당소득세, 양도소득세, 연금소득세, 기타소득세 등이 있습니다.

이자소득세는 적금이나 예금이나 보험 등의 이자에 붙는 세금으로, 세율은 지방소득세 포함 15.4%입니다. 글로벌 1등기업에 투자하는 주식이나 펀드에는 해당하지 않습니다.

배당소득세는 주식을 샀을 때 받는 배당금, 펀드나 ELS와 같은 간접투자상품의 차익에 대해 내는 세금으로, 세율은 이자소득세와 같이 15.4%입니다. 글로벌 1등기업 주식에 투자할 때는 직접투자를 하든

금융투자와 관련된 세금

	이자소득세	배당소득세	양도소득세	연금소득세	기타소득세
대상	예적금, 채권, 보험	배당금, 펀드나 ELS의 차익 해외 주식투자의 배당금	해외 주식 직접투자 및 ETF 양도차익	연금계좌 (연금저축, IRP)	연금계좌 가입 후 중도 일부 인출 및 해지 시
세율	15.4% (지방소득세 포함)	15.4% (지방소득세 포함)	22% (지방소득세 포함, 연간 250만 원 비과세, 금융소득종합과세에 합산 안 됨)*	나이에 따라 5.5%, 4.4%, 3.3% (연금을 탈 때 냄)	16.5%

* 지금은 대주주가 아니면 국내 주식의 양도차익에 대해 양도소득세가 없지만, 앞으로 종목당 3억 원 이상의 주식을 보유하면 대주주로 양도소득세를 과세하는 방향으로 바뀔 예정이다.

ETF로 투자하든, 배당금에 대해서는 배당소득세를 냅니다. 펀드로 투자하면 수익금에 대해 배당소득세를 내지요.

양도소득세는 국내 주식은 상장주식의 양도차익에 대해서는 대주주가 아니면 비과세지만, 해외 주식에 직접투자를 하거나 해외 ETF에 투자해 생기는 양도차익에 대해 양도소득세를 내야 하는데, 세율은 22%입니다. 양도소득세는 배당소득세보다 세율은 높지만, 연간 250만 원까지 비과세를 해주며 금융소득종합과세에 합산되지 않습니다. 아직 확정되지는 않았지만, 국내 상장주식의 경우 종목당 3억 원 이상의 주식을 보유하면 대주주로 양도소득세를 과세하는 방향으로 세금이 강화될 예정입니다.

2021년 소득세 최고세율 인상 및 과표구간 조정

출처 : 국세청

현 행

□ 소득세 과세표준·세율

과세표준	세율(%)
1,200만 원 이하	6
1,200 ~ 4,600만 원	15
4,600 ~ 8,800만 원	24
8,800 ~ 1억 5천만 원	35
1.5 ~ 3억 원	38
3 ~ 5억 원	40
5억 원 초과	**42**

개 정 안

□ 최고세율 인상 및 과표구간 조정

과세표준	세율(%)
1,200만 원 이하	6
1,200 ~ 4,600만 원	15
4,600 ~ 8,800만 원	24
8,800 ~ 1억 5천만 원	35
1.5 ~ 3억 원	38
3 ~ 5억 원	40
5억 원 초과	**42**
10억 원 초과	**45**

연금소득세는 연금계좌연금저축과 IRP에 가입해 연금으로 탈 때 내는 세금으로 세율은 5.5%, 4.4%, 3.3%로 저렴한 편입니다. 글로벌 1등기업 주식에 투자하는 펀드를 연금계좌로 가입하면 수익금에 대해 연금소득세율이 적용되므로, 배당소득세나 양도소득세보다 세금을 적게 낼 수 있습니다.

기타소득세는 연금계좌에 가입했다 연금으로 타지 않고 중도에 일부 인출하거나 해지할 경우 내는 세금으로 세율은 16.5%입니다. 글로벌 1등기업 주식에 투자하는 펀드에 연금계좌로 투자하다가 연금으로 타지 않으면 기타소득세를 내야 합니다.

그 위에 이자소득과 배당소득이 개인당 연간 2,000만 원이 넘어가면 **금융소득종합과세** 대상이 됩니다. 종합소득세 세율은 2021년에 개정돼서 최고 세율이 45%로 올랐으며, 지방소득세를 포함하면 세율이 최고 49.5%까지 높아질 수 있습니다.

2023년부터 금융투자소득세 신설 예정

금융소득에 부과되는 세금에 큰 변화가 있을 예정으로 2023년부터 금융투자소득세가 신설될 예정입니다. 시행 전까지 변경될 여지는 있지만, 현재까지 발표된 안을 보면, 금융투자소득에는 펀드와 ETF와 ELS 같은 파생상품의 수익, 국내와 해외 상장주식의 매매차익이 포함됩니다. 비과세였던 국내 주식의 매매차익과 국내 주식형 펀드의 수익에 과세가 되는 것도 큰 변화입니다. 또한 세율도 올라갑니다.

한편 금융투자소득에 합산되지 않는 것들도 있습니다. 국내와 해외 주식에서 받는 배당금, 펀드로 간접투자를 해 받는 주식의 배당금, 그리고 채권과 원리금이 확정된 ELB와 DLB 같은 파생상품의 이자소득이 그런 경우입니다. 단, 채권의 매매차익은 금융투자소득에 포함됩니다.

오랫동안 유지되던 과세체계에 큰 변화가 생겨 다소 헷갈릴 수 있는데, 크게 보면 주식에 직접투자를 해 받는 배당금에는 배당소득세, 채권의 이자에는 이자소득세, **주식과 채권의 매매차익, 펀드 및 파생상품의 수익에는 금융투자소득세**가 붙는다고 정리할 수 있습니다. 국내와 해외의 구분은 사라지게 됩니다.

금융투자소득세가 신설되면 투자자들에게 어떤 점이 유리하거나 불리할까요?

금융투자소득세 유리하게 활용하는 법

먼저 투자자들에게 불리해지는 점은 세율이 3억 원 이하는 22%, 3억 원 초과는 27.5%로 올라간다는 것입니다. 연 단위로 계산하므로, 금융자산이 아주 많지 않은 이상 세율은 22%가 되겠죠. 하지만 글로벌 1등기업 주식에 장기투자를 하다 보면 일반인도 수익이 꾸준히 불어나 10억 원이 될 수도 있습니다. 투자금이 10억 원일 때 마침 1년에 30% 넘게 수익이 나면, 수익금이 3억 원을 초과하므로 세율은 27.5%가 됩니다.

반면 다음과 같이 투자자들에게 유리한 점도 있습니다.

❶ 손익통산의 경우 **1년 동안의 손실과 이익을 통산해 손실이 났으면 과세하지 않게 됩니다.** 금융투자소득에 해당하는 모든 투자대상의 손실과 이익을 합산해 과세 여부를 결정합니다. 예전 같으면 해외 주식에서 매매차익이 1,000만 원이 생기고, 국내 주식에서 손실을 2,000만 원 보면, 전체로는 1,000만 원의 손실을 보아도 해외 주식의 매매차익 중 250만 원을 공제한 750만 원에 대해 세금을 22% 내야 했습니다. 하지만 금융투자소득세의 경우 국내 주식, 해외 주식의 손익을 합산해 전체적으로 손실이 나면 과세하지 않습니다.

❷ 기본 공제를 할 때 **국내 주식은 5,000만 원을 기본 공제로 비과세해주고, 다른 금융투자소득은 250만 원을 기본 공제로 비과세해줍니다.**

❸ 이월공제의 경우 **전체 금융투자소득에서 손실이 나면 5년까지 손실을 이월**해줍니다. 이월된 손실을 다음 해의 수익과 합산해 과세 여부를 결정합니다.

❹ **분류과세를 해서 종합소득에 합산하지 않습니다.** 종합소득에 합산되면 최고 세율이 49.5%까지 올라가지만, 금융투자소득은 최고 세율이 27.5%라서 다른 종합소득이 많은 사람은 더 유리해집니다.

이런 면을 고려하면 거액의 자산가가 아니면 세금이 크게 오르지 않을 것임을 알 수 있습니다. 과세표준이 8,800만 원이 넘으면 종합소득세율이 38.5%로 올라가는데, 이런 사람들은 금융소득이 2,000만 원을 초과할 경우 종합소득에 합산돼 세율이 38.5%로 크게 올라가지만, 금융투자소득세로 바뀌면 세율이 최대 27.5%로 내려가는 효과가 있습니다.

글로벌 1등기업 주식에 직접투자를 하거나 해외ETF로 투자하는 경우, 해외 주식이라 지금도 22%의 양도소득세가 부과되기 때문에 세율에 변동이 없습니다. 물론 양도차익이 1년 안에 3억 원이 넘어가면 세율이 27.5%로 올라가겠지만요.

글로벌 1등기업 주식에 간접투자를 하는 펀드에 투자할 경우, 현재는 펀드의 수익금은 배당소득세로 15.4%에 해당하지만, 금융투자소득세로 바뀌면 22%로 올라갑니다. 그래도 국내 주식이 비과세에서 22% 과세로 바뀌는 것에 비하면 세율 상승이 상대적으로 적은 것입니다. 국내 주식이나 주식형 펀드는 비과세라는 장점이 있었지만, 어차피 같은 세율로 과세된다면, 국내 주식보다는 글로벌 1등기업에 투자하는 해외펀드에 돈이 더 몰릴 것으로 예상됩니다.

2 합법적으로 최대한 세금을 줄이는 법

현재 우리나라에서 글로벌 1등기업 주식에 투자하면서 세금 혜택을 가장 많이 받을 수 있는 방법은 퇴직연금과 개인연금 계좌를 활용하는 것입니다. 비과세 상품에는 개인종합자산관리계좌ISA, 저축성보험, 비과세저축 같은 것들도 있지만, 이들은 현실적으로 글로벌 1등기업 주식에 투자할 수 있는 상품이 없거나 가입 자격에 제한이 있어 제외하겠습니다.

퇴직연금 활용하기

사정상 따로 투자할 돈이 없는 사람도 근로자라면 퇴직금이 있을 것입니다. 퇴직연금에 가입한 근로자들이 많이 늘었고, 앞으로는 전 사업장에 의무화될 예정입니다. 이 퇴직연금으로도 글로벌 1등기업 주식에 투자하는 펀드 투자를 할 수 있습니다.

현재 우리나라 퇴직연금의 총 적립금은 2019년 말 기준으로 221조 원인데 연 수익률은 2.25%에 불과합니다. 수익률이 이렇게 낮은 이유는 전체 금액의 90%인 198조 원이 금리가 고작 1~2% 수준인 원리금 보장형 상품, 즉 예금이나 금리형 보험 등에 들어 있기 때문입니다. 실적 배당형 상품은 10%인 23조 원밖에 되지 않으며, 그중에서도 주식형 투자는 고작 7조 원 정도에 불과합니다. 나머지는 채권형 펀드와 같이 수익률이 낮은 상품에 들어 있습니다. 이처럼 우리나라 퇴직연금은 총 적립금 221조 원 중에서 고작 3% 정도만 주식에 투자하는 까닭에 퇴직연금의 수익률이 낮은 것입니다. 주식에 투자되는 7조 원도 국내 주식형 펀드나 중국펀드 등 여러 나라 펀드로 분산되므로, 글로벌 1등기업 주식에 투자하는 펀드는 이 중에서도 극히 일부밖에 되지 않습니다.

반면 선진국의 퇴직연금들은 보통 10% 전후의 수익률을 올립니다. 대부분 주식형 펀드에 투자하기 때문입니다. 우리나라는 금융투자에 대한 교육도 별로 하지 않고, 금융회사들도 퇴직연금을 유치하려고만 하지 수익률을 높이는 데는 관심이 적은 편입니다. 퇴직연금으로 펀드에 투자할 수 있다는 사실을 아예 설명조차 하지 않는 경우도 많습니다.

퇴직연금에는 크게 DB형과 DC형이 있는데, DB형은 회사에서 관리하는 것이고, DC형은 근로자가 관리하는 것입니다. 예전 퇴직금 제도에서는 마지막 퇴직하는 해의 평균 급여에 근속 연수를 곱해 퇴직금을 지급합니다. 근로자들의 연봉인상률이 5%인데 퇴직연금 상품의 수익률이 1% 났다면, DB형에서는 5%와 1%의 차액인 4%만큼을 회사가 채워 지급해야 하므로 손해를 봅니다. 반대로 DC형은 근로자가 수익률이 난 만큼만 가져가므로 1%만 받고 4%는 손해 봅니다. 유일하게 금융회사만 수익률과 상관없이 수수료를 챙겨 손해를 보지 않습니다.

퇴직연금, 글로벌 1등기업 주식에 주목해야 하는 이유

퇴직연금도 펀드에 투자하면 수익률을 높일 수 있습니다. 단, 주식형 펀드에는 전체 금액의 70%까지만 투자할 수 있고, 나머지 30%는 채권형 펀드나 원리금 보장형 상품에 해야 합니다. 이 70%라도 글로벌 1등기업에 투자하는 주식형 펀드에 투자할 것을 권합니다. 그렇게 해서 퇴직연금의 수익률을 높이면 노후에 좀 더 풍족한 삶을 살 수 있을 것입니다.

글로벌 1등기업 주식형 펀드에 70%를 투자해 연 10% 수익률이 나고, 30%를 투자한 채권형 펀드에서 연 3% 수익률이 난다고 가정하면 전체로는 연 7.9%가 됩니다. 그러면 예를 들어 30세 신입사원이 월급 200만 원으로 시작해 연평균 연봉 인상률이 5%인데, 퇴직연금 DC형을 연이율이 1%인 예금에 넣은 경우와 수익률이 7.9%인 펀드에 넣은 경우 30년 후 받게 되는 퇴직금의 차이를 보면 오른쪽의 표와 같습니다. 1%의 수익률을 거둘 경우 1억 4,960만 원을 타게 되는데, 7.9%의 수익률을 거둘 경우에는 4억 1,148만 원을 타게 되어 무려 2억 6,188만 원이 차이가 납니다.

그래도 펀드에 넣었다가 혹시라도 손해를 보는 것보다는 안전하게 예금에 넣으면 원금을 잃지는 않을 거라고 생각할 수도 있지만, 연이율

DC형 퇴직연금 수익률 1% vs 7.9% 비교

연차	연봉인상률		투자수익률		차이
	5%		1.00%	7.90%	
	월급여	퇴직금	적립금	적립금	
1년	200만 원	17만 원	202 만 원	208만 원	6만 원
2년	210만 원	18만 원	415만 원	445만 원	30 만 원
3년	221만 원	18만 원	641 만 원	711만 원	70 만 원
4년	232만 원	19만 원	880 만 원	1,011만 원	131 만 원
5년	243만 원	20만 원	1,133 만 원	1,348만 원	215만 원
6년	255만 원	21만 원	1,401 만 원	1,725만 원	324만 원
7년	268만 원	22만 원	1,685 만 원	2,146만 원	461 만 원
8년	281만 원	23만 원	1,985 만 원	2,615만 원	630만 원
9년	295만 원	25만 원	2,302만 원	3,138만 원	836 만 원
10년	310만 원	26만 원	2,637만 원	3,719만 원	1,082 만 원
11년	326만 원	27만 원	2,991만 원	4,364만 원	1,373만 원
12년	342만 원	29만 원	3,365만 원	5,078만 원	1,713 만 원
13년	359만 원	30만 원	3,760만 원	5,869만 원	2,109 만 원
14년	377만 원	31만 원	4,177만 원	6,744만 원	2,567 만 원
15년	396만 원	33만 원	4,617만 원	7,710만 원	3,093 만 원
16년	416만 원	35만 원	5,081만 원	8,775만 원	3,694 만 원
17년	437만 원	36만 원	5,571만 원	9,950만 원	4,379 만 원
18년	458만 원	38만 원	6,088 만 원	11,244만 원	5,156만 원
19년	481만 원	40만 원	6,633 만 원	12,667만 원	6,034 만 원
20년	505만 원	42만 원	7,208만 원	14,233만 원	7,025만 원
21년	531만 원	44만 원	7,814만 원	15,952만 원	8,138 만 원
22년	557만 원	46만 원	8,453만 원	17,841만 원	9,388 만 원
23년	585만 원	49만 원	9,126만 원	19,913만 원	1억 787만 원
24년	614만 원	51만 원	9,835만 원	22,186만 원	1억2,351만원
25년	645만 원	54만 원	10,583만 원	24,677만 원	1억4,094만원
26년	677만 원	56만 원	11,370만 원	27,405만 원	1억6,035만원
27년	711만 원	59만 원	12,199만 원	30,393만 원	1억8,194만원
28년	747만 원	62만 원	13,072만 원	33,662만 원	2억590만원
29년	784만 원	65만 원	13,992만 원	37,238만 원	2억3,246만원
30년	823만 원	69만 원	14,960만 원	41,148만 원	2억6,189만원

1%짜리 예금에 넣어 돈을 1억 4,960만 원을 탔다면 큰 손해를 본 것입니다. 퇴직연금을 하지 않고 옛날 퇴직금 제도대로 받았다면 마지막 퇴직하는 해의 월평균 급여에 근속 연수를 곱한 2억 4,697만 원823만 원×30년을 받았을 것이기 때문입니다. 무려 9,736만 원을 손해 본 것입니다.

퇴직연금은 글로벌 1등기업 주식형 펀드에 투자하기에 딱 좋은 금융상품입니다. 왜냐하면 자주 확인하거나 크게 신경쓰지 않기 때문입니다. 퇴직연금은 처음에 한번 상품을 선택하면 몇 년 혹은 몇십 년이 지나 퇴직할 때나 확인하는 사람들이 많습니다. 다른 주식형 펀드라면 오르거나 내리는 등 변동이 커서 펀드를 교체해야 할 때도 있기 때문에 아무래도 신경을 더 쓰게 되지만, 글로벌 1등기업 주식에 투자하는 펀드라면 차라리 신경 안 쓰고 오래 놔두는 것이 수익률에 더 도움이 되는 경우가 많습니다. 그렇기 때문에 **퇴직연금은 글로벌 1등기업 주식형 펀드에 투자하기에 매우 적합한 상품**입니다.

퇴직연금 DC형에 가입된 근로자라면 자신의 퇴직연금 계좌가 어느 금융회사의 것인지 알아보고, 그 금융회사 홈페이지에 로그인하면 어떤 상품에 가입돼 있는지 확인할 수 있습니다. 그런 다음 그 금융회사에서 취급하는 퇴직연금 펀드 중 글로벌 1등기업 주식에 투자하는 펀드를 찾아 변경 신청을 하면 됩니다.

이직할 때는 퇴직연금을 개인퇴직연금 계좌, 즉 IRP 계좌로 받게 됩니다. 이때 퇴직소득세를 떼지 않고 전액을 받는데, 중간에 IRP 계좌를 해지하면 퇴직소득세를 내야 합니다. 중간에 해지하지 않고 IRP로 계속 투자하다 55세 후에 연금으로 수령하면 퇴직소득세를 30% 감면해줄 뿐 아니라 연금 수령 기간이 10년을 초과하면 40%까지 감면해줍니다. 퇴직소득세도 한 번에 떼지 않고 연금 타는 동안 나눠서 내므로 과세이연 효과도 있는 것입니다.

한눈에 살펴보는 퇴직금의 과세 방식 출처 : 국세청

수령방식	자금원천	세액공제 여부	과세 여부
연금 외 수령	퇴직금		퇴직소득세
	추가불입금	세액공제 ○	기타소득세
	추가불입금	세액공제 ×	비과세
연금 수령	퇴직금		퇴직소득세 × 70%(60%)
	추가불입금	세액공제 ○	연금소득세 (세율3.3~5.5%로 원천징수)
	추가불입금	세액공제 ×	비과세

연금계좌 활용하기

연금계좌란 연금저축과 IRP 개인퇴직연금를 말합니다. 연금저축에는 은행의 연금저축신탁, 증권사의 연금저축펀드, 보험사의 연금저축보험 이렇게 세 종류가 있는데, **글로벌 1등기업에 투자하는 펀드에 투자하려면 증권사의 연금저축펀드에 가입해야** 합니다. 연금저축신탁이나 연금저축보험은 주식에 투자하지 않습니다.

IRP는 원래 퇴직연금에 가입한 근로자가 퇴직할 때 퇴직금을 받는 계좌이지만, 지금은 퇴직연금 가입자가 아니더라도 근로자, 공무원, 프리랜서, 개인사업자 등 경제활동을 하는 사람이면 누구나 가입할 수

있습니다. 은행, 증권사, 보험사에서 다 취급하는데, IRP 안에 예금, 보험, 채권형 펀드, 혼합형 펀드, 주식형 펀드 같은 것들을 다 담을 수 있습니다. 그래서 IRP를 글로벌 1등기업 주식에 투자하는 펀드로도 할 수 있습니다. 만약 내가 가입한 금융회사에서 취급하는 IRP용 펀드에 글로벌 1등기업에 투자하는 펀드가 없다면 다른 금융회사로 이전이 가능합니다.

연금계좌의 혜택

연금계좌에는 세액공제와 저율과세와 과세이연이라는 세 가지 세제 혜택이 주어집니다. 보통 사람들은 연금계좌의 세제혜택으로 세액공제만 알고 있고, 세액공제를 위해서만 연금계좌를 개설하기도 하지만, 사실은 저율과세와 과세이연이 더 큰 혜택입니다. 하나씩 살펴보겠습니다.

❶ 세액공제

연금계좌에 납입한 금액에 대해 개인별로 연간 700만 원까지 연말정산이나 종합소득신고를 할 때 원금의 16.5%나 13.2%의 세금을 환급해주는 것을 말합니다.

세액공제비율은 종합소득금액이 4,000만 원 이하이거나, 근로소득만 있는 경우는 5,500만 원 이하면 16.5%이고, 초과이면 13.2%입니다. 연금계좌에 납입한 금액은 개인별로 연간 700만 원까지 연말정산이나 종합소득신고 시 세금을 환급해주므로, 만약 700만 원을 연금계좌에 납입했는데 종합소득금액이 4,000만 원 이하거나 근로소득만

연금계좌 세액공제 환급액

소득구간	구분	세액공제한도	세액공제비율	세액공제금액	합계
종합소득 4,000만 원 이하 근로소득만 5,500만 원 이하	연금저축	400만 원	16.5%	66만 원	115만 5,000원
	IRP	300만 원 (~700만 원)	16.5%	49만 5,000원	
종합소득 ~1억원 이하 근로소득만 ~1.2억 원 이하	연금저축	400만 원	13.2%	52만 8,000원	92만 4,000원
	IRP	300만 원 (~700만 원)	13.2%	39만 6,000원	
종합소득 1억 원 초과 근로소득만 1.2억 원 초과	연금저축	300만 원	13.2%	39만 6,000원	92만 4,000원
	IRP	400만 원 (~700만 원)	13.2%	52만 8,000원	

있는 경우 5,500만 원 이하라면 115만 5,000원16.5%, 이상이라면 92만 4,000원13.2%을 절세할 수 있습니다.

연금저축으로만 하면, 종합소득금액 1억 원 이하이거나 근로소득만 있는 경우 1억 2,000만 원 이하면 연간 400만 원이 한도이고, 초과하면 300만 원이 한도입니다.

연금저축의 한도는 IRP의 한도와 중복되지 않습니다. 즉 IRP의 세액공제 한도 700만 원 안에 연금저축이 포함됩니다. 연금저축을 400만 원 납입한 사람은 IRP 한도가 300만 원이 되고, 연금저축을 300만 원 납입한 사람은 IRP 한도가 400만 원이 되는 것이죠. 연금저축을 전혀 하지 않고 IRP만 하면 IRP로만 700만 원을 한도로 세액공제를 받는 것입니다.

연봉이 올라서 총급여가 1억 2,000만 원을 초과하면 연금저축 한도가 300만 원으로 줄어듭니다. 하지만 IRP와의 통합 한도는 700만 원입니다. 원래 연금저축에 400만 원, IRP에 300만 원씩 납입하고 있었다면, 총급여가 1억 2,000만 원을 초과할 경우 연금저축에 300만 원, IRP에 400만 원으로 납입 금액을 조정하면 700만 원에 대해 세액공제를 다 받을 수 있습니다.

2020년부터 2022년까지는 만 50세 이상인 사람은 세액공제 한도가 900만 원으로 늘어납니다. 900만 원의 16.5%면 148만 5,000원이고, 13.2%면 118만 8,000원으로 이 금액을 세액공제를 받을 수 있는 것입니다. 현재 가입할 수 있는 금융상품 중에 연금계좌만큼 세액공제 혜택이 큰 금융상품은 없습니다.

❷ 저율과세

일반적인 금융상품은 이자나 수익에 대해 15.4%의 세금을 떼지만, 연금계좌에서 생긴 수익금을 연금으로 수령하면 5.5%부터 3.3%까지만 연금소득세를 뗍니다. 즉 세율이 3분의 1에서 4분의 1 이하로 낮아지는 것입니다. 연금소득세율은 70세 미만은 5.5%, 70세부터 79세까지는 4.4%, 80세 이상은 3.3%로 낮아집니다. 앞으로 금융투자소득세가 생기면 연금계좌의 저율과세 효과는 더욱 커질 것입니다.

연금계좌의 개인별 연간 납입한도는 1,800만 원입니다. 1,800만 원을 연금계좌에 납입하면 700만 원까지는 세액공제를 받고, 1,100만 원은 세액공제를 받지 못합니다. 그래도 1,100만 원을 일반펀드에 투자하는 것보다 연금펀드에 투자하는 것이 더 유리합니다. 또한 1,100만 원의 원금은 세액공제를 받지 않았기 때문에 해지 패널티도 없습니다.

세액공제 받은 원금은 해지할 때 기타소득세 16.5%를 떼지만, 세액공제 받지 않은 금액은 언제든 패널티 없이 인출이 가능합니다. 아울러 1,100만 원에 대해 생긴 수익금에 대해서는 매년 이자소득세 15.4%를 떼는 것이 아니라, 나중에 연금으로 타면 5.5%라는 낮은 연금소득세 세율을 적용하므로 훨씬 유리합니다.

연금계좌 내 자금 종류별 적용 세금

구분	세금	700만 원 (세액공제 O)	1,100만 원 (세액공제 X)
원금	연금소득세	5.5%, 4.4%, 3.3%	N/A
	해지 시 기타소득세	16.5%	N/A
수익금	연금소득세	5.5%, 4.4%, 3.3%	5.5%, 4.4%, 3.3%
	해지 시 기타소득세	16.5%	16.5%

연금계좌에 쌓인 적립금은 금융회사 전산에서 세액공제 받은 원금, 세액공제 받지 않은 원금, 수익금으로 구분해 관리됩니다. 그런 까닭에 중간에 인출하려 하면 세액공제 받지 않은 원금부터 인출해줍니다.

❸ 과세이연

과세이연은 세금을 떼는 시기를 미뤄주는 것입니다. 배당소득세나 금융투자소득세는 연 단위로 과세하므로, 일반적으로 펀드는 수익이 나면 매년 배당소득세 15.4%를 자동으로 떼고 재투자합니다. 즉 10%의 수익이 나면 15.4% 세금을 떼고 순수익은 8.46%인 것입니다.

반면에 연금계좌는 매년 수익이 나도 배당소득세를 떼지 않고, 수익금 전액을 재투자하다 연금을 탈 때 연금소득세로 떼게 됩니다. 즉 10%의 수익이 나면 10%가 그대로 재투자됩니다. 이 차이가 1년, 2년만 보면 크지 않은 것 같지만 복리로 누적되면 어마어마합니다.

연금계좌는 최소 5년 이후에 연금으로 타게 돼 있고, 청년층의 경우에는 20년, 30년 이후에 연금을 개시하므로 먼 미래로 세금을 미뤄주는 것입니다. 세금을 미뤄주면 미래에는 물가가 오르는 만큼 돈의 가치가 떨어지니 세부담이 더 줄어듭니다.

펀드마다 차이는 있지만, 같은 펀드라면 연금저축펀드나 퇴직연금펀드는 일반 펀드보다 수수료가 연 0.5% 정도 작습니다. 그만큼 수익률에 플러스가 되는 것입니다.

글로벌 1등기업 주식에 투자해 수수료를 제외한 순수익률이 연평균 10%라고 가정하고, 연금펀드는 일반 펀드보다 수수료가 0.5% 정도 저렴하므로 수익률을 10.5%로 계산해보겠습니다. 30년 동안 투자할 경우 일반 펀드는 세금으로 수익금의 15.4%를 매년 떼고, 연금펀드는 중간에는 떼지 않고 마지막 해에 한번에 16.5%를 떼는 것으로 계산해 보겠습니다.

연금계좌의 납입 한도가 연간 1,800만 원이므로 매달 150만 원씩 투자했다고 가정하고, 이 돈을 같은 펀드인데 일반 펀드에 한 경우와 연금계좌에 한 경우에 수수료와 세금의 차이를 보면 오른쪽의 표와 같습니다.

첫해에는 일반 펀드와 연금펀드의 평가액 차이가 21만 원밖에 되지 않습니다. 하지만 2년차에는 84만 원으로 해마다 차이가 벌어져 10

일반 펀드와 연금 펀드 세후평가액 비교

단위: 만 원

연차	월납입액	일반 펀드				연금 펀드				차이
	150	연수익률	10.0%	세율	15.4%	연수익률	10.5%	세율	0.0%	
	원금	평가액	수익금	세금	세후평가액	평가액	수익금	세금	세후평가액	
1년	1,800	1,901	101	15	1,885	1,906	106	-	1,906	21
2년	3,600	3,983	298	46	3,937	4,021	316	-	4,021	84
3년	5,400	6,250	513	79	6,171	6,370	549	-	6,370	199
4년	7,200	8,718	747	115	8,603	8,978	808	-	8,978	375
5년	9,000	11,404	1,001	154	11,250	11,873	1,095	-	11,873	623
6년	10,800	14,328	1,279	197	14,131	15,088	1,414	-	15,088	957
7년	12,600	17,512	1,580	243	17,268	18,656	1,768	-	18,656	1,388
8년	14,400	20,977	1,909	294	20,683	22,618	2,162	-	22,618	1,935
9년	16,200	24,750	2,266	349	24,401	27,016	2,598	-	27,016	2,615
10년	18,000	28,856	2,656	409	28,447	31,899	3,083	-	31,899	3,452
11년	19,800	33,327	3,079	474	32,852	37,320	3,621	-	37,320	4,468
12년	21,600	38,193	3,541	545	37,648	43,339	4,219	-	43,339	5,691
13년	23,400	43,490	4,043	623	42,868	50,020	4,882	-	50,020	7,152
14년	25,200	49,257	4,589	707	48,550	57,438	5,618	-	57,438	8,888
15년	27,000	55,535	5,184	798	54,736	65,674	6,436	-	65,674	10,938
16년	28,800	62,369	5,832	898	61,470	74,817	7,343	-	74,817	13,347
17년	30,600	69,808	6,537	1,007	68,801	84,968	8,351	-	84,968	16,167
18년	32,400	77,906	7,305	1,125	76,781	96,238	9,470	-	96,238	19,457
19년	34,200	86,721	8,141	1,254	85,468	108,749	10,711	-	108,749	23,281
20년	36,000	96,318	9,050	1,394	94,924	122,640	12,090	-	122,640	27,716
21년	37,800	106,765	10,040	1,546	105,218	138,061	13,621	-	138,061	32,843
22년	39,600	118,137	11,118	1,712	116,424	155,181	15,320	-	155,181	38,757
23년	41,400	130,516	12,292	1,893	128,623	174,188	17,207	-	174,188	45,565
24년	43,200	143,992	13,569	2,090	141,903	195,290	19,302	-	195,290	53,387
25년	45,000	158,662	14,960	2,304	156,358	218,718	21,627	-	218,718	62,360
26년	46,800	174,632	16,473	2,537	172,095	244,727	24,209	-	244,727	72,632
27년	48,600	192,016	18,121	2,791	189,225	273,602	27,075	-	273,602	84,377
28년	50,400	210,940	19,915	3,067	207,873	305,660	30,258	-	305,660	97,787
29년	52,200	231,541	21,868	3,368	228,173	341,250	33,790	-	341,250	113,077
30년	54,000	253,967	23,993	3,695	250,272	380,763	37,713	55,896	324,867	74,595

투자는 일찍 시작할수록 좋다. 늦었다고 생각할 때가 그나마 빠른 때라는 것을 기억하자.

년째가 되면 3,452만 원이 되고, 20년째에는 무려 2억 7,716만 원에 이릅니다. 30년째가 되면 일반 펀드로 하면 약 25억 원이 되지만 연금펀드는 약 38억 원이 되어 무려 13억 원이나 차이가 납니다. 만약 30년째에 이 금액을 전액 찾으면 세율은 기타소득세 16.5%가 적용됩니다. 이때까지 세액공제 받은 원금과 수익금에 대해 16.5%를 떼고, 세액공제 받지 않은 원금에서는 세금을 떼지 않습니다. 그렇게 하면 세금으로 5억 5,896만 원을 내게 됩니다. 그렇게 해도 약 32억 원이 남아 일반 펀드보다 약 7억 원의 수익을 더 올릴 수 있습니다.

세금은 우리 생각보다 훨씬 투자수익률에 미치는 영향이 크다.

여기에 매년 세액공제로 700만 원의 13.2%씩 세금 환급을 받았다면 92만 4,000원씩 30년이니 2,772만 원은 덤입니다. 금액으로는 과세이연이 세액공제보다 훨씬 큰 혜택인 것입니다.

게다가 일반 펀드는 앞으로 금융투자소득세로 22%를 떼게 되면 30년 후 약 22억 원이 됩니다. 연금계좌와의 차이가 3억 원이 더 벌어지는 것입니다.

따라서 펀드를 한다면 연금계좌에 1,800만 원을 먼저 채우고, 그다음에 일반 펀드를 하는 것이 유리합니다. 연금으로 쓸 게 아니라 그냥 중간에 목돈을 만들어 다른 데 쓸 거라고 해도 연금펀드로 하는 것이 유리합니다. 연금펀드를 중간에 해지하면 16.5%의 기타소득세를 떼지만 세액공제를 받지 않은 금액에 대해서는 세금을 떼지 않습니다. 일반 펀드는 세율이 15.4%이고, 연금펀드는 16.5%여서 불리하기는 합니다. 그래도 매년 환급받는 세금 액수와 세금을 중간에 떼지 않고, 수수료가 저렴한 것을 종합하면 **5년 이상만 하면 연금펀드가 중간에 해지해도 일반 펀드보다 더 유리**합니다.

일반 펀드인지 연금펀드인지는 펀드의 클래스 코드를 보면 알 수 있습니다. 연금펀드에는 뒤에 P가 붙습니다. 연금펀드는 A클래스는 없고 C클래스만 있어 선취판매 수수료가 없습니다. C-P는 연금저축펀드이고, C-P2는 퇴직연금펀드입니다.

펀드들 중에는 코드로 구분하지 않고 펀드 이름을 다르게 만드는 경우도 있습니다. 연금저축펀드는 뒤에 P를 붙이는 대신 펀드 이름 중간에 '연금'이라는 단어를 넣기도 하고, 퇴직연금펀드는 뒤에 P2를 붙이는 대신 펀드 이름 중간에 '퇴직연금'이라는 단어를 넣기도 합니다.

연금계좌를 온라인으로 개설해 클래스 코드가 Ce-P, 퇴직연금펀드는 Ce-P2인 펀드로 하면 수수료를 일반 펀드에 비해 1% 정도까지 줄일 수 있습니다.

그러면 같은 펀드인데 일반 펀드는 10%, 연금펀드를 온라인으로 가입해 11%의 수익률이 났다면, 연금펀드는 30년 후에 기타소득세 16.5%를 떼도 36억 원이 되어 일반 펀드보다 11억 원의 수익을 더 올릴 수 있습니다.

자녀의 미래를 위해 글로벌 1등기업 주식으로 준비하는 사람들이 생각보다 많다.

자녀를 위한 글로벌 1등기업 연금저축 투자법

연금저축은 나이나 소득과 상관없이 누구나 가입할 수 있습니다. 아기 때부터 글로벌 1등기업 주식에 투자하는 연금저축펀드에 가입해두면 투자기간을 최대한 길게 할 수 있습니다. 미성년 자녀에게 10년에 2,000만 원까지는 증여세 없이 증여할 수 있고, 성년 자녀에게는 10년에 5,000만 원까지 증여세 없이 증여할 수 있습니다.

아기가 태어나면 아기 이름으로 글로벌 1등기업 주식에 투자하는 연금저축펀드 계좌를 만들고 자동이체를 걸어 한 달에 17만 원씩 부어 주면서 10년에 2,040만 원을 증여하는 것으로 유기정기금 증여신고를 하면, 부어줄 원금을 현재가치로 할인해서 증여금액으로 평가하기 때문에 2,000만원 미만이 돼서 증여세를 안 내도 됩니다. 증여신고를 미리 하지 않으면 연금저축펀드 계좌에서 불어난 수익금까지 증여금액으로 평가돼서 증여세를 많이 내야 할 수 있습니다.

10년 후에도 이렇게 하면 20년 동안 4,000만 원을 증여할 수 있습니다. 20년 동안 연평균 10% 수익률이 나면 원금 4,000만 원이 1억 3,017만 원이 됩니다. 성년이 되면 10년 동안 5,000만 원까지 증여해줄 수 있으니 월 42만 원씩 부어줍니다. 그러면 30세 때 4억 3,912만 원이 됩니다.

후에 자녀가 취직하면 그때부터는 본인이 붓도록 합니다. 연간 700만 원 세액공제를 위해 한 달에 연금저축펀드에 34만원, IRP에 25만원씩, 합쳐서 59만원씩 30년 동안 붓고, 연금저축펀드에서 연 10%, IRP에서 연 7.9% 수익률이 나면 60세 때 77억 9,789만원이 됩니다. 이때까지 원금은 3억 360만 원밖에 들어가지 않습니다. 이런 식으로 연금저축펀드를 이용하면 60세에 77억 원이 될 때까지 세금을 한 푼도 내지 않을 수 있습니다. 중간에 빼서 쓰지만 않는다면 연금저축펀드는 세금을 내지 않고 계속 복리로 재투자할 수 있기 때문입니다.

◈

지금까지 글로벌 1등기업 주식에 투자하면서 합법적으로 세금을 절세하는 방법에 대해서 알아보았습니다. 글로벌 1등기업 주식에는 장기투자가 아니라 평생투자를 하는 거라고 생각한다면 연금저축펀드가 가장 알맞습니다. 연금저축펀드는 태어나자마자 만들 수 있고 과세이연이 돼서 노후가 될 때까지 몇십 년 동안 세금을 안 낼 수도 있기 때문에 국민상품으로 다들 하나씩은 가입할 것을 추천합니다. 물론 연금저축펀드 안에 담는 상품은 글로벌 1등기업 주식펀드로 해야겠죠.

지금 투자해도 늦지 않았다

저는 어떤 일을 하든 원칙을 찾고자 노력하는 이른바 원칙주의자입니다. 투자할 때도 항상 원칙을 찾기 위해 노력합니다. 원칙만 알면 그때부터는 투자가 어렵지 않고 두렵지도 않습니다. 오히려 투자가 쉬울 뿐만 아니라 신경쓰지 않아도 수익이 많이 납니다.

이 책에서 소개한 투자원칙을 요약하면 다음과 같습니다.

1. 물가상승률을 초과하는 수익을 내기 위해 주식에 투자한다.
2. 주식 중에서도 이익을 가장 많이 내는 글로벌 1등기업 주식에 투자한다.
3. 글로벌 1등기업들이 많이 포함돼 있는 펀드로 간접투자를 한다.
4. 펀드 평가 사이트에서 최고 등급을 받은 펀드에 투자한다.
5. 매달 자동이체를 걸어 적립식으로 투자한다.
6. 주가지수 변동을 신경쓰지 않고 장기투자를 한다.
7. 주가지수가 떨어질 때는 추가매수를 한다.

8. 돈을 찾아 써야 하는 시기가 되기 10년 전부터 연말마다 확인해 수익률이 과거 연평균 수익률보다 높게 난 해에는 일부를 매도해 채권형 펀드로 변경한다.
9. 은퇴 후에는 글로벌 1등기업 주식형 펀드와 글로벌 채권형 펀드로 자산재배분해가면서 투자한다.
10. 세금과 수수료를 줄일 수 있는 금융상품을 최대한 활용한다.

투자의 원칙은 사실 알고 나면 단순합니다. **이 단순한 원칙을 꾸준히 지키기만 하면 되는데, 너무 단순해서 오히려 지키지 않는 경우가 많습니다.** 사람들은 주식, 부동산, 코인 같은 다양한 분야에서 핫한 아이템을 찾으려고 노력합니다. 그런데 투자하는 사람에 비해 성공하는 사람들은 많지 않습니다.

왜 그럴까요? 거기에는 크게 두 가지 원인이 있었습니다. 하나는 사람의 심리 자체가 갖는 위험이고, 다른 하나는 투자대상 변동의 위험입니다. 욕심과 공포심이라는 양극단의 심리를 왔다 갔다 하면 제대로 된 판단을 할 수 없습니다. 그리고 투자대상의 변동성은 시스템으로 해결해야 합니다. 분산투자를 해서 적립식으로 장기투자를 하면 시간이 지나면 수익은 저절로 나게 되어 있습니다.

위의 열 가지 원칙 중 가장 중요한 원칙을 꼽으라면 여섯 번째 "주가지수 변동을 신경쓰지 않고 장기투자를 한다"입니다. "주가가 계속 크게 변동하는데 어떻게 신경을 안 쓰느냐?"고 할 수도 있습니다. 물론 아무 주식에나 투자한다면 신경을 써야 합니다. 하지만 글로벌 1등기업들의 주가는 앞으로도 장기적으로는 계속 상승할 것입니다. 그런 주식들에 분산투자를 하는 펀드라면 신경쓰지 않아도 됩니다. 날마다 숫자를 확인하면서 스트레스를 받지 않아도 된다는 뜻입니다. 투자에 신경 쓸 시간에 본업에 충실하고 가족들과 함께하는 것이 더 낫습니다.

앞으로의 세상에서는 글로벌 1등기업에 투자하는 사람과 그렇지 않은 사람의 부의 격차가 갈수록 더 벌어질 것입니다. 늦었다고 생각될 때가 가장 빠른 때라는 말도 있습니다. 앞으로 인생을 몇십 년 더 산다면 지금이라도 글로벌 1등기업에 투자하면 누구나 충분히 부자가 될 수 있을 것입니다.

이 책의 독자들은 모두 제가 소개한 이 단순한 투자원칙을 잘 실천해 부자가 되었으면 좋겠습니다. 그리고 부자가 되면 본인만 잘사는 것이 아니라 주위의 어려운 사람들을 돕고 사회에도 기여할 수 있었으면 좋겠습니다.

이일영 드림

"가계금융자산의 축적과 효율적인 운용", 트러스톤자산운용, 2017년 7월 15일.

"국내외 증시 순풍 연말랠리 온다", 파이낸셜뉴스, 2007년 10월 31일.

진상현, "번스타인 '아직은 매도 시점'", 머니투데이, 2003년 3월 17일.

"투자심리 '공황'", 매일경제, 2003년 3월 17일.

국세청 www.nts.go.kr

김성일, 『마법의 연금 굴리기』, 에이지21, 2019년 4월 12일.

김유림, "신흥시장 과열이지만 한국은 더 오른다", 머니투데이, 2007년 10월 31일.

김현석, "바닥이라 말하긴 아직 일러", 한국경제, 2003년 3월 17일.

김희원, "국내 주식형 펀드 '지금 투자해도 안 늦다'", 서울경제, 2007년 10월 31일.

네이버 금융 finance.naver.com

네이버 부동산 land.naver.com

마크로트렌드 www.macrotrends.net

모닝스타 www.morningstar.co.kr

박윤구, "[여의도 통신] 미대선 트럼프 당선 후 국제금융시장 '대반전'", 매일경제, 2016년 11월 24일.

버크셔 해서웨이 www.berkshirehathaway.com

신성진, 『머니 프레임, 돈을 바라보는 새로운 관점』, 천그루숲, 2020년 5월 30일.

앤드류 할램, 『주식의 쓸모』, 이광희 옮김, 시목, 2020년 7월 14일.

오건영, 『부의 대이동, 달러와 금의 흐름으로 읽는 미래투자 전략』, 페이지2, 2020년 7월 23일.

원종태, "단기조정 와도 상승 추세 흔들림 없다", 머니투데이, 2007년 10월 31일.

이승리, "'부동산' 빼면 빈털털이 우리집…금융자산 없어도 괜찮을까?", 소비자경제, 2019년 11월 14일.

장영은, "[장기자의 비사이드IT] 스마트폰시장 이익은 애플이 다 가져간다?", 이데일리, 2020년 11월 28일.

칼 리처즈, 『현명한 투자자는 이것이 다르다』, 이은주 옮김, FPBooks, 2013년 12월 5일.

펀드닥터 www.funddoctor.co.kr

포브스 리얼타임빌리어네어 www.forbes.com/real-time-billionaires

포트폴리오비주얼라이저 www.portfoliovisualizer.com

하나금융투자 HTS www.hanaw.com

한상춘, "동반 위기설에 휩싸인 韓.中.日", 한국경제, 2003년 3월 17일.

Alphabet Inc. : Google A to Z This was posted here a year ago. But is archived now., https://www.reddit.com/r/google/comments/3gturb/alphabet_inc_google_a_to_z_this_was_posted_here_a/

Dow Jones Indices, 위키피디아 Wikipedia https://en.wikipedia.org/wiki/Dow_Jones_Industrial_Average

S&P500지수, 위키피디아 Wikipedia https://en.wikipedia.org/wiki/S%26P_500

14,950
161,000
710,000